大美力行

小学融合美育
策略体系构建与实施

寇忠泉　杨琳玲　古德英　主编

团结出版社
UNITY PRESS

图书在版编目（CIP）数据

大美力行 / 寇忠泉，杨琳玲，古德英主编. -- 北京：
团结出版社，2021.5（2024.2重印）
ISBN 978-7-5126-8885-8

Ⅰ．①大… Ⅱ．①寇… ②杨… ③古… Ⅲ．①美育－
教学研究－小学 Ⅳ．①G623.702

中国版本图书馆CIP数据核字(2021)第091065号

出 版	团结出版社	
	（北京市东城区东皇城根南街84号 邮编：100006）	
电 话	（010）65228880 65244790	
网 址	http://www.tjpress.com	
E-mail	65244790@163.com	
经 销	全国新华书店	
印 装	三河市嵩川印刷有限公司	
开 本	170mm×240mm 1/16	
印 张	21.5	
字 数	331千字	
版 次	2021年5月第1版	
印 次	2024年2月第2次印刷	
书 号	978-7-5126-8885-8	
定 价	69.80元	

编委会

内容简介

　　本书介绍了电子科技大学实验中学附属小学融合美育策略体系构建与实施的实践经验。

　　全书分为七个部分，重点阐述了"融入、融通、融化"三大融合策略背景下的学校美育实践。主要内容包括："二级五类十目标"的"纯美课程"体系；融合美育理念下的"以美育德""以美启智""以美健体""以美蕴艺""以美促劳"五育并举实践策略；以"三悦五美"为目标的"纯美课堂"及"三环五维"教学实践模型；"双环五位"协同育美策略；以全面发展加个性潜能开发为追求的评价体系。

强化美育，培根铸魂

曾繁仁

电子科技大学实验中学附属小学（以下简称科大实验附小）近七年来，坚持党的教育方针，强化美育，落实美育，立德树人，培根铸魂，取得了显著成绩，其探索实践行为与美育实践经验值得推广发扬。

科大实验附小有一个明确的强化美育的教育理念，他们鲜明地提出"纯美教育"的办学思想和"为纯美的童年而教育"的教育理想，这就为贯彻落实习近平总书记关于加强学校美育的重要指示精神找到了着力点。习总书记要求全面加强和改进学校美育，坚持以美育人、以文化人，提高学生的审美和人文素养，并明确要求学校教育要立德树人，培根铸魂，培养优秀的党和国家接班人。习总书记的指示以美育为出发点，以德、智、体、美、劳全面发展为指归，以培养优秀的党和国家接班人为归属，揭示了我国教育的根本宗旨。科大实验附小从"纯美教育"的办学思想出发，落实习总书记的指示精神，为基础教育中的小学探索从美育切入融合其他各育育人，实现五育并举树立了榜样。

科大实验附小还有一系列强化美育的措施，将美育落实到学校的教育目标、课程体系、学科课堂与学校环境建设等诸多方面。非常可贵的是，他们找到了以美为融合点、以美育为融合策略的学校美育融合育人路径，并自觉地对美育融合实践进行了理论总结，其中包括学校美育融合原理、学校美育融合方法等，形成了较完整的"小学融合美育策略体系构建与实施"的成果，作为一所小学实在是难能可贵，值得钦佩！

科大实验附小"纯美教育"探索的带头人寇忠泉、杨琳玲、古德英、郑环、刘晓军、黄明霞、何小波、袁春玲等老师，身处学校美育实践的第一线，共同的学校美育理想、共同的探索小学美育方法的愿望，把他们凝聚成一个思想活跃的团队，让他们成为小学美育实践优秀的理论探索者与方法的总结者，基于此，才有了《纯美滤思：小学融合美育策略体系构建与实施原理》《大美力行：小学融合美育策略体系构建与实施》《集美行远：小学融合美育策略体系构建与实施探源》专著的出版。尽管这些探索还不够完美，在追求高质量学校美育的路上还有很长的路要走，但精神可嘉，成绩突出，可喜可贺。

美育尽管是德国诗人席勒于 1795 年首次在《美育书简》中提出的，以情感教育之内涵将之与德育、智育相区别，但我国早在周代即由周公提出"礼乐教化"之治国理念。此后几千年来，"礼乐教化"成为我国各朝各代治国安邦之基本理念与策略，有着极为丰富的成果与经验，而近代以来，特别是中国共产党成立一百年来，我们党在美育方面积累了丰富的成果经验，如毛泽东同志的《在延安文艺座谈会上的讲话》与习近平同志党的十八大以来有关文艺与美育的一系列重要讲话与指示，这些内容丰富的美育成果成为我们进行学校美育工作的指南。我们既要很好地继承发扬中国古代优秀美育传统，弘扬中华美育精神，更要学习贯彻好中国共产党成立一百年来的，特别是习近平同志提出的美育理论思想。我相信，科大实验附小一定会在这方面做得更好，取得更多经验，从而将"纯美教育"与党的美育理论建设更好地融合。我衷心地期望并相信科大实验附小在"纯美教育"的路上会走得更加扎实，取得更加突出的成绩。

2021 年 3 月 12 日

（曾繁仁，著名美学家，当代中国生态美学的奠基人，山东大学终身教授，曾先后担任山东大学党委书记、校长。现任教育部人文社会科学重点研究基地"山东大学文艺美学研究中心"主任、国家重点学科山东大学文艺学学科学术带头人、教育部艺教委常委高校组组长、中华美学学会副会长、中国中外文论学会副会长。）

目录
CONTENTS

第一部分　纯美绽放：培育新时代学校美育文化 ·················· 1

　　第一章　纯美教育 ··· 2

　　第二章　《纯美教育文化大纲》解读 ························· 13

　　第三章　纯美教育文化 ····································· 21

　　第四章　学校美育成果与成效 ······························ 32

第二部分　纯美融通：打造学校美育课程体系 ················ 34

　　第一章　课程目标 ·· 34

　　第二章　纯美课程体系 ····································· 41

　　第三章　美育精品课程介绍 ································· 48

　　第四章　成效与成果 ······································· 65

第三部分　纯美融通：五育并举的实践策略 ················· 72

　　第一章　以美育德 ·· 72

　　第二章　以美启智 ·· 88

　　第三章　以美健体 ··· 119

　　第四章　以美促劳 ··· 161

　　第五章　以美蕴艺 ··· 182

第四部分 纯美融通：纯美课堂 ···································· 198

　第一章　纯美课堂的理念与追求 ···························· 198

　第二章　"三悦五美"纯美课堂的实践模型 ················ 203

　第三章　"三悦五美"纯美课堂成效 ························ 207

第五部分 纯美融通：学校美育的"五位"路径 ·········· 228

　第一章　理念与目标 ···································· 228

　第二章　"五位"协同融合美育课程群 ···················· 230

　第三章　"五位"协同融合美育活动 ······················ 242

　第四章　"五位"协同融合美育成果 ······················ 247

第六部分 纯美融合评价：走向美的达成 ················ 251

　第一章　评价理念和目标 ································ 251

　第二章　学科美育融合评价 ······························ 256

　第三章　学生美育潜能发展评价及活动 ·················· 263

　第四章　"三悦五美"纯美课堂教学评价 ·················· 278

　第五章　成效与成果 ···································· 282

第七部分 纯美保障：学校美育支撑体系 ················ 284

　第一章　教师美育素质提升 ······························ 284

　第二章　美漫校园，美育生命 ···························· 296

　第三章　学校融合美育保障设施 ·························· 308

参考文献 ·· 332

第一部分

纯美绽放：培育新时代学校美育文化

2015年9月15日，国务院办公厅印发的《关于全面加强和改进学校美育工作的意见》指出，"总体上看，美育仍是整个教育事业中的薄弱环节，主要表现在一些地方和学校对美育育人功能认识不到位，重应试轻素养、重少数轻全体、重比赛轻普及，应付、挤占、停上美育课的现象仍然存在；资源配置不达标，师资队伍仍然缺额较大，缺乏统筹整合的协同推进机制。""意见"颁布以来，从现象上看，学校"重应试轻素养、重少数轻全体、重比赛轻普及，应付、挤占、停上美育课的现象"基本得到解决，但从深层次看，美育仍处于整个教育的"薄弱环节"，部分学校"对美育育人功能认识不到位"，美育资源不足、师资队伍相对不足、统筹整合机制不健全的问题仍然存在。解决机制问题，只是重要的保障措施，治本之策是首先解决"认识不到位"的问题。位于成都高新区的电子科技大学实验中学附属小学，科大实验附小全体教师基于对教育本质的追求和学校美育的理想实践形成了以构建学校美育文化为学校发展顶层设计的治校之策，从根本上解决了基础教育阶段"美育"的"站位"问题；系统探索了美育育人路径；构建了"生活美育化·美育生活化""课程美育化·美育课程化""活动美育化·美育活动化"的学校治理体系；实现了学校高质量、高品位发展。

在以美育文化构建学校发展顶层设计中，培育并传承一个适合校本的教育理念，长期坚持理念引领下的理论探索与实践研究，调动一切资源坚守并用活美育文化种子催生的阵地平台资源、课程人才资源、校内外资源，就会实现教育的"美好"。"纯美教育"办学思想就是促进电子科技大学实验中学附属小学发展的"根"与"魂"，在"纯美教育"办学思想引领下，构建学校文化顶层设计，成为新时代成都小学教育的"旗帜"。

第一章　纯美教育

第一节　纯美教育产生的背景

（一）纯美教育产生的文化背景

追求"真、善、美"是我国传统文化中提升人文修养的重要导向，更是中小学教育的重要指导思想。"真"指向的是科学精神，陶行知认为，教育的目的是"千教万教，教人求真；千学万学，学做真人"。"善"指向的是道德素养的提升，"大学之道，在明明德，在亲民，在止于至善"，"至善"即为"善"的最高境界。"美"指向的是艺术，是自然美和人文美的结合，这里的自然美，既包含物质世界又包括人文社会。然而，"真善美"应该是一个不可分割的整体，没有"真"，"善"就成了"伪善"，"美"也成为"伪美"；没有"善"，"真"就走向了反面，正如科学的发展反噬人类一样，没有"善"，"美"就根本不存在；而没有"美"，"真"和"善"都是苍白的。由此可见，"美"在文化认同中，多与道德相结合，成为"真善美"不可分割的重要组成部分。

近现代以来，在西学东渐的文化背景下，中国现代教育体系逐步完善，许多教育名家对美育有着精彩的论述，为中国美育的发展奠定了基础。1904 年张百熙、张之洞、荣庆合作对《钦定学堂章程》进行了修改，于 1904 年 1 月（农历癸卯年底）由清政府正式颁布，即《奏定学堂章程》，史称"癸卯学制"。它是我国经法令公布，正式在全国实行的第一个完整的近代学制。它对整个国家的学校教育系统、课程设置、教育行政及学校管理等，都做了详细的规定。从《奏定学堂章程》的规定中可看出，设置图画、手工课的目的是"以养成其见物留心，记其实象""养成好勤耐劳""练成可应实用之技能"。培养学生毕业后"以备他日绘画地图、机器图，及讲求各项实业之初基"。由于清末的中国近代美术教育，对科学和物质文化的重视，美术教育借助这一时机原本被我们忽视的属于"技"的那部分，在我国各级教育组织中迅速出现，形成了与"艺"的教育并举的局面。至此，中国近代美术教育的格局正式形成。也为现代美院与工艺美院并存、基础教育中的绘画与工艺并存、社会中画家与工艺美术大师并存奠定了基础。

1906 年，王国维先生在中国首倡美育，并且提出在中国要以美育填补宗教的缺位，所谓"美术者，上流社会之宗教"。在王国维的《论教育之宗旨》一文中，把教育内涵归纳为体育和心育两个部分，其中"心育"包括德育、智育和美育。事实上，王国维将康德关于人的精神有"知情意"的分析运用于教育，智育即"知"、美育即"情"、德育即"意"，即所谓教育之"三部"，实际上加上"体育"应该是"四部"。

王国维认为，"真者，知力之理想；美者，感情之理想；善者，意志之理想也。完全之人物，不可不备真善美之三德。"换句话说，德育主"善"，智育主"真"，美育主"美"。

实际上，真善美不是有区隔的板块，而是共生共融的统一体。德、智、体、美也一样，谁能说，体育中没有智、德、美，智育中没有美、德、体，德育中没有美、智、体？当教育不是冰冷的知识传授、不是空洞的道德说教时，这样的教育必然是德、智、体、美的统一，是美好的教育。

1907 年，蔡元培先生大声疾呼："以美育代宗教。"鲁迅先生也在1907 年发表的《摩罗诗力说》以及 1913 年发表的《拟播布美术意见书》中极力推崇美育，主张将美育与艺术创作结合起来，希望通过艺术提倡美育，传播宗教。蔡元培先生不仅从理论上全面深刻地提出了将美育与世界观教育结合起来的国民教育思想，而且身体力行，精心呵护美育集体及学校。

蔡元培先生是近代中产阶级美育的集大成者。他的美育思想内容丰富，主要包括以下两点：

美育是培养健全人格的基本途径。蔡元培先生认为，美育对于人们感情的陶冶不是德育和智育可替代的，通过美育人们可以"超越厉害的兴趣，融合一种划分人我的偏见，保持一种永久平和的心境"。

蔡元培先生主张通过学校、家庭和社会三方面联合实现美育教育。蔡元培指出："照现在美育的状况可分为三个范围：一家庭美育，二学校美育，三社会美育。"关于学校美育，蔡元培要求用艺术的眼光对待，去发现其中的美，以此作为美育的材料，激发学生的学习兴趣，陶冶学生的心灵。他还要求学校教育不可呆板、机械，要根据学生对美的偏好，让他们自主选择。

新中国成立以来，我国教育事业蓬勃发展，教育在普及和提高中，促进了中国社会的发展，但是美育的定位始终处于不确定状态。中小学基础教育中，虽然早就提出"德、智、体、美"的教育方针，但受极左思想的影响，"美育"的地位没有得到真正落实。改革开放以来，随着素质教育思想的提出，有许多学者提出了以"艺术教育"为突破口，全面推进素质教育，这使美育教育有了新的发展。然而，在教育功利化思想的影响下，社会对美育的认识，更多是停留在各类考级培训和高考艺体特长生的选拔上；中小学基础教育阶段的美育教育，着重开齐开足课程，积极开展社团活动方面。课程改革进入新阶段，"德、智、体、美、劳"五育并举、五育融合的思想一经推出，就受到教育界的广泛认同，"美育"进一步确定为"五育"之一。专家学者开展了深入研究，基于学校层面的操作性进行思考，怎样定位"美育"并将其纳入有序的工作推进中，怎样构建与之定位相适应的系列落地工程。

纯美教育是在中国传统文化所追求的"真善美"高度统一中，强调整体性、和谐性、统一性，强调人与人、人与社会、人与自然的和谐统一，是在"天人合一"的传统哲学观和美学观与现代教育的要求相结合的基础上形成的新的教育思想。传统文化中的"真善美"是一种追求理想境界的"道"与"德"的完美统一，更是一种未受不良社会环境影响的，如同初生婴儿的纯美状态。纯美教育的实施，在传承中国传统审美精神追求的基础上，以现代学校治理为实例，在教育改革的实施下，更加务实地探讨以生活美化的逻辑去推进基础教育文化的美化思考、设计与学校治理，构建美好的校园生活；以课程美育化与美育课程化的校本课程为载体，开展立体化的美育教育，形成家庭美育、学校美育、社会美育的协同机制，为学生未来追求美好生活奠定坚实的基础。

（二）纯美教育产生的时代背景

什么是"美好生活"？作为美育工作者，作为研究中小学"美育"教育的研究者，作为反思"美育"教育在中小学教育中怎样科学定位的实践者，我们基于"美好生活需求"下的美育教育，有着自己独特的认知。

"美好生活"包括"美的生活"和"好的生活"。"好的生活"容易理解，没有物质匮乏、温饱之忧，生活越来越好。我们已经经历了由站起来到富起来的根本转变，当今中国人对"好的生活"都有真切的体验。

什么又是"美的生活"呢？"美的生活"绝不是豪华奢靡、铺张浪费的生活，更不是为所欲为的生活，而是给人精神上"美的体验"的生活。人要有"美的体验"，就必须通过美育来实现，因为美育的一个特殊功能就是造就"生活的艺术家"，通过美育促进人以艺术的、审美的态度去对待生活。

倡导做"生活的艺术家"，从学校美育入手，影响社会、促进社会对"美好生活"的审美态度，进而形成高度文明的社会风尚，使之适应中国特色社会主义新时代的发展，这是美育的广义功能。从这个意义上讲，对学校美育工作的认识就上升到了促进社会对"美好生活"的"需求"上。

中国社会，由于历史发展的原因，长期处于人口众多、物产相对贫乏、生产落后的状态，人们的生活长期面临"温饱"问题，"美好生活"似乎是遥不可及的事。然而，经过40多年的改革开放，"温饱"问题已经得到解决，小康社会已经建成，精准扶贫从"兜底"的角度使更多的人共享了改革开放带来的发展成果。"美好生活"成了发展的新需求。

教育需要满足当今社会发展需求，同时还要有前瞻性，需要满足未来社会发展对人才的需求。"美"的生活和"好"的生活就需要"美"的教育和"好"的教育，"美育"将满足社会对"美好生活"的需求，成为学校教育的重要组成部分。中小学教育的基础地位，决定了中小学"美育"是为学生追求"美好生活"奠定基础。

纯美教育就是在中国建成小康社会的基础上，社会发展走向追求"美好生活"的时代发展的需求上，基础教育面临新需求的情况下而提出的全新的教育理念。它是基础教育阶段奠基人生"美好生活"的启蒙教育，是学校高质量发展对美育化思考的育人路径探讨，是课程美育化、美育课程化的高品质发展的品牌建设思考，更是中国经济社会发展对基础教育提出的更高要求的创新性实践。

（三）纯美教育产生的政策背景

中华人民共和国成立以来，我国教育方针中多次强调"美育"，美育工作就在教育方针的指导下不断向前发展。梳理教育方针在演变过程中有关美育的论述，能够正确厘清基础教育中"美育"的"位"与"为"，也能进一步认清纯美教育产生的相关政策背景。

1949年9月中国人民政治协商会议第一届全体会议通过的《中国人民政治协商会议共同纲领》第五章"文化教育政策"规定："中华人民共和国的文化教育为新民主主义的，即民族的、科学的、大众的文化教育。人民政府的文化教育工作，应以提高人民文化水平，培养国家建设人才，肃清封建的、买办的、法西斯主义的思想，发展为人民服务的思想为主要任务。""提倡爱祖国、爱人民、爱劳动、爱科学、爱护公共财物为中华人民共和国全体国民的公德。"显然，新中国刚刚成立时的教育方针，指向的是教育的政治属性问题和亟待解决的"提高人民文化水平"的问题，一个文盲充斥的社会是无法建成社会主义社会的。

1951年3月，第一次全国中等教育会议提出："普通中学的宗旨和培养目标是使青年一代在智育、德育、体育、美育各方面获得全面发展，使之成为新民主主义社会自觉的积极的成员。"智、德、体、美四育的方针，比较简洁地表述了教育的基本要求，"美育"属于四育之一，在新中国建国初期就提出来了。1952年3月18日教育部颁发《中小学暂行规程（草案）》提出，"实施智育、德育、体育、美育全面发展的教育"。这些要求虽然是针对普通中小学，但对整个教育体系都产生了重大影响。

"美育"作为"四育"之一，正式作为中小学教育的指导性方针。

1957年2月，毛泽东针对与教育方针有关的"全面发展教育"的讨论，提出："中国的教育方针，应该使受教育者在德育、智育、体育几方面都得到发展。""美育"没有出现在教育方针之中，而是涵盖到"几方面都得到发展"的"全面发展"之中。

1978年9月22日，邓小平在全国教育工作大会上的讲话中指出，要彻底贯彻党的教育方针，并在后来提出教育要有"三个面向"，要培养"四有"新人。1982年12月五届全国人大五次会议通过的《中华人民共和国宪法》规定："国家培养青年、少年、儿童在品德、智力、体质等方面全面发展。"1985年5月中共中央颁发的《关于教育体制改革的决定》提出："教育必须为社会主义建设服务，社会主义建设必须依靠教育。""美育"还是没有直接进入教育方针中，虽然在改革开放以来，教育方针在"全面发展"、"四有新人"、普及九年义务教育、培养社会主义接班人等方面有丰富的内涵，但"美育"是否进入教育方针中，始终存在争论，因而没有写入教育方针。直到十六大、十七大，美育才进入我国的教育方针之中。

而"德、智、体、美、劳"最早于1999年《中共中央国务院关于深化教育改革全面推行素质教育的决定》中提出的，"对人的素质定位的基本准则，也是人类社会教育的趋向目标，所以人类社会的教育就离不开德智体美劳这个根本。"2018年9月10日，全国教育大会在北京召开。中共中央总书记、国家主席、中央军委主席习近平出席会议并发表重要讲话。他强调，"在党的坚强领导下，全面贯彻党的教育方针，坚持马克思主义指导地位，坚持中国特色社会主义教育发展道路，坚持社会主义办学方向，立足基本国情，遵循教育规律，坚持改革创新，以凝聚人心、完善人格、开发人力、培育人才、造福人民为工作目标，培养德智体美劳全面发展的社会主义建设者和接班人，加快推进教育现代化、建设教育强国、办好人民满意的教育。""培养德智体美劳全面发展的社会主义建设者和接班人"再一次被强化，美育进入到与德、智、体、劳并列的"五育"之一，而且在后来的相关文件中，进一步强调了"五育并举""五育融合"的教育发展新思想。

纯美教育就是在教育方针的不同演变中，进入了建成小康社会的时代背景下，提出"德、智、体、美、劳"五育并举、五育融合的新要求下，教育走向高质量发展的社会发展需求中，进一步凝练而成的。纯美教育既是教育的传承，又是教育传承中不断凝练的结果，更是教育面向未来的新指导。

第二节　纯美教育的内涵

习近平总书记在 2019 年 9 月 10 日的全国教育大会上强调，"要全面加强和改进学校美育，坚持以美育人、以文化人，提高学生审美和人文素养。"美育工作在学校教育中的高度达到了空前的水平，"以美育人"是美育作为"五育"之一的独特育人功能，同时美育也强调"以文化人"。这里将美育作为一种传承"文化"的重要组成部分，强调了美育重要的文化内涵。作为基础教育阶段的美育要实现"以文化人"，必须构建学校美育文化，或者说学校必须进行美育化内涵解读及学校治理设计。学校工作美育化，尤其是学校顶层设计的美育化是实现美育"以美化人"的基础架构，因此必然包含办学理念系统的美育化思考，办学环境的美育化设计，办学课程系统的美育化设计，办学目标的美育化设计，办学行为的美育化设计等。电子科技大学实验中学附属小学，以"纯美教育"办学思想为引领，构建了"以美育人、以文化人"的学校治理体系。理解纯美教育的基本内涵，可以准确地切入并深度理解学校"以美育人、以文化人"治理体系的构建。

（一）教育思想：儿童第一

"儿童第一"的思想，有以下五个层面的思考：

一是从教育哲学层面的思考，"儿童第一"源于人本主义哲学，是坚持"以人为本"的教育哲学思想的具体体现。把学生看成是一个个鲜活的生命体，他们有自己独特的生命体验，他们有自己个性化的发展需求。"儿童第一"特别强调共性中的个性，强调个性化的社会化与个性化的知识和素养的自主建构。这里的"儿童"绝不是知识的容器，而是能动的主体。

二是从中国传统文化层面的思考，"儿童第一"传承了中国传统文化中贵民、重民、保民的社会治理思想。基础教育阶段的"儿童"，不仅是不具备法律上完全行为责任的人，还是一个应该受到全社会特殊保护的"弱势群体"。"儿童第一"的思想植根于中华传统文化对儿童弱势群体的保护之中。

三是"儿童第一"构建了全新的师生观、学生观、人才观和发展观。因社会发展的需要，有了学生才有教师，没有学生就没有教师。教师没有选择学生的权利，教师的责任是把学生摆在第一的位置上，把每一个学生都教"好"；教师是学生发展的重要资源，教师既是传授知识的"经师"，更是学生发展导航的"人师"。同时"师"与"生"之间在教与学中，主体互为能动转换，促进师生共同发展。每一个学生都是可造之才，每一个学生都有自己独特的成长规律，教师的专业素养在于发现学生的成长规律，循循善诱，促进学生健康成长。

四是在教育方法上"儿童第一"强调"因材施教"。教师不是为了完成某项教学任务而"教"，教师是根据学生发展的状况和下一阶段的发展需求而"教"，这给现行的班级授课制提出了新的挑战。心理学领域中的"最近发展区"的理论与实践研究、多元智能理论的提出，都支撑了我国传统教育中的"因材施教"方法。

五是作为教育思想，"儿童第一"指导的是学校工作的设计。在学校工作中，只有把儿童的健康成长与个性化发展作为工作的出发点和归宿，才能在教育实践中发挥巨大的作用，凝聚起教育的力量，形成丰硕的教育成果。

（二）教育价值：以美化人

"美"是一种文化。我们从汉语对"美"的解释中，可以发现一些端倪。如古人以"羊大为美"可以看出，美基于生活所需，基于生命所需，因为有"羊大"的生活基础——体验过，因为"羊大"是生命本能需要，"羊大"是生活基础，所以"为美"的基础是体验，是生活经历的体验。基于中国古人对"美"的认同而产生的"羊大为美"的文化符号，体现了美的文化属性。一株幽兰深处幽谷，虽千年而无人知其香，未"人化"的原生态自然，是无所谓美与丑的。中国传统文化的人伦之美，教化一代又一代的华夏儿女，成就了中华民族的禀赋特性。如《礼记》中提倡的"礼乐文化"，把"礼""乐"之美与政治伦理道德高度结合起来，认为"礼以怡情""乐以和同""释礼归仁""中和为美"。以"中和"为审美原则，体现了中国文化的审美智慧和审美理想。梅、兰、竹、菊所赋予的君子品格，是异域文化难以理解的。

"美"是一种道德修炼。"大学之道，在明明德，在亲民，在止于至善。""至善"即为道德的最高境界，同时也是"完美"的境界。美育与德育都是"五育"的组成部分，因为"五育"本身是相互融通的。德育与美育融通的表现是，学校德育需要美育的融入而生效，而学校美育则通过渗透德育发挥作用。"德"是"美"的，"美"本合"德"，这就是二者的基本关系。

（三）育人方式：以美育美

"以美育美"，是在五育并举的前提下，突出美育的作用并使之成为校本特色。第一个"美"是指教育内容是美的，第二个"美"是指美好的生命。用美好的东西来发展学生生命的美好，这就是"以美育美"的直观诠释。

纯美教育的"纯"即纯洁、纯真，"美"即美好。比如好奇、好问、好玩，这些就是"纯"，是儿童的天性，是最该保护的东西。因为它们是智慧之源，所以也是美好的。"纯美教育"体现在选择美的内容，发展儿童生命的美好。

纯美教育在内容选择上只有三条标准：一是追求自然、社会、人类文明一切美好的东西；二是符合学生发展的认知规律；三是符合国家要求、学生发展需求和学校特色文化的教育追求。道德美、语言美、礼仪美、自然美等自然之美与艺术之美，都在备选范围之内。如钱钟书的一句诗——"童心欲竞湖波活"，"童心"的确是纯美的。年过花甲的范成大为自己写了一首诗，其中就有"童心仍竹马"，只有这些美好的东西存在，才能说诗与远方。这些都从不同侧面诠释了"纯美"之追求。

（四）育人目标：健康乐学，灵动多彩

马克思说："如果音乐很好，听者也懂音乐，那么消费音乐就比消费香槟酒高尚（《马克思恩格斯全集》第26卷Ⅰ，人民出版社，1975：312）。"显然，这里涉及人的素养问题，前提就是"也懂"。"也懂"就是指审美素养。审美素养是人文素养的重要内容，其核心是审美力。

那么，审美力又是什么？审美力是一种在审美体验中直接渗透和融化审美评价的情感判断力。从社会的角度讲，它是人类文明的标志；从个人的角度讲，它是一个健康发展的人的心理结构的组成部分，是确立信念理想的巨大情感动力，是人与社会、自然、自己相处的精神标向，也是健康的生活情趣、良好的个人品格的形成条件。只有具备这样的能力，人们对"美的生活"才有真切的认知和正确的行为取向。

"提高学生审美和人文素养"是美育的总体育人目的。美育不是知识教育，美育的很多领域不可能通过测试进行评价，有"此中有真意，欲辨已忘言"的意味，驱动人向善求真并形成审美意志。美育也不是纯粹的德育，尽管美育关涉到对人的世界观的培养，但美育最集中体现的是对人美好情感的激扬，指向个人精神、价值、人性的建立和完善，使之内化为一种气质、品格和能力。所以，审美是一种素养，与人的生活情趣、精神气质、人格完善和社会情怀的人文激励相关联。所以，关于美育学科的性质，有专家特别指出，它既不是自然科学，也不是社会科学，而是人文科学，目的是提高人们以审美为核心内涵的人文素养。

而电子科大实验中学附属小学（以下简称科大实验附小），基于学校文化特质及学校文化的传承，结合小学生的发展需求，提出了"健康乐学，灵动多彩"的育人目标。"健康"是人才成长的基础，同时也是学生发展的重要目标，纯美教育倡导的是"健康美"，不是满足不良需求的"病态美"。"乐学"是学生学习的精神状态，这是一种"以学为乐"，孜孜以求的学习状态与乐在其中、其乐无穷的幸福体验的结合；追求的是"知之者不如好之者，好之者不如乐之者"的潜心向学状态。"灵动"是长期在美的熏陶中，形成的一种独特的气质与积极向上的状态，更是审美素养与人文素养综合提升的外在展示，是学校文化育人的标志性成果。"多彩"是基于个性化发展"各美其美"的精彩呈现。

（五）教育理想：为纯美的童年而教育

教育的本质就是人的成长，除此以外别无其他。在此思想之下，纯美教育提出"为纯美的童年而教育"的教育理想。基于这种教育理想，构建理想的纯美教育校本课程体系，其基本路径是国家课程的美育校本化和校本（地方）课程的美育特色化和校本特色美育课程。"国家课程的美育校本化"就是以美育为价值取向，有机地统一德、智、体、劳，强调国家课程在本校的特色化实施。比如，在语数外等学科课程实施中，将三维目标凝练的情感、态度、价值观升华为美育目标，指导美育实践。"校本（地方）课程的美育特色化"就是结合学校的办学思想和办学特色，以提升学生人文素养和审美素养为核心开发的校本课程。

科大实验附小美育校本特色课程有四类：儿童美育成长课程、教师美育提升课程、家校美育共享课程、校企（区）美育融合课程。其中，关于提高儿童审美和人文素养的"儿童美育成长课程"又有三类，具体课程有：

一是培育审美素养的"儿童文学教育课程"。

这类课程与语文教育、国学教育相结合，注重把儿童文学的美育功能与语文课程的"人文性"融合起来，追求"纯真、稚拙、欢愉、变幻、朴素"的儿童文学审美特征。内容包括两个方面：（1）儿童艺术作品欣赏课。以主题单元的形式，视听与现场结合（比如请名家），欣赏经典的儿童文学作品、音乐、影视。（2）儿童文学创作课。在一至六年级开设，聘请著名儿童文学作家，编写"儿童文学启蒙教育"校本课程与读本，开发课程教师用书，引导儿童学习儿童诗、童谣写作。

二是促进个性发展的"儿童艺术实践课程"。

开设儿童美育艺术社团选修课程，鼓励儿童根据兴趣爱好、个性发展选修。一、二年级，充分尊重学生兴趣，以学期为时段，让儿童广泛而无重心进行选择学习。三至六年级儿童在家长和教师的帮助下选学习项目，发展个性特长。具体开设合唱、器乐、舞蹈、戏剧、朗诵、形体、绘画、书法等项目。

三是育美益情、启智健体的"儿童生活活动课程"。

此类课程又分两类：第一类是育美益情的儿童生活课程，从儿童生活出发，开设育美益情的儿童生活艺术活动课程，鼓励学生选修，如开设插花课、编织课、茶道课等课程。第二类是启智健体的儿童活动课程，开设探究性学习、儿童生存技能学习、科创活动等课程。

应该说，"为纯美的童年而教育"承载了我们的教育理想，学校的主题文化建设、日常教育教学、校本化课程建设等等，都紧紧围绕这个理想展开。当然，这个教育理想还在实现的路上。

（六）教育愿景：教育应当引导人更有尊严、更美好地生活

教育因重视美育而更加美好，"美好"的教育不仅能满足儿童的现实需求，更能够引领儿童未来的"美好"。这种"美好"包含了对以精神生活为内核的人的"尊严"的培养与呵护，也包括以满足人的现实需求为基础的美好生活。这是一种理想的人生发展之路，这是以"幸福"为主题的人生大舞台，这是教育人憧憬的教育愿景。

倡导做"生活的艺术家"，从学校美育入手，并影响社会，促进社会生活的"美好"，进而形成高度文明的社会风尚，使之契合中国特色社会主义全面建成小康社会后对教育高质量发展的要求。从这个意义上讲，学校以"美育"为突破口，构建五育并举、五育融合的治理体系，促进了公民从基础教育作为人生起点之美，为未来之"美好"奠定了基础，进而走向"美好生活"的人生大舞台。

第二章　《纯美教育文化大纲》解读

《成都市高新区电子科技大学实验中学附属小学高质量纯美教育文化大纲》（以下简称《纯美教育文化大纲》）（2021年修订）于2021年2月完成新修订工作，本次修订认真贯彻落实习近平总书记关于教育的重要论述和全国教育大会精神，在中共中央办公厅、国务院办公厅印发的《关于全面加强和改进新时代学校美育工作的意见》指导下，进一步强化学校

美育育人功能，构建德、智、体、美、劳全面培养的教育体系，全面加强和改进新时代学校美育工作。在传承与创新相结合的基础上，学校以"纯美教育文化"为学校顶层设计文化，构建现代化学校治理体系。

第一节　制定学校《纯美教育文化大纲》的背景

（一）政策背景

在《纯美教育文化大纲》开篇中，介绍了 2021 年 2 月修订中参考的主要政策依据，包括以下几个方面：

（1）2015 年 9 月 15 日，国务院办公厅发布了《关于全面加强和改进学校美育工作的意见》。该文件重点强调了普及与提高的问题，配齐美育资源、开齐开足美育课程、构建中国特色的美育教育体系是重要方面。经过五年多的努力，美育工作基本走上了正轨。

（2）2018 年 9 月 10 日，习近平总书记在全国教育大会上强调，"要全面加强和改进学校美育，坚持以美育人、以文化人，提高学生审美和人文素养。"习总书记的讲话，精辟而又内涵丰富，学校美育需要的是"全面加强和改进"，而怎么加强，怎么改进，这是教育层面需要思考的问题。科大实验附小以自己的创新实践，以自己的不懈探索，回答了"加强和改进"措施、办法和路径，是习近平总书记讲话的落地工程的成功样板。

（3）2020 年 10 月 15 日，中共中央办公厅、国务院办公厅颁发了《关于全面加强和改进新时代学校美育工作的意见》，从新时代"培养德智体美劳全面发展的社会主义建设者和接班人"高度，重新定位了学校美育工作。文件对学界争论不休的什么是"美"、什么是"美育"做了科学界定："美"是纯洁道德、丰富精神的重要源泉。"美育"是审美教育、情操教育、心灵教育，也是丰富想象力和培养创新意识的教育，能提升审美素养、陶冶情操、温润心灵、激发创新创造活力。这起到了正本清源的作用，美育是"五育"中不可缺少、不可代替的"一育"，美育教育的内涵不限于"艺术教育"，美育的育人功能在于"以美育人、以美化人、以美培元"，学校美育工作的育人目标是"提升审美素养、陶冶情操、温润心灵、激发创新创造活力"，而学校美育工作的重点是"健全面向人人的学校美育育人机制""让所有在校学生都享有接受美育的机会",学校美育发展的推进策略是"特色发展,形成'一校一品''一校多品'"的学校美育发展新局面。可以说,《关于全面加强和改进新时代学校美育工作的意见》是学校美育工作的纲领性文件,同时也是学校美育的工作指南,学校美育工作面临的诸多问题和困惑都能在其中找到原则性的答案。

(二)认识定位

《纯美教育文化大纲》的修订,触及了学校美育认识上的定位问题,形成了以下基本认识:

(1)认识一:我们用发展的眼光看待美育,美育应该是融合学校教育的各个方面,它是整体的、艺术的、系统的,能将其他各育有机统一。

由此可见,美育是"大美育",不同于狭隘的"艺术教育","是整体的、艺术的、系统的",是"其他各育有机统一的"。有"大美育"的定位,就会有全局性的思考,《纯美教育文化大纲》就是在这种"大美育"观指导下,编撰而成的美育文化引领下的小学治理体系的基础性校本文件。

(2)认识二:学校教育的功能价值是"为了儿童发展",期望在教育中充分唤醒人的自我意识,使儿童浸润浪漫、有品位的精神生活,让自由、平等的民主精神和充满审美价值的科学创新精神弥漫校园,让人道主义的终极关怀充盈师生心灵。

这个认识,抛弃了长期绑架在窄化了的美育的"艺术教育"身上功利化教育,不是追求强化艺术教育团队建设,强化艺术教育技能考级等功利化路径,而是面向全体学生,构建高质量学校治理体系,指向"儿童"的生活、"儿童"的发展、"儿童"的精神"品位",并最终指向"自由""平等""创新精神"等新时代发展的新要求。儿童阶段正是人生处于启蒙阶段时,将美育定位到"让人道主义的终极关怀充盈师生心灵",这种关怀既是指向"心灵"的,同时也是促进师生共同发展的。这样朴素的表达,是让处于基础教育阶段的最鲜活的两个生命体"师"与"生"都能够听得懂,也能让家长听得进。

(3)认识三:将学校文化顶层设计中的理念系统、环境系统、课程系统作为一个有机整体进行规划。

学校文化的顶层规划，会因学校行政班子的变迁、不同时代的发展需求，形成不同时代的碎片化的认识，进而造成学校顶层设计的混乱或内在不协调，出现"两张皮"或"多张皮"的问题。这个问题也是困扰"在职"校领导的现实问题。《纯美教育文化大纲》以学校传承的"纯美教育"为指导，从规划的源头上，形成了理念引领、环境承载、课程保障的一致性，避免了学校理念与学校实践两张皮的问题。

（三）学校发展定位

在过去相当长的一段时期，学校发展不是学校校长考虑的主要问题，更不是全体教职工需要"操心"的问题。学校行为都属于政府办学行为，办什么样的学校，怎样办学，都是政府的事，所以就出现了"千校一面"的局面，课表是统一的、教材是统一的、教学进度是统一的，学校的发展都是"齐步走"。教育改革让基础教育"活"起来了，我们突然发现，校与校之间有那么多的不同，有不同的学生、不同的教育需求，有不同的学校文化不同的学校传承，还有不同的课程、不同的区域文化、不同的教学模式、不同的教育理念和不同的教育愿景等等。学校的发展正在不断地重新"被定位"，什么"优质学校"、什么"示范学校"、什么"特色学校"、什么"传统学校"等，但是真正符合学校发展需求的不是这些招牌的"被定位"，而是按照学校自身发展的规律，基于学生发展的需求、社会发展的要求及学校发展的传承创新，与一代一代教育人的教育追求结合起来，形成具有科学性、导向性、前瞻性的定位，用于凝聚教育人奋起发展的力量，促进学校高质量发展。

《纯美教育文化大纲》就是科大实验附小为学校发展定位思考的结晶。学校要做什么样的教育？学校要做"纯美教育"。学校坚持什么样的教育思想？学校坚持"儿童第一"的教育思想。学校发展的目标是什么？学校发展的目标是"办一所具有纯美特质的精品小学"。学生发展的目标是什么？学生发展的目标是，保持儿童天性与活力，引导儿童成为"健康乐学、灵动多彩"的人。教师发展的目标是什么？教师发展的目标是"仁爱高雅，博学大气"。《纯美教育文化大纲》还完善了"纯美教育"学校环境设计，彰显学校"纯美教育"特质，系统构建了"纯美教育"课程体系，促进学校"纯美教育"特色发展。

这种定位设计，明显不同于那些将"优质学校""示范学校"等作为发展目标的设计，而是规划学校特色发展，基于学校自身发展规律，促进学校高质量发展的设计，是对学校发展更有价值的定位设计。

第二节　《纯美教育文化大纲》的基本内容

《纯美教育文化大纲》除了背景资料的介绍、相关文件的引用及学校发展定位表述外，重点从纯美教育学校环境系统、纯美教育校本课程系统两方面规范了学校发展的内容。

1. 纯美教育理念系统

科大实验附小纯美教育理念系统

项目		内容	
教育思想		儿童第一	
办学思想		纯美教育	
（1）	教育理想	为纯美的童年而教	
（2）	教育价值观	教育要引导人更有尊严，更美好地生活！	
（3）	文化理念	校训	做真人　求真知
		校风	和谐和美　各美其美
		教风	美润生命　慧美成长
		学风	悦美乐学　纯美生长
（4）	发展目标	学生发展目标	健康乐学　灵动多彩
		教师发展目标	仁爱高雅　博学大气
		学校发展目标	办一所具有纯美特质的精品小学

2. 纯美教育学校环境系统

纯美教育学校环境系统由一景、一廊、四苑构成校园育人大环境，楼道文化构成学校文化亚环境，班级文化、办公室文化、功能室文化构成学校文化小环境。现就学校文化小环境在《纯美教育文化大纲》中规定的内容介绍如下：

一景：童心触动世界。

一廊：通过一个长廊，展示学校"理念育美、艺术育美、文学育美、科学育美"的成果。

四苑：生态育美苑、中华传统育美苑、儿童创生育美苑、劳动育美苑。

生态育美苑：绿树成荫、鲜花盛开的校园。

中华传统育美苑：炫彩空间。

儿童创生育美苑：七彩梦美育梦。

劳动育美苑："晴雨园"劳动农场。

3. 纯美教育校本课程系统

纯美教育校本课程系统由"国家课程的美育校本化课程＋校本课程的美育特色化课程＋五位协同课程"构成。

第一部分"国家课程美育校本化课程"，体现的是"课程美育化"的思想，用美育的思想来审视我们的各学科课程，推进国家课程美育整合，构建美育化校本课程。

第二部分"校本课程的美育特色化课程"，对学校传承下来的各科、各种形式的校本课程，推进"课程美育化"研究，重构学校美育文化、在美育理念引领下的校本课程体系。

第三部分"五位协同课程"，是学校创生的校本特色课程，具体涵盖以下课程内容：

（1）体现协同主体的学校教师美育专业成长课程。

①丰富教育生命的"专业阅读课程"：读书沙龙、儿童教育论坛等。

②培育高雅气质的"教师礼仪课程"：教师礼仪培训、教师风采展示等。

③涵养人文品性的"艺术熏陶课程"：艺术鉴赏、民乐学习、书画研

习等。

（2）体现协同基础的家校美育课程：家长美育微课工作坊、育童论坛、童心大舞台等。

（3）体现协同支持的校园（高校）美育课程：博士工作站、科大博物馆、科大艺术中心等。

（4）体现协同支持的校区（社区）美育课程：社区寻美之旅、社区美育实践基地等。

（5）体现协同支持的校企美育课程：京东方展示（展览）馆、校企协同的"晴雨园"劳动农场。

第三节　《纯美教育文化大纲》亮点解读

《纯美教育文化大纲》中，突出的亮点可以用"一高三新"来概括：高站位引领新认识，新规划，带来新发展。

1. 站位高

这是一个"站位高"的"纯美教育"宣言。具体表现在：它的政策站位高，以 2018 年 9 月 10 日，习近平总书记在全国教育大会上强调"要全面加强和改进学校美育，坚持以美育人、以文化人，提高学生审美和人文素养"和 2020 年最新出台的中共中央办公厅、国务院办公厅颁发的《关于全面加强和改进新时代学校美育工作的意见》为指导，其政治站位、政策站位、学术站位、实施路径等，都站在时代发展的前列，敏锐把握美育时代跳动的脉搏，洞察时代发展的要求，领跑基础教育五育并举之"美育"发展。这是睿智的学术团队与长期从事美育研究与实践相结合的攻坚克难的团队，犹如扑向大美育走向大发展的浪潮中，有"弄潮儿向涛头立"的教育自信；这是基础教育"五育并举""五育融合"之大美育学校文化建设、学校治理体系建设与传统美育碰撞出的第一束火光，其成为燎原之势指日可待。

2. 认识新

《纯美教育文化大纲》中，出现的"纯美教育"、生活的美化、充盈心灵、纯美童年、课程美育化、美育课程化、学校大美育等，都是全新的概念。全新概念背后是对基础教育的全新的认识，新认识的源泉在于创新的、鲜活的教育实践活动及其教育实践活动后的理性思考，新认识从另一个侧面反映了学校教育教学的生机和活力。

《纯美教育文化大纲》首先是理念新，以"纯美教育"为新理念，构建"纯美教育"学校理念系统，形成了对教育的全新的认识。其次，《纯美教育文化大纲》是在习近平新时代中国特色社会主义理论指导下，教育高质量发展要求的背景下，推进德、智、体、美、劳五育并举、五育融合的要求中，准确把握时代要求，结合学校实践而形成的教育新认识。第三，《纯美教育文化大纲》是科大实验附小教育人数十年的教育实践探索，数十年的教育经验成果的提炼和总结。

3. 规划新

这是用全新的观点从全新的角度编撰的学校发展的新规划。这个新规划独特之处在于，从美育的角度出发，构建学校"大美育"文化体系，促进学校高质量发展的规划。以"大美育"观构建学校文化，这是一个全新的角度，在中小学学校文化建设中，以大德育、大智育思想构建学校文化是学校文化的主流，而以"大美育"观作为规划学校文化的，相对来说比较少。在"纯美教育"思想指导下，构建了学校文化理念系统、学校文化环境系统、学校文化标识系统，学校文化行为系统、学校文化课程系统。清晰的认知逻辑，科学的规划方案，操作性强的实施路径，共同构成了"新规划"的核心要义。

4. 发展新

"纯美教育"作为办学思想，是一种教育新生态，更是一种教育理想。这种教育理想之所以不会成为教育的"空想"，就是因为有《纯美教育文化大纲》，其对学校未来的发展做了科学的规划。用规划促进发展，一切都在"可控"的范围内，"纯美教育"在科大实验附小的新发展，将立足学校现有的发展状况指导未来，在学校文化的引领下，促进学校高品质发展。

第三章　纯美教育文化

1999年6月13日发布的《中共中央国务院关于深化教育改革全面推进素质教育的决定》指出："美育不仅能陶冶情操、提高素养，而且有助于开发智力，对于促进学生全面发展具有不可替代的作用。要尽快改变学校美育工作薄弱的状况，将美育融入学校教育全过程。"从20世纪至今20余年，国家多次出台文件，强调美育的必需性和重要性。各级各类学校对美育的实践与探索，也方兴未艾。

但是反思学校美育，尚存在以下不足：

一是对美育认识的窄化，将美育等同于艺术教育或者品格教育，认为重视艺术教育，培养学生的艺术素质（还称不上素养），或者加强道德教育，提升学生的思想情操就是实施美育。二是对美育认识的浅化，将美育等同于学校硬件环境等有形的美化。总之，美育之于学校是锦上添花，远未达到成为学校教育的核心和重心之地位。

2017年10月18日，习近平同志在十九大报告中指出，加快生态文明体制改革，建设美丽中国。建设美丽中国，既是为了给子孙后代留下天蓝、地绿、水净的家园，实现中华民族未来的永续发展，也是为了当代中国人能够诗意的栖居、美好的生活。学校美育的窄化和浅化，与国家整体、长远的发展蓝图是不匹配的。

纯美教育融合体系文化的架构，是为了规避学校美育狭隘化、浅表化的弊端，利用系统论的思想，以美育为核心，整合学校管理运作的各种相关要素，整体建构和实施学校育人体系和行动文化，实现"为纯美的童年而教育"的教育理想，落实国家"五育并举"的教育主张，实现"五育融合"的教育高质量实施与发展目标。

融合是一种理念，"五育"彼此融合才能让教育产生高质量时效；融合是一种实践策略，"并"是"融"的主张，"融"是实现"并"的具体策略与方式。"融合"是融汇化合之意，就是通过融合的过程和手段，使人得到整体的、全面的发展。

纯美教育融合体系是为践行纯美教育之目标的行动框架和行动文化，

融合体系是一种策略体系，简称"12456纯美教育融合体系"。"1"是围绕学校"为纯美的童年而教育"的教育理想，学校办学价值追求与学生素养目标的融合策略；"2"是国家课程美育校本化、校本课程美育特色化的课程实施策略；"4"是"全时空、全过程、全课程、全员化"的教育过程的融合策略；"5"五位协同，发掘和美共育的教育力量；"6"六性特征，体现纯美融合教育体系基于传统又高于传统的基本特性。

一个理想：为纯美的童年而教育

为纯美的童年而教育，简称"纯美教育"。"纯美教育"是学校对美育品质的一种追求。小学教育的对象首先是儿童，然后才是学生，儿童天性使然，教育要充分唤醒人的自我意识，为儿童浸润浪漫、有品味的学习生活，引导儿童美好地成长、美好地生活，让儿童拥有纯美的童年。"纯美教育"遵循马克思主义的美学观：美是人的本质力量的对象化，以"实践的美学"为理论基础，以"美的本质是真与善的统一"为根本认识。

"纯美"之"纯"，是纯真、纯正、纯雅；"纯美"之"美"，即"美好"。"真""正""雅"规定了"纯美教育"的美育性质。"真"在这里是客观、本原之意；"正"在这里是正道之意；"雅"在这里是文雅、雅致之意．纯美教育，包含了合规律的教育（真）、指向教育方针的教育（正）、审美化的教育（雅）三个层次的内容。"纯美教育"就是坚定不移的、毫无他求的，为着儿童美好生活、美好成长的教育。

基于学校"为纯美的童年而教育"的教育理想，形成以"三育""三风""三目标"为核心的学校"纯美教育"文化体系。"三育"规定了学校的教育理想"为纯美的童年而教育"，学校的教育价值观"引导儿童更有尊严、更美好地生活"，"美漫校园，美育生命"。"三风"确立了"和美和谐，各美其美"的校风，"美润生命，慧美成长"的教风，"乐美而学，纯美生长"的学风。"三目标"明确了学校的发展目标是"办一所具有纯美特质的精品小学"，教师的发展目标是"仁爱高雅，博学大气"，学生的发展目标是"健康乐学，灵动多彩"。

两化策略：创建纯美融合的课程体系

课程建设是学校的中心工作，是学校育人体系建设的一个杠杆，整体撬动学校育人模式的变革，最终形成学校办学特色。"美育课程化，课程美育化"是高质量小学纯美教育融合体系实践的核心策略。

"美育课程化"是指学校美育实践要以具体的课程来支撑，"课程美育化"一是对国家规定学科课程实施美育化，二是开发具有美育要素的校本化课程。国家规定学科课程实施美育化与学科融合美育的区别是——前者是"美地教"，后者是"教的美"。二者共同之处就是挖掘学科的美育元素，使学生产生美的体验、美的情感，获得发现美、感受美、创造美的能力。比如语文课程教学，将三维目标凝练指向美育，注重汉字、汉语所体现的形式美的学习，导向学生对中华民族的文化之美的感受、体验、欣赏、传承。

学校以"善、慧、艺、健、勤"作为"五育融合"的学校纯美教育课程目标，"善"是唤起学生的"善心"来涵养学生的"善行"；"慧"让学生在"慧思"中"慧学"，在"慧学"中"慧思"；"艺"让学生感受"艺"之"趣"，尝试"艺"中"创"；"健"让学生拥有强健的体魄，阳光的心理，灵动的气韵，在"健体"的过程中"健心"；"勤"培养学生"勤劳"的习惯、"勤俭"的品格。

"两化策略"是以落实国家核心素养与学校"纯美"育人为目标，以"美"为价值引领，以"国家课程的美育校本化"和"校本课程的美育特色化"为实施策略，整体协调学校基础课程、拓展课程、保障课程的关系，整合课程资源，优化课程结构，提升课程品质，"以美育美""以美育德""以美启智""以美健体""以美促劳"，建设面向未来、可持续、可深度发展的学校美育课程体系，实现课程聚力、纯美育人之目的。

运用"美育+"的互联网思维，"美育课程化，课程美育化"主要有四条路径：

一是从学科拓展角度开发四大精品校本课程：儿童教育戏剧课程《美的旅行》、国际理解教育课程《多彩的地球》、儿童文学教育课程、童心灿烂四季文化节道德欣赏课程，帮助学生完善知识体系，开阔视野，培养学生创新能力和健全人格。在小学六年时间里，每一名学生都需要保证学满四大课程，每项课程至少学完一门，以此来促进学生的全面发展。

二是着眼于学生的全面发展建设精品社团，为学生搭建潜能开发、个性发展的阵地，抚慰学生心灵，唤醒学生潜能。"纯美社团"一方面关注学生个性特长，打造四大精品社团——"天娇儿童艺术团""创美少年科学院""尚美童心书画院""生肖联盟体育俱乐部"，这些社团主要面向在艺术、体育、科学等方面有特长或发展潜能的学生，进行生命潜能开发，促进学生个性成长。另一方面，有面向全体学生开设的以培育学生审美情趣为主的社团选修课程，内容丰富，包含"尚善育美课程""明慧育美课程""茁健育美课程""蕴艺创美课程""勤俭育美课程"。每学年第一周学生和家长以网络选课的方式确定本学年要学习的课程内容，每周一下午学校用两节课的时间来开展课程学习。

三是发掘学科美育视点，实现学科审美化教学。同时从国家课程和校本课程中，发掘共同的、相通的美育视点，围绕这些美育视点，整合课程资源，实现不同课程体系、不同学科间的融合贯通，让学生获得整体的学习架构。比如以"暖"作为美育视点，从科学的角度了解温度高低，让学生获得暖的直观感觉，懂得科学原理；从数学的角度了解温度的书写与表达；从语言和人文角度，学习对"暖"的描述和能温暖人心的智慧表达；从品德修养的角度，懂得人情冷暖，唤起善心、善意、善行；从美术的角度，探索色彩的冷暖；从音乐的角度探索不同音质、音色、节奏和旋律带给人的声音的冷暖……

四是"五位协同"融合育美课程。以美育为核心，充分利用学生家庭、社区、周边企业、高校等社群资源，以美育微课和学生社会实践或校外亲子活动等形式，开发家校、社群共建课程，拓宽儿童学习视野，丰富儿童学习体验，实现生活育美的教育理念。其中家长美育微课作为共建共享课程的主体，除了各班家长自主开发上课，校级家委会成立美育微课工作坊，发现积累优质美育微课，形成系列"见微知著"美育微课集，打破美育微课班级内的限制，实现全校共享。

建立系统的课程实施保障体系。以校内课程资源为主体，创造性地开发特色课程教材、教师指导用书，打造课程实施环境，研究课程教学策略，培训课程优质师资，制订课程实施过程中所需要的各类量表，推进课程建设，保障课程有效实施，实现美育高质量发展。

四全过程：建设融合推进的纯美教育生态

"四全过程"就是将美育贯穿学校教育的全时空、全方位，以学校美育为核心，形成融合共育、共建共生的纯美教育生态系统。通过美育文化建设、美育制度制定、美育环境打造，形成"全时空"的美育实施文化；从生活审美、学科审美、艺术审美、自我审美、社会审美等维度，建设五育融合的"全课程"体系；从课堂内容、学习方法、师生互动、课堂评价等角度，实现"全学科"的美育渗透；发掘学生家庭、周边高校、所在社区、企业的教育资源，形成"全员化"参与的育人体系。

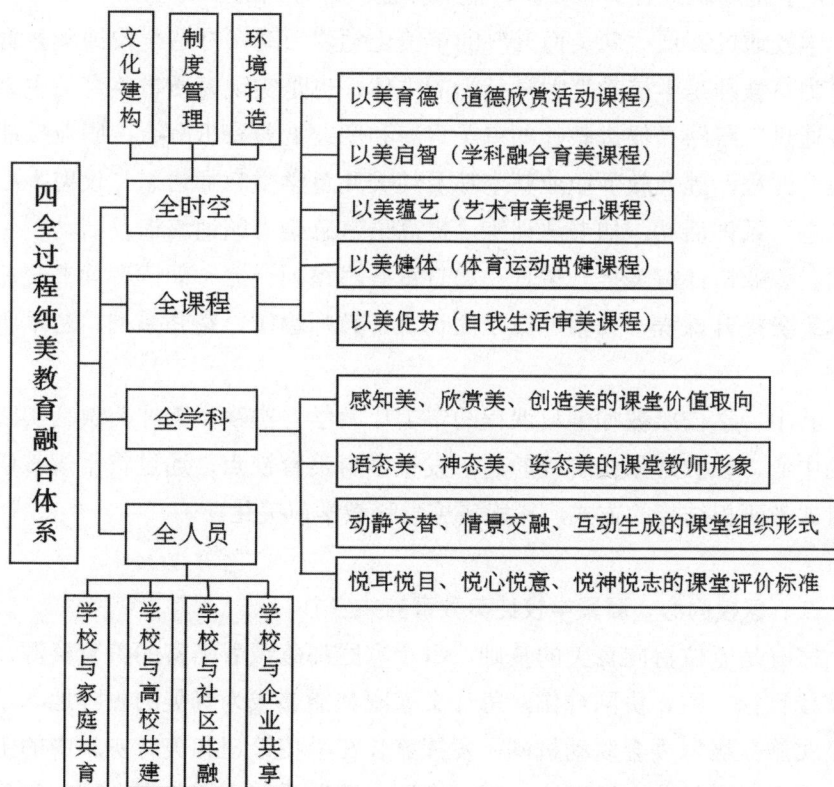

五位协同：发掘合美共育的教育力量

纯美教育融合体系，不仅是美育资源的融合，更是美育力量的融合。"五位协同"就是在实践过程中，以学校为主导，通过加强学校、家庭、社区、高校、企业之间的协同合作，形成了家校共育、校区共融、校际共享、校企共建的渠道畅通的校内外协同育人机制，以此整合区域美育资源和美育力量，实现持续、稳定的优势资源互补和力量共生的全面融合的美育文化生态区域。

一、强基固本，凝练学校纯美教育的内生力

在五位协同育美机制中，学校是整个运行机制的核心，起全面指导的作用，它能够融通各美育要素，能够保证教育方向的正确性。

学校通过开展"向美而升"的审美化党建活动，打造学校纯美教育的领导力。教师是学校教育教学行为的主体，也是实现高质量美育的主力。学校通过三条路径促进教师的审美素养和职业素养有机融合：职业技能审美提升课程，提升教师职业基本功及纯美儿童学堂教师语态、仪态、心态"三态"系列活动，如书法训练、提高语言感染力朗诵培训及活动、礼仪培训；职业情怀审美提升课程，如育童心声系列交流、朗读者读书交流；艺术审美提升课程，如教师民乐团训练、教师瑜伽、花艺系列、艺术欣赏等。

其中，学校以教师学科课程的审美化教学与实践作为纯美教育实践探索的中心，让教师系统解读教材，发掘学科美育视点，通过将常规教研、项目式教研相结合的方式，探索实施学科教学审美化。

二、家校同心，凝聚学校纯美教育的共生力

家庭是五位协同育美的基础，每个家庭都蕴藏着丰富的美育资源，只要家校目标一致、协同合作，每一个家庭都能够成为育美的主阵地。学校除了实施三级家委会联动机制，发挥家长在学校管理和美育实施中的主动性，还利用家长美育微课这一平台资源，开发系列生活美育课程，为孩子

们提供丰富的美育课程滋养。同时利用"育童论坛""班级童心大舞台"等活动，创设家校互动的平台，让家长走进校园，支持理解学校工作，家校同心，为孩子成长建设更加和美的环境。

三、区域联动，凝合学校纯美教育的聚生力

学校充分利用周边高校众多、高科技产业云集的优势，建立区域联动机制，带领学生走出校园，走进高校、企业、社区研学实践；或者引进校外资源，采用请进来的方式，实现五位协同育美。学校基于家庭生活之美、高校科学之美、社会人文之美、企业劳动创造之美等协同要素，建立了系统的五位协同育美组织架构，包含家长理事会、博士工作站、企业研学中心、社区联络站。其中，促进家校共育的家长理事会下设五个机构，分别为美育微课助教部、育童论坛征集部、家校和谐共育部、学生安全督导部、后勤志愿服务部。推动校际共建的博士工作站下设科创育美规划部、高校专家指导部、校际活动策划部。连接校企共享的企业研学中心，包含企业文化研学部、企业活动实践部。实现校区共融的社区联络站，包含社区联络基地、寻美体验中心。在这些部门的共同作用下，我们形成了五位协同的育人网络，在创新中探索美育新路径，让高校的创新动力、企业的优质文化、社区的立体环境为协同育美提供丰富的资源支持。

2020 年 10 月，中共中央办公厅、国务院办公厅印发的《关于全面加强和改进新时代学校美育工作的意见》明确要求，"把美育纳入各级各类学校人才培养全过程，贯穿学校教育各学段，培养德智体美劳全面发展的社会主义建设者和接班人。"要求美育要树立学科融合的理念，通过完善课程建设体系、科学定位课程目标等，实现美育"以美育人、以文化人"的目的，整体提高人的审美素养和人文素养。科大实验附小 2014 年成立伊始就开始了融合式纯美教育体系的探索与建构，无疑是学校美育实施的先行者。

"六性"特征：纯美教育的高质量融合实践

小学融合美育从美和美育的价值的角度，从小学生的年龄特点、认知规律来确定小学美育的目标体系；从情感影响、精神导引和审美经验积累的角度来思考五育当中怎样融合美的元素。其原理阐述了美育如何与其他四育融合的理念、策略、路径，是有别于传统美育理论的原理，概括起来，具有以下六个特征：

特征之一：理念的时代性

一是与社会发展主要矛盾的解决相呼应。

今天我们做学校美育，除了把传统的美育原理作为学校美育理念设计的基本理论以外，还在办学思想、教育理念、教育价值观上体现时代的要求、时代的特点。这些时代的要求和特点是十九大报告提出的"中国社会的主要矛盾是人民对美好生活的向往与发展的不平衡、不充分之间的矛盾"。人民对美好生活的向往，当然包括了人民对美好教育的向往。美好的教育就是为老百姓提供好的教育、美的教育，是老百姓对子女成才、成人的期望，也是培养社会主义现代化建设高质量人才的必须。办美好的教育，是习近平总书记以人民为中心的思想在教育上的实践行为体现，它必然具有学校高质量美育理念的时代特征。

二是与国家发展前景相适应。

中华民族站在百年之大变局的路途上，在中国共产党建党 100 周年之际，中华民族实现了全民小康。我们正走在中华人民共和国建国 100 周年的路上，这是中华民族伟大复兴的关键节点，党和国家在 2035 发展规划、"十四五"发展规划中，提出了要建设新时代中国特色社会主义现代化强国的伟大目标。这个伟大目标反映在教育上，就是教育强国，就是高质量的时代教育体系的建设，这个教育体系一定包括了美好的教育。同时习总书记提出了要建设美丽中国，要为人民群众提供美好的生活，这都是需要我们的学校教育在办学思想、办学理念上去回应，去回答，去践行的。科大实验附小的教育理想是为纯美的童年而教育；我们的教育理念是：美漫校园，美育生命；我们的教育价值观是教育要引导人更有尊严、更美好的生活。纵观我们的教育理想、理念、价值观，正是从学校的角度回应、践行党和国家满足人民美好生活需要的政策方针。

三是与所在区域发展定位相匹配。

我校的办学理念的时代性特征，既体现在对党的教育方针，对国务院办公厅、中共中央办公厅 2020 年发出的《关于加强和改革学校美育工作指导意见》的具体回应。同时，科大实验附小是诞生在成都高新区这一个特定的空间区域背景下的学校。成都高新区是一个创新之区、乐教之区，在教育发展方面提出了要为老百姓提供高质量的基础教育的目标。因此，以纯美教育作为教育思想也是对成都高新区教育高质量发展的具体回应。

特征之二：目标的素养性

融合美育目标的素养性，在于与传统的三维目标相比，它克服了三维目标的分散，学科教学重知识、技能等问题，更具有人的全面发展与个性成长需要的本质性指向，即素养目标更指向人的自由和谐的发展和循序渐进的生长。

科大实验附小的高质量美育目标，不是传统意义上的知识、技能、方法目标的堆砌，而是直接指向人的内在发展的素养目标，是一种期望深层次地满足人的生命、生活发展所需要的、整体性的内在素养的目标。这些目标是从知、情、意、行的维度，从生活品性、格调、观念、能力等方面，按照党的教育方针从德、智、体、美、劳五个方面，从美对人的内在生命发展的本质性特征出发提出的。在内容上首先立足于发扬中华传统美育精神，传承中华优秀传统文化，比如我们的民歌课堂、民族舞蹈课程、非遗文化传承学习、国际理解教育课程就是立足中华优秀传统文化学习展开的。同时，我们的美、音素养目标又体现时代要求，比如信息技术人工智能、小学生编程课程、3D 打印技术、生活中的科学探究学习课程。通过这些，直接指向学生的思维品质，培养具有科学探索兴趣、意识、实践素质的小学生。

特征之三：内容的整体性

德、智、体、美、劳是"五育并举"的整体，高质量纯美教育是"美"与"德、智、体、劳"融合的整体。即我们的高质量纯美教育，不是以美来代替其他四育，也不是以美育之一育来完成立德树人根本任务，而是把美育置于"五育并举"这一个整体框架之内，去开发其他四育中的美育要素作为融合的内容，实现融合式美育的五育并举。

特征之四：实施的系统性

美是人类文明的最高价值。美对于人的成长，是一种刚需。因此，新时代的高质量学校美育，就必须立足艺术教育这一学校美育主渠道，又要超越艺术教育的视域。把学校高质量美育，放置在"三全"之中，从理念、过程、方法、内容、评价和保障这一个系统上来思考学校美育的整体发展。只有这样，才能真正体现文化育美、课程育美、环境育美、关系育美等多维协同育美的追求。也只有建立这样的体系，才能真正系统性地实现学校美育培养完整的人，突出审美的人的价值观。系统是体，不是面，是完整的时空概念。以体的方式，更有力量，对人的全方位影响的效能感更强，从系统论的角度讲，更深刻、更有逻辑地提升学校美育的效能。

特征之五：路径的多位协同性

美的内容本身是多维的，生活之美、艺术之美、社会之美、科学之美、自然之美，美的要素是多元的，美的层次也是多维的。以学校一己之力，对受教育者实施美育，即使是在整体系统的架构下，学校的力量也是不够。因此从整体和系统的角度，要完成小学高质量的、体现新时代特性的学校美育，就必须动员一切育人相关者，建立起学校美育的教育共同体。周边高品质高校众多：电子科技大学、四川大学锦城学院、西华大学……学校位于国家级高科技园区的保税区，这里集中了众多世界五百强企业，他们是这一个时代高科技和生产力的代表。我们建立"五位美育"教育共同体，基本职能就是协同育美，各自发挥协同要素，各自承担协同责任，各自履行利益相关者的职责，指向学校美育的共同目标——培养尚善求真、灵动多彩的小学生。

特征之六：育人的深刻性

科大实验附小"纯美教育"中的"纯美"，首先是学校美育的一种期望（这种期望即我们的美育是基于儿童，为了儿童有一个纯真美好的童年的学校教育，我们用纯真美好来表达）；同时又是对当下学校教育问题的反思：当下的小学教育在教育内容，教育方法，教育策略上或多或少呈现出理性的成人化倾向，限制了儿童的"三好"天性，抑制了儿童的自由与创造精神。在教育理念上表现出应试指向、学科中心，以智育为重点，以考试为主要方式，评价上重智、轻德、弱美、忽劳等。

纯美教育，我们用纯真美好、纯正美好、纯雅美好来表达，直指人的心灵、人的道德，还有教育过程的审美化——从感性走向理性，从形象走向抽象。

纯美教育体现了国家基础教育目标的价值，纯美教育内容是非单一的、非片面的，而是以美育作为融合点，牵动其他各育的相互作用，来实现融合育人。也正是我们建立了"体"（系统）这样一个实施的结构，并校本化的以"五位协同"的方式来整合资源，优势互补，聚合人力，这样的点、面、体的逻辑构成，对学生的审美能力、审美情感的影响一定是深刻的、深远的。

纯美教育特色，在策略上呈现的是融合，在形式上呈现的是体系，在品质上呈现的是高质量六性（理念的时代性、目标的素养性、内容的整体性、实施的系统性、路径的多位协创性、育人的深刻性）。在内容上是传统与现代的有机结合。

融合式纯美教育体系构建与实施（方法＋品质＋特色），以融合方式促高质量发展显纯美教育特色。因此，我们的"高质量融合式小学纯美教育"，是对国家新时代基础教育高质量美育的最新校本实践回应，是新时代特征鲜明的、以美为特色的、具有较高实践价值的小学五育融合样态。

融合的策略，是实现整体育人、系统育人的策略。在审美化的五育融合中，美就是起调和功能，引发学生对学习的兴趣和关注，审美形象化，便于学生学习、理解、思维。

第四章　学校美育成果与成效

科大实验附小美育实践仅仅七年，但高质量纯美教育品牌已经彰显，取得了显著的成效、丰富的成果。

学校美育成效（2014年7月—2021年3月）

学校大力推进美育课题建设，目前学校和美育相关的有省级课题一项、市级课题四项、区级课题六项。"纯美教育"成果在全国美育大会、全国音乐教育大会、杭州千课万人等国家级平台展示。课程建设形成的多个成果分别在《中小学校长》《未来教育家》《德育报》《四川教育》《教育家》《教育科学论坛》等报刊推广报道。

科大实验附小美育实践也得到了国内众多专家学者的好评。

我国著名美学家、当代中国生态美学的奠基人、山东大学原校长及终身教授——曾繁仁教授为学校题词："科大实验附小的美育实践具有重要的实践价值与理论意义。"

中国人生美育研究会副主任委员、全国知名美育研究专家与活动家、中央音乐学院音乐文化高等研究院特聘研究员、中国传媒大学美育与文明研究基地秘书长——丁旭东教授点评："电子科大实验附小以美立德，以美育人，体系完整，自成一格，是新时代社会主义美育落地巴蜀开出的一朵迷人的春花。"

原成都大学正校级调研员、四川省陶研会副会长、成都市教育学会副会长、知名教育专家周小山教授赞扬科大实验附小是"用美的教育去超越平庸、肤浅、功利……是在课程创新意义上的国家课程校本化，代表着一种学校课程变革新走向"。

四川省特级教师、成都师范银都小学首任校长冯淑蓉女士也特别以"向美而行，理想教育的践行者"来点评学校的美育实践。

学校发展成果

　　学校开办至今不足七年，学校校长被评为四川省首届"寇忠泉名师鼎兴工作室领衔人"，学校副校长杨琳玲、古德英分别成立了成都高新区数学名师工作室。学校拥有数学、英语两个区级学科实训基地。学校德育课程建设获高新区一等奖，成都市科学技术协会第十六届成都市青少年机器人竞赛一等奖、四川省电化教育馆 MTV 比赛一等奖、中国电子学会世界机器人大赛总决赛——青少年机器人设计大赛一等奖。

　　拥有以下荣誉称号：

　　成都市艺术教育特色学校、成都市教育科研先进单位、市级童谣创作和传唱基地、成都市健美操"推广先进单位"、成都市青少年科技活动基点学校；四川音乐学院艺术教育系中小学美育基地、教育实践基地、四川大学锦城学院艺术教育实践基地、四川省青少年作家协会小作家培养基地、四川省劳动教育协同创新示范基地、四川省基础教育研究中心协同创新实验基地校；全国德育协同创新中心德育创新基地学校、中国垒球协会全国软式棒垒球实验学校。

第二部分

纯美融通：打造学校美育课程体系

课程是体现学校文化，实现育人目标的重要载体。根据学校"纯美教育"办学思想，我们以美育为融合途径，构建了"二级五类十目标"的"纯美课程"体系。

第一章　课程目标

一、育人总目标："健康乐学，灵动多彩"的纯美学生

"健康乐学"是基础目标。"健康"包括身体和心理的健康。健壮的体魄是健康的基础，良好的心理是健康的保障。因此，"健康"是希望能不断培养学生的健康意识、观念和生活方式，逐步完善学生的综合素质，并形成健康向上、积极进取的人生态度。"乐学"指通过融合美育的实施，唤醒学生的生命力，激发学生的学习力，培育学生的创造力，在情趣交响的美育活动、课程及课堂上，发挥学生好奇、好玩、好问的天性，吸

引学生快乐的学习，让学习成为一个美妙的生命体验过程！

"灵动多彩"是融合美育的个性发展目标。"灵动"是希望学生的脑、手、眼、口得以最大限度的解放，使感知力、思维力得以最大限度的激活，并在自由、开放的学习场景中不断想象、思考和创造。由于每一个学生个体均不一样，因此，"多彩"一方面是希望儿童的成长是一个生命蓬勃生长的过程，学生的不同智能得到发现和发展，进而不断完善。另一方面是希望学生成为整体发展、个性鲜明、富于创造、独具特征的学生，拥有纯美绽放的童年！

二、课程目标：善、慧、健、艺、勤

学校在构建高质量小学纯美教育融合体系过程中，依托课程建设，进行了"德、智、体、美、劳"五育的校本化实施，并通过"五育融合"策略，将课程目标从"善、慧、健、艺、勤"五个方面进行了校本化、特色化的凝练，具体体现如下课程目标：

善（德育课程）：善心　善行

慧（智育课程）：慧思　慧行

健（体育课程）：健心　健体

艺（艺术课程）：艺趣　艺创

勤（劳动课程）：勤俭　勤劳

"由于美育贯通了从生理到精神的广阔领域，因此，与其他各育有着广泛联系。体现在两个方面：第一，美育向德育、智育、体育等的渗透，以其综合协调性促进道德、智力和体质的发展；第二，德育、智育、体育本身也包含着某种美育的因素，而且道德、智力和体质的发展对审美教育的发展也是有益的。因此，美育在普通教育中具有基础地位，是最广泛、集中地体现了教育的基本性质。这就是我们的美育课程能够实现以美育融合其他各育的原理所在。"我们的课程目标，按照"立德树人"的根本任务，及人整体发展所需要的必备品格和关键能力，提出了"善、慧、健、艺、勤"五项纯美教育核心素养。这个课程目标既分别指向五类课程的育人价值，同时指向人个体发展的需要。我们将其具体概括为"善心、善行；慧思、慧学；健心、健体；艺趣、艺创；勤俭、勤劳"十个指标，并将这十个指标以低段、中段、高段形式进行分段要求，使"纯美教育"课程有了明确的检测指标。同时，这十大目标又构成了纯美教育的"必备品格"（善心、慧思、健心、艺趣、勤俭）和关键能力（善行、慧学、健体、艺创、勤劳）的具体内容。

尽管"善、慧、健、艺、勤"在德行的内化、智识的习得、体魄的锻炼、审美的化成、劳动的练就，以及各自的目标追求上有其独特的价值要求，方法上不同、要求上有异，但方向相同、目标一致、价值归一，并相互融合、互相渗透，最终统一在人的全面发展。因此，我们坚持以课程融合育人，用课程育美素养目标来融合整个学校纯美课程体育的建构，并以"必备品格""关键能力"来实施课程中的融合育美，在课程实践中培养学生纯美核心素养，达成纯美课程育美目标。

学校针对低段、中段、高段学生身心及认知的发展规律，将"必备品格""关键能力"从学段上进行了划分，以此保障素养目标的有效性、可操作性。如下表：

育人目标		低段	中段	高段
善	善心	遵守校规诚实守信	言行一致，不撒谎，知错就改，勇担责。	遵守公共秩序，爱护公共设施。	上学不迟不早退，文明礼貌尊师长。
		关心他人热爱集体	爱家人，爱老师，爱同学，爱班级，爱学校。孝亲尊师，能为父母做自己力所能及的事。	爱集体，爱社区，爱家乡。知礼谦让，乐于助人，能和别人友善相处和交往。	会控制自我情绪，对他人诚实公正。

育人目标 \ 年段		低段	中段	高段
善	善行	知法懂法 爱国守法 能遵守基本的法规法则，知晓与自己息息相关的法律。	了解并能说出身边的交通法、未成年人保护法等。	爱国爱家爱学校。遵纪守法宣传法。
		热心公益 志愿服务 友好待人，能遵守学校各项常规要求和中小学生守则。	有为他人和集体服务的意愿，富有责任心。	会主动参加社会公益、社区志愿活动或红领巾志愿服务等。爱护有益动物，保护生态环境，珍爱地球护家园。
艺	艺趣	艺术熏陶 感知美好 喜欢接受音乐、美术、戏剧、舞蹈等艺术的熏陶。	喜欢经典、高雅艺术，能说出自己喜爱的经典艺术作品。	提高自身的精神境界和审美品质，努力做到心灵美。
		热爱艺术 发现美好 向往与追求美好形象和美好事物，能够感知美、体验美。	有审美能力和一定的欣赏水平，能够发现美、理解美。	有较开阔的国际视野，能够理解、尊重、包容多元文化。
	艺创	艺术表达 展现自我 倾听名曲有感受，欣赏名画懂方法。	四川民歌我会唱，传承传统会扎染。积极参与学校童星小舞台、音乐美术相关比赛，乐于用艺术展现自我。	艺术特长有两项，展示自我最大方。积极参与校内外艺术活动，尝试创造艺术，创造美。
		艺术创造 改变生活 积极参与学校和课外艺术课程学习和创作，感受艺术带来的快乐。	自觉做到语言美、行为美，能积极学习美术舞蹈绘画等，有丰富的艺术生活。	主动传播美、发展美，能与不同文化背景的人进行平等交流。

37

续上表

育人目标		年段	低段	中段	高段
慧	慧思	自主学习 观察细致	善于观察，乐于模仿，好奇好问。有良好的学习兴趣和学习自信心，愿意学习，积极参与，在课堂上积极思考，每节课踊跃发言，乐于表达。	勤于思考，乐于尝试，会学会思。学习积极主动，善于总结学习方法，自觉预习，及时巩固。	敢于质疑，勇于创新，乐学活学。有扎实的学习基础和广泛的学习兴趣，有良好的学习动机和自觉的学习习惯。
		逻辑清晰 勤思好问	整体全面看问题，细心观察有帮助。	能独立思考，表达自己的感受和观点。积极思考敢提问，遇到问题能解决。	分析问题讲依据，回答问题有条理。
	慧学	热爱科技 乐于探究	对自然科学、科技等感兴趣，喜欢参观科技博物馆、航空航天博物馆等。	科创活动乐参与，积极参与学校校园科技节等各项科学创新活动等。	创造生活小发明，会发现、提出问题，并能尝试解决问题。能在科学实验中，逐渐形成创新实践能力。
		灵活运用 勇于创新	能够基本完成各学科的课业要求，初步养成良好的学习习惯。	崇尚科学，自主探究；动手动脑，实验发现。	能知行合一，会独立思考，会合作分享，能够主动参与到小组学习中，并发挥自己的作用。
健	健心	健康生活 珍爱生命	具有良好的生活作息，早睡早起。不参与危险的游戏。	能够健康有效地规划自己的时间，让生命充实而丰满。	热爱生活，形成并发展积极的人生态度，乐于挑战自己，大胆尝试，不怕困难。
		自信自强 心态阳光	欣赏他人，正视自己。能够说出自己和身边的人的优点。	与同学交往宽容不计较，遇到困难不沮丧不气馁，取得进步或荣誉不骄傲。	意志坚强不气馁，不怕挫折与困难；心理健康要关注，我是情绪主人翁。

育人目标		年段	低段	中段	高段
健	健体	讲究卫生注意安全	饭前便后勤洗手，爱干净讲卫生；课间做到三管好，生命安全无小事。	仪容仪表要注意，运动安全我知晓。	掌握必要的生活技能及面对危险逃生自救的技能。如游泳、安全用火、用电等。
		热爱运动体魄强健	1.身体健康，在体质健康检测中能够达到及格及以上等级。2.能掌握基本体育技能，如跳绳、柔韧练习等。能够进行基本的足球练习。3.至少有一项自己喜欢的体育运动，能够坚持练习。4.有坚持锻炼的良好习惯，在校认真参与体育课及大课间等，回家也会运动，每天总运动时间超过一小时。	1.视力达标，体质强健，在体质健康检测中能够达到及格及以上等级。2.能掌握基本体育技能，如：乒乓球、啦啦操、篮球等。能够掌握足球基本比赛规则和技能。3.至少有两项喜欢的体育运动，能够坚持练习，至少有一项自己擅长的体育项目。4.有坚持锻炼的良好习惯，在校积极参与学校组织的运动会、比赛等，每天能在家锻炼至少30分钟，每天运动时间超过一小时。	视力达标，体质强健，热爱运动，有体育精神和规则意识，在体质健康检测中能够达到良好及以上等级。能掌握基本体育技能，如：后抛实心球，侧手翻等。能够熟练进行足球训练。至少有两项自己喜欢的体育运动和两项擅长的体育项目。有坚持锻炼的良好习惯，积极参与学校运动会、班级足球联赛或乒乓球联赛等，同时也广泛参与校外社区等其他机构组织的运动健身活动等。

续上表

育人目标		年段	低段	中段	高段
勤	勤俭	勤俭朴素崇尚节约	有勤俭的品德和习惯，在学校里能顿顿光盘。	1.尊重广大劳动者，有良好的劳动观念，认为劳动最光荣。2.有勤俭的品德和习惯，不与同学攀比吃喝穿戴，以勤俭节约为美德。	热爱劳动，有良好的劳动习惯；有勤俭的品德和习惯，不铺张不浪费，珍惜地球资源。
		珍惜资源环保生活	在家能节粮节水节电，低碳环保生活。	地球资源很有限，外出倡导低碳行。	能主动参与班级和学校的各项劳动，有建设美好班级和校园的意识。
	勤劳	服务自我服务他人	1.有基本的生活自理和自我服务能力，自己的事情自己做，如能有序收拾自己的书包书桌书柜等。2.在学校"人人有事做，事事有人做"的理念下，在班级承担了一项劳动岗位，并能够坚持在一学期履行职责。	1.家里的事情帮着做，在家庭中能承担一项力所能及的劳动并坚持完成，并积极记录自己的劳动生活。2.能积极参与学校劳动实践基地"少年农学院"的劳动学习，在农场中劳作丰收。	能在学校志愿服务劳动中发光发热，为低年级的学生提供榜样作用。
		服务社会尊重劳动	对社会各从业人员保持尊重的态度，礼貌相待，尊重他人劳动成果。	积极参与校内和校外的各项社会实践活动，能够自主完成各项活动。	劳动技能需学习，社会主义接班人。多参与社会服务活动，热心公益。

总之，五字素养的课程目标，是党的教育方针的校本化落实；是美育的本质，即真与善的统一的解读；是学校融合美育的基础；是五育并举的育人要求具体化。同时，也是我校整合美育的起点，将美育融入其他四育的关键！

第二章 纯美课程体系

一、"纯美课程"逻辑

学校以"美育校本化的国家课程"和"美育特色化的校本课程"（"两级"）的实施，以培育和谐人格为育人目标，以"德、智、体、美、劳"五育的校本化——"善、慧、健、艺、勤"为内容，以"五育素养"中的"善心、善行、慧学、慧思、健心、健体、艺趣、艺创、勤俭、勤劳"为课程目标，以融合为基本策略统整课程美育元素，建构起了"尚善育美课程""明慧育美课程""茁健育美课程""蕴艺育美课程""勤俭育美课程"的五育课程融合体系，并通过建构"纯美课堂"的"三悦五美"过程来实现。各课程之间融会贯通，互相交叉影响，但同时又各有侧重点，以"美"为线索，贯穿整个课程体系。

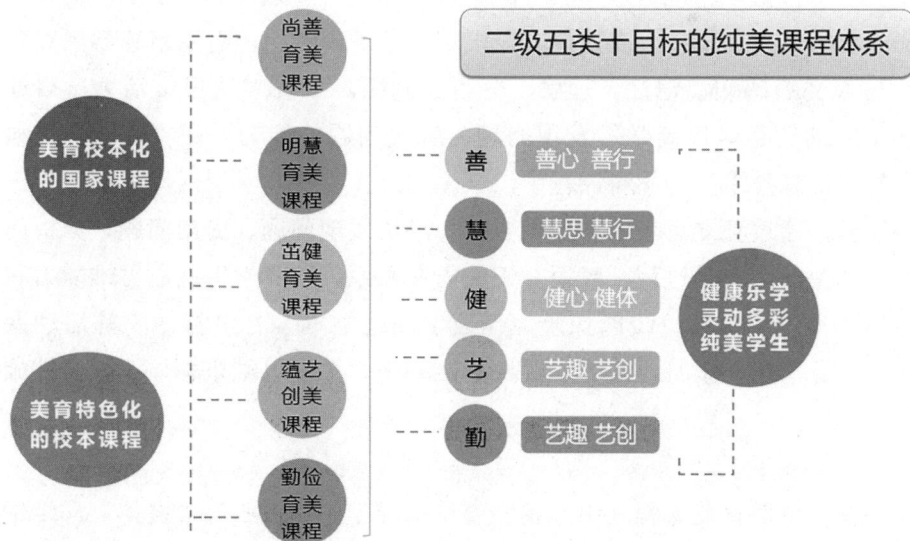

二级五类十目标的纯美课程体系

美育校本化的国家课程

尚善育美课程
明慧育美课程
茁健育美课程
蕴艺创美课程
勤俭育美课程

美育特色化的校本课程

善　善心 善行
慧　慧思 慧行
健　健心 健体
艺　艺趣 艺创
勤　艺趣 艺创

健康乐学
灵动多彩
纯美学生

二、"纯美课程"内容

（一）美育校本化的国家课程

1. 尚善育美课程

古希腊哲学家苏格拉底认为"美就是善""美德就是善"。在"尚善育美课程"中，我们坚持以"美"为价值取向，崇尚培养学生"善心"和"善行"，以"立德树人"作为课程教育的根本任务。在"语文""英语""道德与法治""生命生态安全"等学科课程中，我们除了培养学生基本的学科知识与能力，更加注重培养学生爱国主义、集体主义、社会主义思想道德和健康的审美情趣，引导学生尊重、善待周围的人、事、物，尊重文化的多样性，提高学生的道德修养。在"童心灿烂四季美育文化节""少先队教育"等活动课程中，学校通过挖掘大自然四季和少先队活动中的美育价值，开展学校特色教育活动。

2. 明慧育美课程

"美的本质是真和善的统一"，在"明慧育美课程"中，我们以"美"为价值取向，追求"真"的"合规律性"，崇尚引导学生"明慧"和"启智"，在坚持"立德树人"根本任务的基础上，着重培养学生对自然与人文的感知、记忆、理解、分析、判断，激发学生思维活力，启迪学生生活智慧，提高学生发现问题、解决问题的能力。在"数学""科学""信息技术"等学科课程中，学生通过主动参与学习活动，积累知识与经验，通过独立思考或与他人合作，经历发现问题、提出问题、分析问题、解决问题的全过程，感悟知识的内在联系，培养学生抽象思维能力和逻辑思维能力。在"校园探险""数学创意绘本""3D 打印"等活动课程中，让学生在亲身经历的实践探索活动中，激发思维乐趣，体验灵性旅程。

3. 茁健育美课程

在"茁健育美课程"中，我们着重引导学生"健心""健体"。学生通过"体育""心理健康"等学科课程和系列活动课程，提高学生体能和运动技能水平，加深学生对体育与健康知识的理解，培养终身体育的意识和习惯，发展良好的心理品质，增强人际交往技能和团队意识。在此课程中，我们期望学生能够蓬勃向上，阳光开朗，形成健康的生活方式和积极进取、充满活力的人生态度。

4. 蕴艺创美课程

"蕴艺创美课程"，学校另辟蹊径，重点打造了以民族音乐文化传承为目标的"炫丽民歌"的特色项目，学校建立民歌课堂、民歌社团、教师民乐团、民族音乐选修课等实践载体。同时，学校从儿童个性发展需要出发，将艺术化的课程内容作为审美对象，引导学生感受、领悟美，促使学生在艺术的氛围中受到美的熏陶，促进学生人格成长、情感陶冶，提升学生创美能力。比如，在"音乐"课程中，一方面通过挖掘学科美育元素，诸如跳动的音符、优美的旋律、悦耳的歌声、灵动的舞蹈等，发掘学生艺术潜质；另一方面，依托学校音乐学科课程群建设，通过"民乐""管弦乐""传统舞蹈""现代舞蹈""儿童戏剧"等，丰富学生艺术生活，开拓学生艺术视野，激活学生创作潜能。在此课程中，我们期待学生通过积累、汇聚审美经验，培养艺术美感，提升学生艺术修养。

5. 勤俭育美课程

"勤俭育美课程"的根本目的是让学生明白"幸福生活建立于辛勤劳动之上"。学校通过系列"劳动课程""综合实践课程"，将生活基本技能与实践操作同学生生活实际密切联系，以此激发学生的创造力，唤醒学生的生命力。在此课程结构中，除了常规的"劳动课程"和"实践课程"，比如"耕耘""烹饪""手工""培植""园艺"等，学校还结合地域文化，将非物质文化遗产等元素纳入课程群，引导学生感受中华传统文化，体验劳动生活，培养勤俭、奋斗、创新、奉献的劳动精神，引导学生树立"勤俭""勤劳"的品质。

（二）美育特色化的校本课程

我校的"二级五类十目标"纯美课程体系中，美育特色化的校本课程是重要内容，它是我们探索学校纯美教育办学特色，培育"健康乐学，灵动多彩的纯美学生"的重要载体。

学校的"纯美社团"着眼于学生的全面发展，以优质的社团课程抚慰学生心灵，唤醒学生潜能，关注学生成长，促进学生形成良好的个性和健全的人格。通过此平台地搭建，为学生提供潜能开发、个性发展的阵地。

"纯美社团"，一方面，包含关注学生个性特长提升的四大精品社团——"天娇儿童艺术团""创美少年科学院""尚美童心书画院""生肖联盟俱乐部"，这些社团主要面向在艺术、体育、科学等方面有优势特长或发展潜能的学生，进行生命潜能开发，促进学生个性成长。

1. 天娇儿童艺术团：引导学生了解艺术的发源与历史，学习相关艺术知识和技能，了解艺术与社会和环境的关系，体验艺术实践过程，培养学生展示自我、提升自我的能力，促进学生学习能力、表达能力、演奏能力、歌唱能力和舞蹈能力的发展，提高学生艺术修养和综合素质。

2. 创美少年科学院：引导学生了解前沿的科学知识与技术知识，了解科学技术与社会和环境的关系，体验科学探究的过程，培养良好的学习习惯，加强科学探究能力，促进学生学习能力、思维能力、实践能力和创新能力的发展，形成科学态度，探究科学之美，提升科学素养。

3. 尚美童心书画院：引导学生参与创新性美术活动，激发创意，了解美术语言以及表达方式和方法，了解美术对文化生活和社会发展的独特作用，运用各种媒介和媒材进行创作，表达情感和思想，提高学生的审美能力，获得对美术的持续兴趣，形成基本的美术素养。

4. 生肖联盟俱乐部：引导学生了解体育的发源与历史，学习相关体育知识与技能，了解体育与学习的关系，体验体育活动的过程，培养良好的锻炼习惯，加强身体素质练习，促进学生身体的敏捷性、柔韧性、力量性的发展，发扬体育精神，形成积极进取、乐观开朗的生活态度。

另一方面，是面向全体学生的以培育学生审美情趣为主的社团课程。此社团课程内容丰富，包含尚善育美课程、明慧育美课程、茁健育美课程、蕴艺创美课程、勤俭育美课程。每学年第一周学生和家长以网络选课的方式确定本学年度要学习的课程内容，每周一下午学校用两节课的时间来开展课程学习。在小学六年时间里，每一名学生都需要保证学满四大课程，每项课程至少学完一门，以此来促进学生的全面发展。（下表为2020—2021学年度科大实验附小社团开设情况）

2020—2021学年度科大实验附小社团开设情况一览表

序号	组别	社团项目	拟开设年级	拟招收人数
1	明慧育美课程	scratch	三、四、五、六年级	40
2		电脑绘画	三、四、五、六年级	40
3		3D打印	四、五、六年级	16
4		机器人	三、四、五、六年级	16
5		摄影摄像	四、五、六年级	30
6		趣味实验社团	一、二年级	30
7		中国象棋	四、五、六年级	30
8		初级象棋	一、二年级	30
9	苗健育美课程	美羊羊啦啦操俱乐部	二、三年级	30
10		巧虎排球俱乐部A团	一、二、三年级	30
11		巧虎排球俱乐部B团	四、五、六年级	30
12		蓝兔羽毛球俱乐部	一、二、三年级	30
13		龙腾足球俱乐部A团	一、二、三年级	30
14		龙腾足球俱乐部B团	四、五、六年级	30
15		公牛篮球俱乐部A团	四、五、六年级	30
16		公牛篮球俱乐部B团	一、二、三年级	30
17		战马田径俱乐部A团	四、五、六年级	30
18		战马田径俱乐部B团	一、二、三年级	30
19		金丝猴乒乓球俱乐部A团	三、四年级	15
20		金丝猴乒乓球俱乐部B团	三、四年级	15
21		心灵小屋	一、二年级	12
22	蕴艺创美课程	知更鸟合唱团	三、四、五、六年级	54
23		心荷二胡社	一、二、三年级	20
24		清音琵琶社	一、二、三年级	20
25		D·K架子鼓	三、四、五、六年级	16
26		采薇舞蹈团	二、三、四、五、六年级	25
27		MJ Club儿童教育戏剧	三、四、五、六年级	18

续上表

序号	组别	社团项目	拟开设年级	拟招收人数
28	蕴艺创美课程	蓝染坊	三、四、五、六年级	30
29		纸尚艺术	三、四年级	30
30		水墨童年	三、四、五、六年级	25
31		墨香书画	三、四、五、六年级	25
32		创意童绘	一、二年级	30
33		原创绘本	一、二、三、四年级	30
34		素心若蓝扎染社	三、四、五、六年级	30
35		动画电影赏析	一、二年级	30
36		奇妙的唐诗之旅	一、二年级	30
37		神奇简笔画	一、二、三年级	30
38		配音朗诵艺术	一、二年级	30
39		小禾苗戏剧团	一、二年级	30
40		国内外经典文化影视赏析	一、二年级	30
41		课本剧表演	二、三年级	30
42		少儿简笔画	一、二年级	30
43		折纸艺术	一、二年级	30
44		吉他社团	四、五、六年级	30
45		优秀纪录片鉴赏	三、四、五年级	30
46		蒲公英文学社	三、四、五、六年级	30
47	勤俭育美课程	中国结	三、四、五、六年级	30
48		耕耘艺社团	四、五、六年级	30
49		少儿手工课	二年级	30
50		心灵手巧，手工贺卡DIY	一、二年级	30
51		手工折纸社团	一、二年级	30
52		十字绣	三、四、五、六年级	30

续上表

序号	组别	社团项目	拟开设年级	拟招收人数
53	勤俭育美课程	花样童年 花样编发	一、二年级	30
54		手工钩织	四、五、六年级	30
55		古风饰品制作	四、五、六年级	30
56		中国传统文化	一、二年级	30
57		小小刺绣家	四、五年级	30
58		美食部落	四、五年级	16
59	尚善育美课程	英语绘本A团	一年级	30
60		英语绘本B团	一、二年级	30
61		英语绘本C团	二年级	30
62		英语绘本D团	三年级	30
63		英语绘本E团	三、四年级	30
64		英语绘本F团	四年级	30
65		英语绘本G团	五年级	30
66		英语绘本H团	五、六年级	30
67		英语绘本I团	六年级	30
68		外国文化之旅	一、二年级	30
69		小记者	一、二年级	30
70		中华上下五千年	三、四年级	30
71		日语社团	三、四、五、六年级	30
72		小书虫社团	三、四、五、六年级	30
73		绘本部落	二、三年级	30
74		故事跨越千年	一、二年级	30
75		历史大揭秘	一、二年级	30
76		小小故事会	一、二年级	30
77		以绘为本阅初心	一、二年级	30
78		趣味阅读	一、二年级	30

续上表

序号	组别	社团项目	拟开设年级	拟招收人数
79	尚善育美课程	阅读之旅	一、二年级	30
80		敦煌之旅	二、三年级	30
81		国家地理	二、三年级	30

第三章　美育精品课程介绍

在实践过程中，科大实验附小从学科拓展角度开发了四大校本精品课程。该课程侧重于培育学生的主体意识、完善学生的认知结构、提高学生自我规划和自主选择能力，着眼于培养、激发和发展学生的兴趣爱好，开发学生潜能，促进学生个性发展和学校办学特色的形成，是一种体现不同基础要求、具有一定开放性的课程，重在培养学生体验美、创造美的能力。帮助学生完善知识体系，开阔视野，培养学生创新能力。包含儿童教育戏剧课程、国际理解教育课程、儿童文学欣赏课程、美育四季文化节。

（1）"儿童教育戏剧课程"，与儿童戏剧课程有着本质区别，前者是站在审美的视角，以儿童戏剧为载体，践行社会主义核心价值观。学校编撰了校本教材和教师指导纲要——《美的旅行》。课程重点是在规定的戏剧情境中，陶冶和培养儿童的人文素养与审美情趣，让儿童体验人生百态、洞察人性善恶，从而认清自我，并进一步增强对世界本质的认识与理解。以"儿童教育戏剧课程"经典课例《青蛙谷》一课为例，课程通过引导学生感受青蛙谷原本的优美环境与被破坏后的凋败景象，让学生在角色扮演中去体会动物、植物生存环境的变化，激发学生的审美想象力和创造力，从而引导学生关爱生命、爱护环境，促进学生健全人格的形成。

（2）"儿童文学启蒙课程"，与语文教育、国学教育结合，注重把儿童文学的美育功能与语文课程的"人文性"融合，追求"纯真、稚拙、欢愉、变幻、朴素"的儿童文学审美特征与雅、博、真、实的人文精神。学校编写了《儿童文学教育大纲》《儿童文学教育读本（上、中、下）》和儿童文学欣赏教师用书《小孩子的诗歌课堂》。依托本课程，附小的学生对于文学创作充满热情，学校已陆续为学生们汇编了两本作品集——《一只爱飞的小鸟》《树是我的好朋友》。今年疫情期间，学生纷纷通过童真的笔触致敬生活中最可爱的人，有的写道"以药品为矛，以仪器为盾，你们是战场中最勇敢的人，与病魔展开激烈斗争"，也有孩子写道"春晚看了一遍又一遍，有时我趴在窗前，静静地体会这特殊的年。这个春节，宅在家，当一块抗疫的'守城砖'，成了我最大的使命"。你看，儿童文学欣赏课程不仅让儿童可以欣赏经典，更能启迪儿童智慧，照亮儿童心灵，促使学生用文学的表达方式传递真情。

（3）"国际理解教育课程"，立足民族文化，尊重多元文明，以儿童成长为根本，以文化理解为目标，以审美提升为期望。学校编写了《国际理解教育教学大纲》和学生教材《多彩的地球（上、中、下）》，在每月一次的国际理解教育课程学习中，全校学生参与，通过对世界各国各民族语言、礼仪、服饰、美食、节日等文化的了解，增强国际交流对话，拓宽儿童的国际视野。同时，"国际理解教育活动月"更是成为学生最为期待的活动之一。在近期的一次活动中，低年级围绕"世界风情服饰"开展主题活动，电子科技大学的留学生们穿着本国的特色服饰与学生进行互动；中年级则以"世界美食我来做"作为主题，学生讲美食、做美食、品美食，不同的美食文化在附小碰撞出绚丽的火花；高年级则开展了"世界景点我来说"活动，附小的小留学生、少数民族的孩子、游览过知名景点的学生们经过前期准备，给大家带来了一场场别开生面的世界景点分享会。

一、美的旅行——儿童教育戏剧

（一）课程设计背景

"戏剧教育"（Drama Education）是横跨艺术学和教育学的新兴学科，是一种集德、智、体、美育目标于一体的综合有效的教育模式，对培养受教育者健全的世界观、价值观和人格，全面开发心智，全方位培养能力具有独特的价值。国际教育界均认可，戏剧活动是儿童最优越的教育活动；戏剧教育重要的学科教学价值对儿童人格培养和认知发展诸方面发挥着不可替代的作用。

而戏剧除了是艺术学科，也是一种工具学科，可以渗透于儿童的其他学习领域，为儿童营造一个开发式、互动式和引导式的学习环境。戏剧教育不仅能丰富儿童的精神生活，还能成为学校深化素质教育和文化传承的突破口，以及艺术教育特色创建和新型人才培养的重要推手。

加强戏剧教育，有助于帮助孩子运用假想的游戏本能，去观察、想象、反省与体验人类生活，了解自己生命的个体；传承民族文化精华，增强民族文化认同感和民族凝聚力，同时获得审美能力和创新能力的发展。

（二）课程目标

1. 课程总体目标：夯实文化基础，加强自主发展和社会参与，提升综合素质，获得全面成长。

综合儿童戏剧教育的宗旨，结合本省本市本校的实际情况，将知识与技能、过程与方法、情感与价值观的三维课程目标，按照学生的年龄阶段，根据不同年龄的儿童心理特征和认知模式，设计课程内容及呈现方式，将《中国学生发展核心素养》的内容融入课程教育之中，逐步引导儿童养成能够适应终身发展和社会发展需要的必备品格和关键能力，获得身心的全面成长。

具体而言，儿童戏剧教育要达到的课程目标：

● 熟悉并适应多彩的校园学习生活，掌握良好的社交技巧。

● 珍爱生命，健全人格，学会自我管理，初步形成劳动意识，具有一定的实践创新能力。

● 认识自然、探索世界，形成社会责任和国际理解意识。

● 学会学习，形成信息意识和乐学善学、勤于反思的良好学习习惯。

● 理性思维，形成批判质疑和勇于探究的科学精神。

● 培养问题解决和运用技术的能力，提高实践创新能力。

● 奠基人文底蕴，培养人文情怀和审美情趣。

2. 课程学段目标：结合学校儿童发展目标的设计，我们将课程的学段目标分解为二段。

（1）低段（一至三年级）

对于在学校、家庭的学习生活环境有初步的认识，在此基础上养成良好的个人行为习惯，学会沟通交流。

能够认识到大自然的神奇与伟大，有热爱、尊重和保护大自然、保护环境的初步观念。

展现探索世界的期望，初具乐于想象创造的实践创新能力。

健全人格，学会自我管理，初步形成劳动意识、社会责任意识和国际理解意识。

（2）高段（四至六年级）

奠基人文底蕴，学会学习，能够自主衔接学过的知识和技能。

理性思维，能够总结以往学习经验，并用习得的方法和技巧自主创作一场戏剧。

能够在戏剧表演中主动寻找合作伙伴，并与之有效分工协作。

能够大胆想象，采用各种美好的方式呈现自主创作的戏剧表演，并敢于向他人展示。

（三）课型设计

在课型设计上提出两个具体的导向：

一是体验式导向，即通过实践来认识周围事物，使学生完完全全地参与学习过程，真正成为课堂的主角。教师的作用不再是一味地单方面地传授知识，更重要的是利用那些可视、可听、可感的教学媒体努力为学生做好体验开始前的准备工作，让学生产生一种渴望学习的冲动，自愿地全身心地投入学习过程。

二是问题式导向，改讲述模式为问题模式。设计学生根据教师的提示思考问题的答案，设计问题的关键是问题之间的逻辑要清晰。即可以通过上一个问题的答案引导出下一个问题的出现。而教师的提示是学生可以确切感知到的事实。可以通过图片和视频等具象的材料给学生提供提示。让学生在思考中自己推导出问题的答案。由此既学习了知识，也习得了研究推理的逻辑方式。

本课程结构为理论教学和学生课堂实践相结合，学时分配如下：

每班学期学时数	学时分配			每周时数
	常识性教学	实践性教学	考核	
12	3	5	4	1

结合小学生的心理特点和认知能力，在知识教学和实践教学中，教师采取以下形式展开：

常识性教学	实践性教学
常识性教学以知识讲授和学生认知能力、审美情趣、艺术表现能力提升为主，教师将理论内容有逻辑、有层次、完整无缺地介绍、讲授和分析清楚。 在常识性讲授中，要尽量运用多样化的方法来切实达到授课效果。教师应该尽量使用生动的语言、生活化的道理、有趣的故事、美丽的诗歌、多彩的图片、有趣的视频等多种方式让儿童感受到戏剧艺术的无限魅力，然后在此基础之上，理论讲解和分析健康卫生、语言发展、探索自然、初步数理知识、社交培养、同伴关系、家庭关系、情感表达、艺术修养等内容，进行儿童审美情趣和综合素养的启蒙与培养。	暖身游戏：小老虎，动起来、你说我做，反着来、数字，抱抱抱、照照镜子、我爸爸，我妈妈、鬼脸传递、我是一片树叶、水滴的追逐、四季中的小动物、我的照片、蝉——用生命歌唱的音乐家、一起跳舞吧、肢体模仿秀、故事大王、我们都是木头人、大西瓜小西瓜、请你吃、我是成语小专家、三人行。 互动游戏：同学，你们好、老师，我不怕、我家的盥洗室、我和爸妈不得不说的一件事、我的大家庭、请同学们回答、我眼中的四季、宠物大战、森林动物齐聚会、沙滩游戏、游泳健将、喜怒哀乐、森林漫步、两极及赤道的特点演绎、画一画、天使的翅膀、历险记之"提线木偶"、历险记之"隐形世界"、外星人奇遇、偶遇外星人、全自动家电、变形金刚、梦幻玩具、画出一个故事、我是人民小警察、发明创造我都会。 戏剧训练：装扮美丽的校园、情景训练、我爱做家务、缝缝补补、吃水果、吃蔬菜、拓展味觉、情绪片段训练、树叶的一生、森林探险、神奇的时空转换门、眼姿表演、嘴姿表演、手指表演、手掌表演、拳表演、魔镜世界之穿衣镜、魔镜世界之哈哈镜、我的机器人、表情训练、情绪控制训练、环境设定训练、跟老师学笑话、慢镜头、让我好好看看你、故事演绎、小青蛙，呱呱呱、谁先吃、《夜宿山寺》《鲜花调》《春夜喜雨》《早发白帝城》。 戏剧表演：有趣的一家、水滴的命运、绘本演绎、外星人推销、《井底之蛙》《掩耳盗铃》《孔融让梨》《曹冲称象》。

二、多彩的地球——国际理解教育课程

（一）课程设计背景

联合国教科文组织把国际理解教育的核心观念确定为：理解国际重大问题，尊重联合国和国际关系，消除国际冲突，发展对他国的友好印象。该组织进一步指出国际理解教育是以"国际理解"为教育理念而开展的教育活动。其目的是增进不同文化背景、不同种族、不同宗教信仰的和区域、国家、地区的人们之间相互了解和相互宽容；加强他们之间相互合作，以便共同认识和处理全球社会共同存在的重大问题；促使每个人都能够通过对世界的进一步认识来了解自己和他人，将事实上的相互依赖变为有意识的团结互助。

我国于2016年9月发布的《中国学生发展核心素养》指出，"国际理解"是指具有全球意识和开放的心态，了解人类文明进程和世界发展动态；能尊重世界多元文化的多样性和差异性，积极参与跨文化交流；关注人类面临的全球性挑战，理解人类命运共同体的内涵与价值等。

我们认为国际理解教育强调的是国际视野，但其前提却是民族情怀。只有认同和尊重本民族文化，才能在认识不同民族、国家文化的基础上，坚守民族特征，创新民族文化，并与异质文化和谐交流，以致共同成长。作为巴蜀文化的核心区域，成都是中国西部地区的中心城市，国际交通枢纽之一，国家对外自由贸易特区，呈现出越来越国际化的趋势。"面向世界"是成都与生俱来的开放传统，也是新时代的历史使命。加强国际教育，提高青少年国际理解能力，成都势在必行。

（二）课程目标

1. 课程总体目标：立足本地区本国，放眼他乡与世界，知己知彼，和平发展。

综合国际理解教育的宗旨，结合本省本市本校的实际情况，将知识与技能、过程与方法、情感与价值观的三维课程目标，按照学生的年龄阶

段，根据不同年龄的儿童心理特征和认知模式设计课程内容及呈现方式贯穿设计国际理解教育中。将合作、理解、包容等精神融入课程教育之中，引导儿童既了解本民族的文化内涵，同时又用正确的价值观对待异质国家和民族文化，增强国际交流对话，拓宽儿童的国际视野。

具体而言，国际理解教育要达到的课程目标：

了解人类历史和灿烂文明；

了解人类发展中的国家交流与民族融合历史；

了解世界主要国家的地理、政治、经济、文化、社会、人口、种族、习俗的现状及特点，例如：美国、英国、法国、德国、西班牙、葡萄牙、意大利、日本、新加坡、澳大利亚、新西兰、俄罗斯等，以及影响中国国际合作与国家安全的主要周边国家；

了解世界主要国家的现状与对华政策，认知世界局势、中国国际合作与国家安全；

实现学生知识与技能、方法与过程、情感与价值观同步推进的三维课程目标。

2. 课程学段目标：结合学校儿童发展目标的设计，我们将课程的学段目标分解为三段。

（1）低段（一、二年级）

对于本国本民族本区域有初步的认识，在此基础上了解同时期的其他区域和民族的文明。

能够认识本民族本地区的独特性，有尊重和守护本民族本地区的文化的初步观念。

展现了解更多地区、国家与民族文化的期望，初具乐于想象创造的认知能力。

具有理解与包容异质文化，抑制自我中心的基本心理状态。

（2）中段（三、四年级）

了解近现代中国历史，继续深入本国本民族与其他地区及民族交往及关系的认知，有初步的国际关系意识。

具有较强的动脑动手能力，对自己的调研与创作充满信心，相信"我能行"。敢想、敢做、敢说。

能够在教师的设计和指导下完成一个与课程相关的课题开发、研究与成果展示。

能够在教师的引导下在课程中良好地进行分工合作，发展与他人合作共赢的心理与社交技能。

（3）高段（五、六年级）

能够自主衔接低、中段学习到的知识和技能。

能够在教师的引导下总结学习和研究的方法，并用习得的学习和研究方法自主开发一个学习课题。

能够自己开发学习课题并主动寻找合作伙伴，与之有效分工协作。

能够采用各种美好的方式呈现自主开发的学习课题，并敢于向他人展示。

3. 课型设计

在课型设计上提出两个具体的导向：

一是体验式导向，改教师说为学生说、学生做、学生看。这需要较多的课前准备。比如在服饰篇，赫哲人鱼皮衣章节。高年级的学生可提前一周安排收集相关文字及实物材料，由一组负责讲解，一组负责准备操作材料。教师在课前策划和布置相关任务和研究方法，课堂只负责引导组织。这样学生既通过自己的课程准备习得了教师安排的教学内容，更重要的是又在准备的过程中掌握了研究治学的思路和方法。

二是问题式导向，改讲述模式为问题模式。设计学生根据教师的提示思考问题的答案，设计问题的关键是问题之间的逻辑要清晰。即可以通过上一个问题的答案引导出下一个问题的出现。而教师的提示是学生可以确切感知到的事实。可以通过图片和视频等具象的材料给学生提供提示。让学生在思考中自己推导出问题的答案。由此既学习了知识，也习得了研究推理的逻辑方式。

结合小学生的心理特点和认知能力，在理论教学和实践教学中，教师采取以下形式展开：

讲授教学	活动教学
讲授教学以理论讲授和学生认知能力、国际视野提升为主，教师将理论内容有逻辑、有层次、完整无缺地介绍、讲授和分析清楚。 在理论讲授中，要尽量运用多样化的方法来切实达到授课效果。教师应该尽量使用生动的语言、深刻实用的理论、有趣的故事、美丽的诗歌、多彩的图片、有趣的视频等等多种方式让儿童感受世界各国的奇异风景和丰富多彩的风土人情，然后在此基础之上，理论讲解和分析世界地理、历史、政治、经济、文化、社会发展规律，进行儿童国际视野和国际思维的启蒙。	模拟联合国
	根据国际新闻，办环球日报
	"我眼中的×国"话题讨论
	世界旅游经历分享
	世界新闻"配音比赛"
	"丝路之光"文化活动
	国际友人介绍交流
	适时进行班级互动的团体辅导游戏：象形文字创造、小记者、赞美他人、独特的我、微笑握手、传声筒、猜猜我是谁、三分钟的盲人、破冰游戏、刮大风、心有千千结、天使的呵护、我相信你、记忆考验等。

三、神奇童心——儿童文学教育课程

儿童文学教育课程与语文教育、国学教育相结合，注重把儿童文学的美育功能与语文课程的"人文性"融合，追求"纯真、稚拙、欢愉、变幻、朴素"的儿童文学审美特征与雅、博、真、实的人文精神。本课程以学科课程＋拓展活动的形式实施，由"儿童文学教育教研组"组织推进，学科课程分必修课和选修课，拓展活动全员参与，既辐射全校，又分层培养。

（一）课程设计背景

儿童文学欣赏课程具有其独特的儿童文学特征和价值追求，主要体现在符合儿童生活经验，具有儿童性、文学性和趣味性。它的内容很广，诗歌、童谣、童话、绘本等都属其范畴。我校的儿童文学欣赏课程主要包括儿童文学校本教材《一百个冰激凌》《狐狸打猎人》《漫游神话的孩子》、二十四节气活动（与儿童文学欣赏相结合）、"快乐读书吧"（与部编版语文教材相结合）三部分的内容。

课程内容贴近儿童生活，体现传统与现代相结合的特点，具有一定的德育价值。低中高三个年段培养目标相互衔接，注重培养学生的创新精神和实践能力，倡导自主、合作、实践探究的学习方式，加强儿童文学作品的鉴赏能力，全面提高学生的文学素养。

（二）课程目标

能正确流利地、有感情地朗读儿童文学作品，能简单复述文章内容，能用简单的话语表达自己的感受。引领学生畅游儿童文学作品，培养学生阅读的意愿，养成爱读书、勤读书、读好书的习惯。

在阅读儿童文学作品时，引导学生根据年段和作品特点采用不同的读书方法，学会默读、朗诵、复述、批注、对比、概括等阅读方法。

在进行儿童文学作品的阅读过程中，通过参与阅读活动获得身心愉快和持久兴趣，体验阅读的乐趣。提升学生的儿童文学阅读和鉴赏能力，提升学生的文学素养，陶冶高尚的审美情操，完善人格，促进学生全面发展。

（三）课程结构

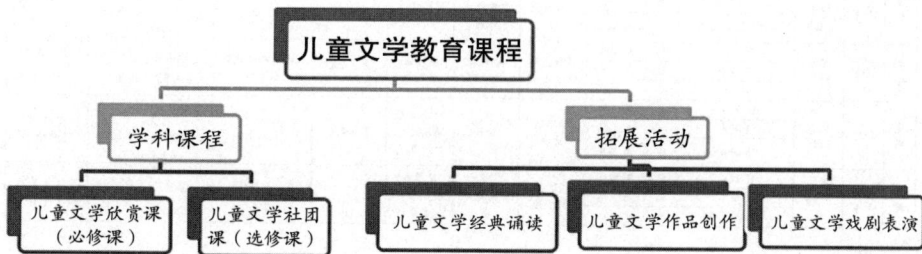

（四）课程内容

1. 儿童文学校本教材

		诗歌		散文		童话和小说	
		精读	略读	精读	略读	精读	略读
《一百个冰激凌》	一年级	《是我自己会唱歌》《风铃说什么》《音乐老师》	《题画诗》《衣袖》《我们一家》	《一匹出色的马》《月亮弯弯像什么》《梨花》	《一百个跟头》《花的沐浴》《学校边的小河》	《幸福的爬山虎》《白云花园》《一百个冰激凌》	《电车教室》《小老鼠吹哨子》《月亮跟我走》
	二年级	《我认识一只黑甲虫》《一个快乐的叉烧包》《太阳有眼点金棒》	《狗叫》《我喜欢你，小狐狸》《一个快乐的叉烧包》《我吃孩子》	《教室里的捣蛋鬼》	《表哥家的燕子》《卜镝心里的世界》《二年级的哲学》	《去年的树》《猪八戒吃西瓜》《白蝴蝶》	《熊树》《萝卜回来了》《白云》《小猫藏在篮子里》
《狐狸打猎人》	三年级	《夏天来了》《星星》《两道簿子》	《被天空的美惊呆》《花的河流》《孩子和泥土》	《灯光》《紫藤萝瀑布》《虾曝》	《井上的乐趣》《东边的小河》《紫阳山下读"…》	《最后一个冬天》《狐狸打猎人》《三个伙伴》	《小狐狸买手套》《好吃的花》《三猪》
	四年级	《轻点儿》《小工人》《道路》	《画眉》《初雪》《你们每天容忍的那些嘿嘿》	《鞋》《俺家门前的海》	《小银儿》《扫烟囱的孩子》《鸦绿》	《两座小房子》《兔子彼得的故事》《棕色的瘦狮子》	《小房子》
漫游神话的孩子	五年级	《地球》《我的篮子》《或者这样，或者那…》	《小蛋黄，慢点》《我们的院子》《雪白的墙》	《牛和鹅》《孤蟹起舞》《自记事》	《掉进水里》《火焰八百里》	《金花路》《十二姨》《山梨》	《神秘的眼睛》《老房子三号》《海底隧洞》
	六年级	《礼貌》《蚂蚁的歌》《漫游神话的孩子》	《一只小鸟沿着小…》《热闹的价值》《我和小蚂蚁》	《男孩自领》	《五花山》	《洱海的孩子》《我们去看海》《让我们再看一…》	《一枚小钢戒指》《最荒凉的动物园》《如血的红瑰》

科大实验附小学科课程建设图

2. 二十四节气课程内容

节气	习俗	食单	节气诗词			文化链接	节气实践		节气阅读			天府文化
			题目	朝代	作者		节气民俗体验	节气观测	歌曲	乐曲	书目	
立春	咬春	春卷	减字木兰花·立春 绝句 立春偶成	宋 唐 宋	苏轼 僧志南 张栻	迎春赏年画	赏年画	观察节气花儿的开放	《春晓》	《春江花月夜》（古筝）	《成都物候记·海棠》《春》（朱自清）	绵竹赏年画《成都物候记·海棠》
雨水	拉保保	凉拌春笋	临安春雨初霁 早春呈水部张十八员外 春夜喜雨	宋 唐 唐	陆游 韩愈 杜甫	人日游草堂	草堂怀杜甫	观察了解海棠种类	《春夜喜雨》	《燕窝夜雨》（古筝）	《二月兰》（季羡林）《春天的报信者》（法·黎达）	人日游草堂 广汉拉保保 重阳宫祭祀
惊蛰	吃梨	嫩韭炒鸡蛋	拟古（其三） 江畔独步寻花 秦楼月·浮云集	晋 唐 宋	陶渊明 杜甫 范成大	三月桃花	赏桃花诵读桃花诗词	记录打雷观察小虫子活动	/	《二十四节气歌之惊蛰》（古筝）	梁实秋《雅舍谈吃》之"韭菜篓"《寻虫记》（虞国跃）	龙泉桃花节
春分	竖蛋	荠菜饺子	阮郎归 行香子 海棠	宋 宋 宋	欧阳修 秦观 苏轼	荠菜，从诗经走来	做荠菜放风筝	挖野菜识野菜	《村居》	《春天的早晨》（钢琴曲）	《挖荠菜》（张洁）《风筝》（鲁迅）	陆游在蜀食荠菜
清明	扫墓	蒸青团	江城子 清明 清明夜	宋 宋 唐	苏轼 王禹偁 白居易	都江堰放水	踏青	踏青时观察路边植物的生长	《清明》	《捣舂》（古筝曲）	绘本《爷爷变成幽灵吗》（丹·布卡）《天蓝色的彼岸》（英·布尔）	都江堰清明放水
谷雨	喝谷雨茶	香椿煎鸡蛋	赏牡丹 浣溪沙 春暮游小园	唐 宋 唐	刘禹锡 仇远 王琪	谷雨赏牡丹	赏牡丹讲仓颉故事	记录并采摘节令水果	/	《香山射鼓》（古筝）	《春之怀古》（张晓风）	蒲江雀舌茶 丹景赏牡丹

节气	习俗	食单	节气诗词 题目	朝代	作者	文化链接	节气民俗体验	节气观测	歌曲	乐曲	书目	天府文化
立夏	斗蛋	豌豆荚	立夏 初夏绝句 初夏村居二首	宋 宋 清	赵友直 陆游 敷诚	立夏节人习俗传说	斗蛋	调查益虫、害虫	/	《石上流泉》(古琴)《夏天》(日·久石让)	绘本《30000个西瓜逃走了》《夏感》(梁衡)	钎阿牛
小满	祈蚕节	拌苦菜	归田园四时乐 乡村四月 五绝·小满	宋 宋 宋	欧阳修 翁卷 欧阳修	为什么只有小满，没有大满	斗蚕	观察小麦的形状、长势	《垄上行》	《醉渔唱晚》(古琴)	绘本《夏天》《搬运节气》(朱伟)	青神县瓦屋山祭礼青衣神
芒种	送花神	粽子	观刈麦(节选) 四时田园杂兴 插秧歌	唐 宋 宋	白居易 范成大 杨万里	粽情飘香话端午	包粽子香囊秀	记录鸟儿的鸣叫	《赛龙舟》	《夏夜》(挪·格里格)	《成都物候记·女贞》(阿来)《芒种的歌》(丰子恺)	《成都物候记·女贞》(阿来)
夏至	夏至面	过水面	夏日南亭怀辛大 鹊桥仙·溽暑 鹧鸪天	唐 宋 宋	孟浩然 周邦彦 苏轼	梅雨里的诗意	夏至面	听蝉鸣记录蝉鸣时间		《湛蓝的天空》(古琴)《夏夜》(民乐合奏)	绘本《魔法的夏天》《北平的夏天》(老舍)	犀浦的梅雨
小暑	晒伏	蜜汁藕	爱莲说 六月二十七日望湖楼醉书 消暑	宋 宋 宋	周敦颐 苏轼 白居易	荷花文化	赏荷	测量小暑的雨量	《童年》	《莲动荷风》(新钢琴合奏)	《荷塘月色》(朱自清)《清塘荷韵》李美林	三圣乡"荷塘月色"赏荷
大暑	饮伏茶	凉拌苦瓜	纳凉 西江月 夏意	宋 宋 宋	秦观 辛弃疾 苏舜钦	大暑节气话流萤	寻找蟑螂	探究萤火虫的发光原理	/	《夏日骄阳》《早天雷》	绘本《最后的夏天》《用岁月在莲上写诗》《星之暮》(余光中)	天台山观流萤
立秋	贴秋膘	蒜泥茄子	秋词(其一) 立秋 新秋	唐 宋 唐	刘禹锡 刘翰 齐己	古人为什么"悲秋"	啃秋吃渣	观察立秋后的热与夏季的热的不同	《山居秋暝》	《平湖秋月》钢琴独奏	绘本《一片叶子落下来》散文《秋的况味》(林语堂)	刘禹锡生平《陋室铭》23年，《竹枝词》源自巴蜀民歌
处暑	放河灯	处暑鸭	秋夕 处暑后风雨 古诗十九首	唐 宋 汉	杜牧 仇远 	七夕的前世今生	讲牛郎织女故事	观察落叶变黄	《天净沙·秋思》	杨柳舞风古琴曲	绘本《暮秋信使》散文《女的》(王开岭)《秋天》李广田	成都法云寺中元节放河灯
白露	喝白露茶	莲藕排骨汤	诗经·蒹葭 玉阶怨 白露	周 唐 唐	 李白 杜甫	白露祭禹王	自制白露茶	收集、测量花草上的露珠	/	《平沙落雁》古琴曲	绘本《月亮的帽子》散文《秋天的音乐》(冯骥才)	北川祭禹王
秋分	祭月	糍炒板栗	水调歌头 十五夜望月 点绛唇	宋 唐 宋	苏轼 王建 谢逸	中秋月团圆	秋分祭月食桂花	观察桂花树	《咏月》	《彩云追月》民乐合奏	诗歌《秋月》徐志摩 散文《桂》(阿来)《月是故乡明》(季羡林)《成都物候记》	新都桂湖赏桂花
寒露	斗蟋蟀	烤蟹	醉花阴 渔家傲 山行	宋 宋 唐	李清照 范仲淹 杜牧	九九重阳	登高赏红叶敬老	收集露珠，与白露做对比	《基江吟》	《寒鸦戏水》琵琶曲	《纪念古代儒商》《蟋蟀入我床下》(王开岭)绘本《风中的树叶》	九寨沟米亚罗赏红叶
霜降	吃柿子	萝卜	苏幕遮 饮酒之五 菊花	宋 晋 唐	范仲淹 陶渊明 元稹	赏菊	赏菊	收集落叶探究叶变红原理	《苏幕遮》	《秋江夜泊》(古琴曲)	《故都的秋》(郁达夫)绘本《小种子》	人民公园赏菊
立冬	补冬	归参炖乌鸡	立冬即事二首 赠刘景文 立冬	宋 宋 唐	仇远 苏轼 李白	立冬话饺子	包饺子	观察"十月小阳春"的天气特点	/	《冬阳》(钢琴曲)	《故乡的食物》(汪曾祺)绘本《冰糖葫芦谁买又》	苏轼生平 李白生平
小雪	腌寒菜	红糖枇杷	问刘十九 天净沙·冬 对雪	唐 元 唐	白居易 白朴 高骈	雪花的别称	打糍粑	观山林野果，想种子去处	《初雪》(钢琴曲)	《白雪》(古琴)	绘本《松鼠先生第一场雪》《冬日絮语》(冯骥才)	街子古镇打糍粑
大雪	腌腊肉	红薯粥	夜雪 早梅 赠范晔	唐 唐 南北	白居易 张谓 陆凯	与雪有关的故事	观赏封河	观察小昆虫如何过冬	《打雪》(古筝)	《湖心亭看雪》(张岱)《雪》(普通)	青城山腊肉
冬至	拜师	羊肉汤	小至 邯郸冬至夜 冬至日独游	唐 唐 宋	杜甫 白居易 苏轼	数九	九九消寒图	观察植物并绘画	《静夜思》(琵琶曲)《冬》(民乐合奏)	《雪花的快乐》(徐志摩)《冬天》(朱自清)	简阳羊肉汤
小寒	腊八节	腊八粥	寒夜 王充道送水仙花 山园小梅	宋 宋 宋	杜耒 黄庭坚 林逋	24番花信风	煮腊八粥	观察并记录水仙的生长过程	《腊八粥》沈从文	《紫竹凤曲》(二胡独奏)	《香春甜甜腊八粥》(老舍)腊八粥(冰心)	黄庭坚生平《经进大人书》《宜黄县学记》，泸州《苕溪诗》蕴藏丰富的诗书文化，为研究"中国长江中石文化"提供
大寒	祭灶	小炒腊肉	卜算子·咏梅 卜算子·咏梅	宋 	陆游 毛泽东	梅花文化	闻梅讯踏游赏梅	用写绘的方式介绍	《梅花三弄》(古筝)	绘本《北京的春节》《济南的冬天》	川渝小炒腊肉

科大实验附小学科课程建设图

3. 快乐读书吧

年级		书籍
一年级	上册	《和大人一起读》
	下册	童谣儿歌
二年级	上册	《小狗的小房子》
	下册	儿童故事
三年级	上册	《安徒生童话》
	下册	寓言故事
四年级	上册	《中国古代神话故事》
	下册	《十万个为什么》
五年级	上册	《田螺姑娘》
	下册	《西游记》
六年级	上册	《童年》
	下册	世界名著

（五）课程实施

1. 课程资源

——课内资源：

（1）校本教材《一百个冰激凌》《狐狸打猎人》《漫游神话的孩子》。

（2）义务教育课程标准实验教科书语文"快乐读书吧"。

——课外资源：

（1）关于二十四节气的推荐读物《你好，二十四节气》及相关视频、音频、图片、多媒体辅助教学等。

（2）关注生活、挖掘实践资源：如结合节气或重大节日开展综合性实践活动，如惊蛰、夏至、中秋，发展学生能力。如结合学校"童心灿烂四季文化节"开展读书节活动。

2. 教学活动

（1）低段

对于六七岁的孩子来说，识字不多，阅读速度慢，最初进行儿童文学欣赏时采用教师范读、家长范读、听读的方式开展。随着识字量的增加，循序渐进，采用范读、抽读、赛读、演读、创读、复述等形式增强阅读的趣味性和童趣，让学生在和谐的课堂氛围中养成爱阅读、爱欣赏的好习惯。

（2）中段

经过低段的学习，学生的识字量上了一个台阶，倡导学生自主阅读，学会默读和浏览的阅读方法。结合《狐狸打猎人》开展诵读比赛，引导学生正确、流利、有感情地朗读文章。借助"快乐读书吧"的书籍开展复述、批注、概括、对比、创演等阅读方法的实操，在好的阅读习惯中不断巩固实用的阅读方法，让好的阅读方法助力阅读欣赏能力的提升。

结合二十四节气视频、多媒体资源学习二十四节气知识，开展二十四节气活动，拓展节气诗文、童谣、儿歌、绘本等阅读，让阅读丰富节气内涵，让文字烙印节气记忆。

（3）高段

学习提高阅读速度的方法，增加阅读量。诵读优秀儿童文学作品，注意通过语调、韵律、节奏等体味作品的内容和情感。阅读时注意使用阅读方法梳理信息，把握主要内容，了解人物的思维过程，开展综合性阅读思辨活动，让儿童文学阅读更有深度，提升作品品鉴能力。

（六）评价方式

评价方式由过程性评价（平时课堂表现）和活动性评价组成；采用多种评价方式（评语与等级、积分相结合），进结合主体多元式评价（师生评价、生生评价、家长评价、学生自评），建立不断提高的评价体系（教学体会与反思）。

四、美育四季文化节——德育活动课程

（一）课程指导思想

在我校"儿童第一"教育思想、"纯美教育"办学思想指导下，为了张扬学生个性，推进学校特色发展，我校围绕立德树人根本任务，按照国务院办公厅《关于全面加强和改进学校美育工作的意见》和《中国学生发展核心素养》的内容，根据学校《"儿童第一"文化大纲》，规定了学校的教育价值观"教育要引导儿童更有尊严、更美好地生活"。这基本全景化地勾勒出了学校美育课程的目标追求与价值取向，为学生审美素养的形成、德育课程目标的确立奠定了基础。

苏霍姆林斯基曾说："美是一种心灵的体操——它使我们精神正直、心地纯洁、情感和信念端正。"基于对美、美育的认识，我校把美的素养作为学生核心素养，借用校训"做真人，求真知"，再加入现代教育元素，也是美育元素"创"（创新）、"趣"（情趣），来呈现学生美的素养的内涵。从而也清晰了美育课程建设的行动目标，即美育课程目标：围绕学生核心素养（美的素养），培育学生"真""善""创""趣"的美的品质，让学生的人格和人性中自然地流露出"道德之美""生命之美""创新之美""情趣之美"。

儿童美育成长课程始终是我校德育活动开展的主线。它下设儿童道德体验课程、儿童艺术实践课程、生活活动课程、国际理解课程、儿童文学课程以及教育戏剧课程。对于道德教育，我们强调教育的潜移默化，遵循品德内生的原理，着力激发学生道德需要、情感体验和实践感悟作为促进学生品德生成的核心，因此，儿童道德体验课程——童心灿烂四季文化节应运而生。

（二）课程目标

总目标：学校希望让学生在"品德形成与人格发展的经历""习惯培养与生命成长的经历""潜能开发与认识发展的经历""创新实践与兴趣发展的经历"中感受美、体验美、创造美，自然地形成美的素养。

活动目标：

"春播"：寄予学生在春天中播撒理想与愿望的美好。

"夏长"：希望学生在趣意盎然的夏天勃发向上，积累美感的经验。

"秋收"：希望学生在诗意的秋天中收获成长的喜悦。

"冬藏"：希望学生在凛冽的寒冬中积淀自我。

（三）课程框架

主题	美育价值	活动	时间
童真融春	春播	1. "寻美忆年味·追梦再出发"童心典礼 2. "踏青寻美·玩味古蜀"社会实践活动 3. "入队最光荣·争当好队员"少先队入队仪式 ……	2—4月
童趣约夏	夏长	1. "童心点燃科学梦"科技文化节 2. "乐活童心·畅享童年"趣味游戏节 3. "爱成都·迎大运"乒乓球联赛 ……	5—6月
童语韵秋	秋收	1. "书香沁校园·阅读伴成长"儿童文学节 2. "感知非遗魅力·体验劳动技艺"社会实践活动 3. "舞动童心·乐美附小"校园艺术节 ……	9—10月
童心暖冬	冬藏	1. "传奥运精神·展多国风情"体育节 2. "弘扬宪法精神·建设和谐校园"法治节 3. "同享快乐足球·共建美育校园"足球联赛 ……	11—12月

我校提炼了春夏秋冬的美育文化价值，构建了我校的道德体验课程——童心灿烂四季文化节。我校将一年12个月分为童真融春、童趣约夏、童语韵秋、童心暖冬4个板块，每一个板块都有其自身的美育价值。童真融春，意在"春播"；童趣约夏，意指"夏长"；童语韵秋，寓意

"秋收"；童心暖冬，意在"冬藏"。

我校在每个板块都设计了丰富多彩的学生活动，让学生在具体的活动体验中进行道德品质的培养，旨在用活动代替说教。对于道德教育，我们强调教育的潜移默化，遵循品德内生的原理，着力激发学生道德需要、情感体验和实践感悟作为促进学生品德生成的核心，积极开展通过儿童主体的道德认识和情感体验走进心灵，从感知——体验——明理——导行的心路历程，内化为道德知、情、意、行协同发展的过程。这是对国家课程与校本课程的整合，也让我校儿童在情感体验和情感认同动力下，品德内化过程强烈而深刻，品德生成要素同步而协调，品德形成过程形成一种自主、自觉、自动、自悟、自省的自我构建机制，进而达到"自律"境界。

（四）课程实施

1. 童真融春

三月份我校首先举行了以"寻美忆年味，追梦再出发"为主题的童心典礼，通过和孩子们一起回忆春节富有年味的情节，并在 2018 习惯改变计划卡上写下自己的改变计划，为新学期开启了新的篇章。

四月份艺术节时，我校举办了第一届"舞动童心，乐美附小"校园艺术大赛，这激励了学生们积极向上、乐观进取的精神，增加了学生的舞台表演感和艺术修养。

2. 童趣约夏

五月份我校组织了第一届校级科技节，涌现出了一大批小小科技家，学生们在科幻画、科技作品制作等方面展现了自己的才华。

六月份我校邀请到川大锦城学院的学生为孩子们组织了"乐活童心，畅享童年"的趣味游戏节，这充分挖掘了周边学校的教育资源，同时增强了校际的联动作用。

3. 童语韵秋

九月份我校迎来了可爱的新同学们，开展了"承巴蜀文明，迎万象更新"开学典礼。同时，我校也在此月开展了读书节，让孩子们迅速进入学习状态。

4. 童心暖冬

十一月份我校开展了"传奥运精神　展多国风情"的体育节，活动过程中各班选取一个国家文化作为班级文化进行展示，呈现了精彩的开幕式，在此之后还举行了全校广播体操比赛和田径运动比赛，孩子们乐在其中。

十二月份的法治节中，我校邀请到法治辅导员及我校法律顾问来校对孩子进行法治知识的普及，并邀请高年级同学进行了模拟法庭节目录制，同时在国家宪法日到社区进行了表演。

第四章　成效与成果

一、学校发展成果

经过近年的实践探索，学校办学规模从 10 个班发展到 45 个班，从 2016 年的 480 名学生发展到 2020 年的 2058 名学生。同时，学校完善了"纯美文化"设计，明确了"纯美课程"育人目标，建构了"纯美课程"体系，推动了"纯美课程"实施（特别是在全校深入推动"学科美育"探索，利用"学科美育元素表"引导教师课堂的审美化实施），探索了"纯美课程"评价。同时，学校完善了美育基础设施建设（打造了四层美育文化长廊、"一束光七彩梦"艺术馆、育美苑、美育工作坊、邱易东儿童文学工作坊、十个音乐舞蹈类教室、八间美术类教室，正在打造学校空中美育劳动农场等），挖掘了学校及周边美育资源……学校的一切教育行为都围绕审美教育开展，形成了独具特色的科大实验附小"纯美课程"体系。

学校还获得了四川省美育实践基地、成都市艺术特色学校、成都市教育科研先进单位、四川省基础教育研究中心协同创新实验基地、四川省小作家培养基地、成都市青少年科技活动基点学校、成都市健美操项目推广先进单位、四川音乐学院艺术教育系美育实践基地、四川音乐学院艺术教育系教育实践基地、成都高新区美术家协会理事单位、四川大学锦城学院艺术学院美育实践基地、高新区科技创新教育十佳学校等荣誉称号。

同时，学校开发了一系列美育特色校本课程，编撰了专业的教学读本，出版发行了美育经验汇编，比如：2019 年 8 月，学校正式出版发行《美育：价值与路径》一书，总结学校办学五年来的美育实践经验。

《美育：价值与路径》共分为四个板块，从对美育的理论认识到课程的建构与实践，从美育校本化实施的策略到实施的影响，全书通过大量的文章与案例展示了学校美育特色道路上的家长认同、学生成长、教师提升与专家肯定，汇集了学校第一个三年发展计划的办学特色成果，为学校特色课程体系的构建与美育发展之路提供了全新的思路。

《美育：价值与路径》一经出版发行，立刻得到了国内众多专家学者的好评。我国著名美学家曾繁仁教授点评："科大实验附小的美育实践具有重要的实践价值与理论意义。"原成都大学正校级调研员、四川省陶研会副会长、成都市教育学会副会长、知名教育专家周小山教授赞扬科大实验附小的《美育：价值与路径》是"用美的教育去超越平庸、肤浅、功利……是在课程创新意义上的国家课程校本化，代表着一种学校课程变革新走向"。四川省特级教师冯淑蓉女士也特别以"向美而行，理想教育的践行者"来点评这一校本特色之路。

学校"蕴艺创美课程"的特色项目——"炫丽民歌"，品牌不断升级。学校开展了以"民歌资源开发与方法实践"的省级重点课题为龙头的省市两项课题研究，完成了 25 万字的《美的绽放》和 12 万字的《小学民歌教学方法》两本学术专著，获得了国内著名音乐教育专家的高度赞同，教育成果辐射了国内多个省市，影响了上万名音乐教师，培育了高新区众多民族音乐教育青年教师，提升了我校师生民族音乐文化素养，取得了丰富的成果。

学校编撰了校本特色课程儿童教育戏剧校本教材和教师指导纲要——《美的旅行》。课程重点是在规定的戏剧情境中，陶冶和培养儿童的人文素养与审美情趣，让儿童体验人生百态、洞察人性善恶，从而认清自我，并进一步增强对世界本质的认识与理解。

学校还编写了校本特色课程儿童文学教育的《儿童文学教育大纲》《儿童文学教育读本（上、中、下）》和儿童文学欣赏教师指导用书《小孩子的诗歌课堂》《大作家、小作文》。依托本课程，附小的科科娃对于文学创作充满热情，学校已陆续为学生们汇编了两本作品集——《一只爱飞的小鸟》《树是我的好朋友》。同时，由我校发起的巴蜀儿童文学教育联盟目前已发展到拥有四川、重庆等地五十多所联盟校，每年联盟都会举办全国性的儿童文学教育培训及各类研讨会。

学校编写了《国际理解教育教学大纲》和学生教材《多彩的地球（上、中、下）》，立足民族文化，尊重多元文明，以儿童成长为根本，以文化理解为目标，以审美提升为期望。

二、课题研究成果

近年来，学校大力推进美育课题建设，目前学校和美育相关的有省级课题一项，市级课题三项，区级课题六项。

电子科技大学大学实验中学附属小学三级在研课题一览表

省级课题（以学校为单位申报）					
序号	课题名称	课题类别	审批单位	立项时间	研究周期	主研人员
1	四川省小学民歌教学方法及教学资源开发研究	重点课题	四川省教育科学研究院	2019.10.11	2019.8—2022.9	寇忠泉　徐　伟　李新枳　万里燕　冉　红　伍嘉怡　欧冬梅　何国英　胡庆华　郝太豪　郑　丽　李　响　陈雪娇　祝　云

市级课题（以学校为单位申报）					
序号	课题名称	课题类别	审批单位	立项时间	研究周期	主研人员
1	基于审美素养的校本课程建构与实践研究	规划课题	成都市教育局	2016.10.25	2016.10—2020.12	寇忠泉　何小波　黄明霞　袁春玲　杨琳玲　郑　环

续上表

	课题名称	课题类别	审批单位	立项时间	研究周期	主研人员
2	基于民族文化传承的四川民歌教学研究	名师专项课题	成都市教育局	2019.1.14	2019.1—2021.9	寇忠泉 杨晓 万里燕 伍嘉怡 余世凤 冉宏 巫妹 罗竟慧兰
3	新冠疫情下健康宅家旧物改造旧物改造课程开发与实践研究	"新冠肺炎疫情与成都教育应对"专项课题	成都市教育局	2020.5.21	2020.5—2020.9	胡功敏 崔竹 徐清 陈夜 张诗梦 张娟

区级课题（以学校为单位申报）

序号	课题名称	课题类别	审批单位	立项时间	研究周期	主研人员
1	《中低段数学美育儿童学堂分享式学习方式研究》	一般课题	成都高新区教研室	2017.11.20	2017.11—2020.11	陈绩艳 杨琳玲 任晓玲 张乐琼 谢谠升
2	开展"悦读越美"系列活动培养低段学生阅读兴趣的实践研究	一般课题	成都高新区教研室	2017.11.20	2017.11—2020.11	王雪 郑环 寇红英 黄明霞 袁春玲
3	聚焦国际理解的中国传统节日文化英语活动教学研究	一般课题	成都高新区教育发展中心	2018.11.22	2018.11—2020.11	沈茜 李云霖 寇红英 彭雅玺 唐谦 李明亚 买苗 张曾
4	数学基本思想指导下小学低段"数学好玩"的教学策略	一般课题	成都高新区教育发展中心	2019.11.23	2019.11—2021.11	翟羽佳 杨琳玲 刘晓军 岳宁 陈海燕 许嵘 范艺新

续上表

5	小学生绘本创作教学实践研究	一般课题	成都高新区教育发展中心	2019.11.23	2019.11—2021.11	张 娟 胡功敏 陈 夜 崔 竹 王 雪 齐 秦
6	美育视野下的小学科技创新教育研究	一般课题	成都高新区教育发展中心	2019.11.23	2019.11—2021.11	雷 静 张清清 黄 静 吴 琴

三、教师专业发展成果

"纯美教育"成果在全国美育大会、全国音乐教育大会、杭州千课万人等国家级平台展示；学校每年接待省内外各种类型的学习交流团，交流学校"纯美教育"成果。

学校教师认真学习理论知识，扎实推进教学工作，努力提升自身专业水平，在各级各类比赛中硕果累累，取得了优异成绩。自 2018 年至今共获得国家级奖项 2 次，省级奖项 23 次，市级奖项 26 项，区级奖项 90 余次。

课程建设形成的多个成果分别在《中小学校长》《未来教育家》《德育报》《四川教育》《教育家》《教育科学论坛》等报刊推广报道。（下为部分发表论文）

电子科技大学实验中学附属小学教师部分发表论文

作者	题目	期刊名称	期刊号	发表期数	备注
寇忠泉 杨琳玲	《创新家校共育途径，提升美育课程质量》	《中小学校长》	ISSN1673—9949 CN11—5612/G4	2018.11 总第247期	
寇忠泉 万里燕	《在"司空见惯"中寻求发展》	《未来教育家》	CN10—1044/G4 ISSN2095—4514	2019.11 总第79期	

续上表

作者	题目	期刊名称	期刊号	发表期数	备注
寇忠泉 何小波	《基于美育儿童学堂的国家课程校本实施》	《基础教育参考》	CN11-4889/G4	2017年第16期	
寇忠泉 何小波	《让孩子与美的课程相遇》	《未来教育家》	CN10-1044/G4 ISSN2095-4514	2017.07	
寇忠泉 何小波	《为纯美的童年而教育——成都电子科大实验中学附属小学构建美育特色课程体系纪实》	《德育报》	CN14-0055	2017.06.19	
寇忠泉	《芙蓉花开，点缀多彩童年》	《教育家》	CN10-1372/G4 ISSN2096-1154	2016.05	
寇忠泉	《追求情趣交响的教育教学境界——我的音乐教育美学观》	《时代教育》	CN51-1677/G4	2017年7月号	
寇忠泉 何小波	《美育特色课程的建构与实践》	《中小学校长》	CN11-5612/G4 ISSN1673-9949	2017.07 总第231期	
何小波	《阅读教学就是陪学生去发现》	《教学月刊（小学版）》	CN33-1280/G4 ISSN1671-704X	2017.04	

作者	题目	期刊名称	期刊号	发表期数	备注
何小波	《基于儿童立场的作文教学》	《师道》	CN44-1299/G4 ISSN1672-2655	2017.06	
何小波	《阅读是最长情的陪伴》	《教育导报》	CN51-0052	2017.02.21	
郑 环	《"用"儿童文学"教"——〈三只小组的真实故事〉教学实录及点评》	《四川教育》	ISSN1005-1910	2018.02.10 总第624、626期	
甘学梅	《美育班本课程开发的实践思考》	《中小学教育》	CN11-4299/G4	2020.06	

四、家长赞美

学校开办六年来，通过"纯美课程"建设，学校美育课程质量逐年提升，学生家长对学校美育课程的开发与实施态度发生极大转变。学校从2014年开办之初的两个班，规模逐年扩大，发展到如今的45个班，家长对学校认同度、支持度、满意度、参与度大幅提高。学校的美育文化理念也通过各类融合课程，走出校门，走入社区、高校、企业，促使周边区域人民群众对于美育有了新的认知。

2018年学校汇编了家校育美故事集——《向美而行》，汇编了家长美育微课手册——《美育微课》。

第三部分

纯美融通：五育并举的实践策略

"纯美教育"思想下的"五育"协调融合美育，通过将美育融入学校教育各要素中，并将这种融入与融通最终融化在学校教育各要素中而达成融合育美。在"融入、融通、融化"三大策略下的融合育美中，美育充分发挥其基础作用，让其他四育因为美育的融合而更有成效，更有品质，在"以美育德""以美启智""以美健体""以美蕴艺""以美促劳"的实践策略中实现五育并举的育人价值。

第一章　以美育德

第一节　以美育德的理念

以"美"育德，这里的"美"主要指社会之美，重在善的培育，即找到德育和美育的结合点，就是要把学生放置在社会大环境之中，用生动的道德人物、故事、场景，在体验式的德育活动和环境中培育学生的美德。

一、美与德的基本含义及关系

美的内涵是指能引起人们美感的客观事物的一种共同的本质属性，但它本身是一种主观感受。美学家们对美的内涵和美的本质给出的定义是：美是合规律与合目的的对象，美的本质是真与善的统一。德始见于商代甲骨文。德的古字形从彳（或从行）、从直，以示遵行正道之意。它常用于指道德、品德，引申指有道德的贤明之士。"德"是美好的，故又引申有恩惠、感恩。现今社会环境下，"德"主要是指人们共同生活及行为的准则和规范，是一种正义、有强烈追求实现自己的人生价值的大德，是一种有序的公德，是一种有良好品质的私德。具有这样品质的人给予他人的就是美好的感受。就如别林斯基说的"美和道德是亲姐妹"、康德说的"美是道德的象征"一样，德育只有结合美的教育，才能取得相得益彰的良好效果。德育和美育存在着内在的联系，从德育过程看，道德状态是从审美状态发展而来的，审美情感是道德情感的基础，道德修养是建立在审美的基础上的。在融合实施的过程中，让受教育者在经历建立私德、公德的过程中，形成美德或大德。

二、当今学校德育现状

但是因为在学校教育中，仍然存在这样的现实状况：道德教育过程太复杂，太沉重；教育内容与人的生理与心理发展存在着较大差距，最突出的现象是，当前的学校道德教育，在方式上，表现为一种说教德育、灌输德育、背诵德育、训练德育、考试德育；在方法上总是用讲授代替感受，用讲解代替理解，用训练代替体验；在内容上表现为小学的共产主义教育，中学的集体主义教育，大学的养成教育的倒挂现象；在观念上，强调的是一种接受式教育，而忽视了受教育者的主体作用。毫无疑问，这种德育是一种由外到内的教育，是把社会基本规范，道德基本准则以说服、教育、灌输的方式"给予"学生的，可能在具体的过程中，教育者也注意了"动之以情，晓之以理"，但由于教育者往往更关注的是"理"这个目的，对"情"这个手段缺乏精心的准备，而使"动之以情"这一过程往往又显得太随意、太简单、太肤浅，如果这时作为一个整体存在的学校德育

73

工作又缺乏系统怀、序列性，那么，德育工作的枯燥、抽象程度是可想而知的，当然其效率也不会高。这就是为什么我们很多教育者，面对具体现象时，觉得是面对一堵无形的墙，有力使不上的重要原因。

三、"以美育德"理念——道德欣赏教育

道德是社会生活中人们共同遵守的准则和规范，欣赏是指对蕴含在事物中的美的领略与享受。道德欣赏教育是指教育者和受教育者在积极的情感参与下，在充满愉悦与美感的场景里，通过有目的、有计划的体验教育活动，受教育者对蕴含在道德言行中的精神之美的领略与享受，也就是在遵守准则与规范过程中体验精神之美，进而在情感上认同与接纳，在言行上自觉践行这种道德行为的教育。

"建设高质量教育体系。要全面贯彻党的教育方针，坚持立德树人，培养德智体美劳全面发展的社会主义建设者和接班人。"是党的十九届五中全会审议通过的《中共中央关于制定国民经济和社会发展第十四个五年规划和二〇三五年远景目标的建议》中提出的，把立德树人作为"十四五"时期和未来更长一段时期教育发展的指导思想和根本任务。其中"美"是提升审美和人文素养，是志向高远、敢于担当、不懈奋斗。"德"是做社会主义核心价值观的坚定信仰者、积极传播者、模范践行者。为此，我校以"美"为价值引领，以"五育"的校本化"善""慧""健""艺""勤"的培育来实现学校育人目标。这五字主要反应人的德行，指向人精神世界，是我校纯美教育和立德树人的抓手，同时闪烁着美的光辉。其中"善"包含"善心、善行"，这是五育融合培育的核心。善心概括了品德、品性上对学生的要求，善行概括了行为上对学生的要求（如下表：分年段评价指标）。我们希望通过贯彻社会主义核心价值观、构建学校以美育德下的道德欣赏教育课程体系，让学生在"品德形成与人格发展的经历""习惯培养与生命成长的经历""潜能开发与认识发展的经历""创新实践与兴趣发展的经历"中感受美、体验美、创造美、自然地形成美的素养。

育人目标＼年段		低段	中段	高段
善	善心	爱家人，爱老师，爱同学，爱班级，爱学校。	爱集体，爱社区，爱家乡，有为他人和集体服务的意愿，富有责任心。	爱国家、爱民族。心怀感恩，热心公益，服务他人，有社会责任感，珍爱地球护家园。
	善行	1.孝亲尊师，能为父母做自己力所能及的事。 2.能遵守学校各项常规要求和中小学生守则。	1.知礼谦让，乐于助人，能和别人友善相处和交往。 2.会控制自己的情绪，对他人诚实、公正。	1.会主动参加社会公益、社区志愿活动或红领巾志愿服务等。 2.关心他人，遵守公共秩序，爱护公共设施。 3.爱护有益动物，保护生态环境。

第二节　以美育德的路径

　　我国是中国共产党领导的社会主义国家，这就决定了我们的教育是党领导下的社会主义教育，是把立德树人作为根本任务，培养德、智、体、美、劳全面发展的社会主义建设者和接班人的教育。其中美育的目的在于按照美的标准和规律培养人的审美感受力、创造力以及提高审美趣味，其基本特征是形象化和情感性。在学校"儿童第一"办学思想引领下，为体现美育形象化和情感性的基本特征，落实道德欣赏教育的主体性、互动性、生态性、生成性和个性化的教育价值，我们遵循如下六原则。

　　1.情感性原则。要求教育者与受教育者，在教育过程中主动地充分地投入自己的情感，道德教育目标才会真正深入心灵。如，我们知道，感受美、体验美总能唤醒学生内心深处的情感需要，描写春天、秋天美景的词语"柳绿花红、山清水绿、鸟语花香、一丛金黄……"很多，但是若让学生坐在教室里去通过对词语的理解或看图片感受春天的美，那是不真切的、不深刻的。为让学生能深刻地到感受春天的美，唤醒学生对春天美的真切感受，我们把语文课和春、秋季社会实践相结合。通过校级和班级春秋季实践活动，带着孩子们走进大自然，在看到"柳叶的绿，油菜花的金黄，潺潺流动着的河水、溪水，金黄的银杏树"总能让他们发出不由自主的惊叹，生发出对自然美的向往，对大自然的向往和热爱之情，甚至看到有人去破坏这一眼美丽时，会想办法去保护她。因为美的切身体验使他们内心情感得以真正地参与，所以以美育德一定是一种由内到外的道德体验。

2. 浸润性原则。真实而生动的道德情境体验，是学生获得道德认知的重要基础。因此，我们主张在道德体验教育过程中，教育的情境要真实而充满情感，要在"润物无声"中完成教育内容，这样的教育结果才会长效。如，学校应习近平总书记建设良好家风的要求和学校以美育德的要求，开展的"好家风育好孩子"系列活动。就是让孩子在与父母共同建设良好的家风过程中，通过真实的情感体验让自己与父母在"润物无声"中共同成长。因为"家风"，一般指一种由父母或祖辈提倡并能身体力行和言传身教，用以约束和规范家庭成员的风尚和作风。家风是一个家庭长期培育形成的一种文化和道德氛围，有一种强大的感染力量，是家庭伦理和家庭美德的集中体现。她是一种潜移默化、细雨无声的影响和浸润，让孩子们在与父母共同探讨家庭已有好家风、如何建设好家风、践行建设好家风的过程中，润物无声地体验、践行好家风给自己及家庭带来的他人赞美的愉悦感、尊重他人之美、感恩之美、尊老爱幼之美、热爱劳动之美等。

3. 审美性原则。就是要用道德之美的内容打动和感染学生，并用审美化的德育方法来育德的。道德教育的方法不能枯燥说教，不能完全简单地进行说教训练，而是要以审美化的方式改造我们的德育方法，这是以美育德课程达成以美育德效果的关键。如，"春天"用概念化解释或用词语描述，都是抽象化的概念，学生能说不一定能理解，学生能理解不一定能写，学生能写不一定能感受到其美；若是把学生放到这种春天的场景中，学生能用审美化的视角去观察发现"春天"自然界之美，发现人与自然和谐相处的道德品质，都是在润物无声中完成的。同时具有道德美感的个体欣赏，接纳人与自然共同成长。

4. 互动性原则。教育方式上主张"镜面示范、情感认同"。如，学校每年一年级新生入学适应课程，坚持以学生为主体，由学校、家庭、社区协同实施。采用"大手拉小手"班级结对、学校"课间三管好"等短视频、班级榜样、家长育童论坛、班级美育微课等多方面的互动方式，让一年级的孩子从"五个适应"的维度"学习习惯适应、生活习惯适应、人际适应、心理适应和环境适应"，尽快适应一年级的学习和生活。

比如，在学习习惯适应方面，通过班级观看高年级录制的课前准备、"课间三管好"等短视频，然后与老师、同学交流，在不断模仿实践中，快速养成良好的课前准备习惯、课堂听讲习惯以及完成课后作业的习惯、课间文明休息的习惯等。同时感受到好习惯带来的有序美、整洁美等，以及老师、小伙伴、家长的赞美带来的愉悦感，从而产生做一个有好习惯的孩子的情感冲动和需求。

5. 体验性原则。这是一条解决知行统一的基本原则，知行统一是指德育过程中系统的理论教育与实际锻炼并重，提高思想认识与培养行为习惯相结合。如，李老师班上的菲菲是一个机灵活泼，反应很快，但是但注意力很差，对学习也似乎没多大热情的孩子，更棘手的是，她不太主动和同学玩，喜欢自己找乐子。看到这样的她，李老师和班级的其他老师很为她担心的，时时观察她的"动向"，有一天铃声已经响了，看到她一个人恋恋不舍地从走廊尽头慢步走回教室，下课了又快速地跑了过去，老师也悄悄跟着过去，摸着她的头问："菲菲，你发现了什么好玩的东西？"她有点胆怯地说："我发现了一个秘密基地，就是在这里，这个盆栽里有我的好朋友一只瓢虫。"她开始手舞足蹈地给我介绍了她怎么无意发现这位新朋友，以及观察这几天的新发现。奇怪的是，这时候的菲菲一点看不出课堂上回答问题时支支吾吾的样子，活像一个经验丰富的演说家，非常自信和坦然。

那天以后，老师请她担任了班级植物管理员，做班级各种植物的"老大"，大家看到了一个不一样的菲菲，给植物起名字、写名牌，定期为植物浇水，向同学科普她观察到的植物变化，和同学"胡诌"自己编的植物科普。"怪女孩"变成了"人气王"。

这样体验式的班级德育管理，老师抓住孩子自身特点，遵循学校"以生为本"的理念，让菲菲做班级植物管理员，让她在管理员职务体验的过程中，变成了一个认识与行动一致的孩子，感受到了成功带来的喜悦之美，与同学相处的和谐之美，学习知识的愉悦之美等。同时还让班级孩子转变了对她的认知，让孩子们懂得了要辩证的、多角度的去观察、看待身边小伙伴的优缺点，做一个能客观辨别行为美与丑的孩子。

6. 融合性原则。主要是指不同个体或不同群体在一定的碰撞或接触之后，认知、情感或态度倾向融为一体。而我校的融合体系，是一个方法体系，通过五育素养目标融合、课程结构融合、学科美育融合、五位协同融合、评价多元融合、保障要素融合达成学生德育素养的培养。如，学校办学 6 年多，坚持家校协同，充分利用家长资源在校开设家长美育微课近 500 节，覆盖率达 100%，平均每年约 83 节。美育微课围绕学校五育融合下的"善、慧、健、艺、勤"五个关键字进行设计。让孩子们在舞蹈类微课《霸王别姬》等中，专注度、四肢协调能力以及运动平衡和协调能力得到发展；在《保护动物、从我做起》等微课中，让孩子们认识到遵守自然发展规律，保护环境、保护动物已经是人类刻不容缓的任务和使命，人与自然和谐生长之美；在《趣味足球游戏》等健体微课中，让孩子们在愉快的游戏中锻炼身体，明确游戏规则，增强同学之间的合作意识和团队精神，感受足球带来的快乐；生动有趣的智趣类微课《计算机的故事》，孩子们听得津津有味、目不转睛，个个仰着脖非常入神地听着家长马老师讲解计算机的概念、发展史、分类、应用等方面的专业知识，了解了计算机的演变与人类信息社会发展之间的关系，感受到知识发展给我们生活带来的美，并产生想学、乐学的积极情感；在勤趣类微课《手工冰皮月饼制作》中，孩子们兴致勃勃，亲手尝试制作月饼，感受中秋佳节团圆的美好，弘扬了中华优秀传统文化，加深了孩子们对中华传统文化的理解，增强了民族自豪感和爱国热情。在这些家长美育微课中，我们的老师、家长融合了身边的各种优质资源，创造性地填补了学校教育教学中课程的不完善和知识与技能所留下的空白，带领着孩子们创造性地学习，领略各种知识、技能给自己生活、学习、成长带来的便利与美。

在遵循以上六原则的前提下，我们构建了"1+2+1+n"以美育德实施路径：第一个"1"是指一项美育课程育德，"2"是指两项固定美育特色活动育德；第二个"1"是一个美育管理育德体系；"n"是指 n 个学科纯美课堂育德。现进行具体阐述：

一、美育课程育德：童心灿烂四季文化节

（一）课程价值和意义

为了张扬学生个性，推进学校特色发展，我校围绕立德树人根本任务，按照国务院办公厅《关于全面加强和改进学校美育工作的意见》和《中国学生发展核心素养》的内容，根据学校《"儿童第一"文化大纲》，规定了学校的教育价值观"教育要引导儿童更有尊严、更美好地生活"，确立了"健康乐学，灵动多彩"的学生发展目标。让学生在具体的场景中，通过感性的活动、手段获得、体验到其中的美——审美情感、人与人之间的审美化交往，心灵的愉悦，情感的丰富，这就是美的东西。这也是审美化的体验，直接指向学生的精神世界，体现着善与真的本质。结合学校纯美课程建设要求，以及2019年中共中央、国务院发布的《中国教育现代化2035》进一步提出"更加注重学生全面发展，大力发展素质教育，促进德育、智育、体育、美育和劳动教育的有机融合"，明确提出"五育"融合的教育发展目标，且实现"五育"之间的有机综合渗透，即"你中有我，我中有你"。学校建构了如下纯美课程内容结构（如下图）。

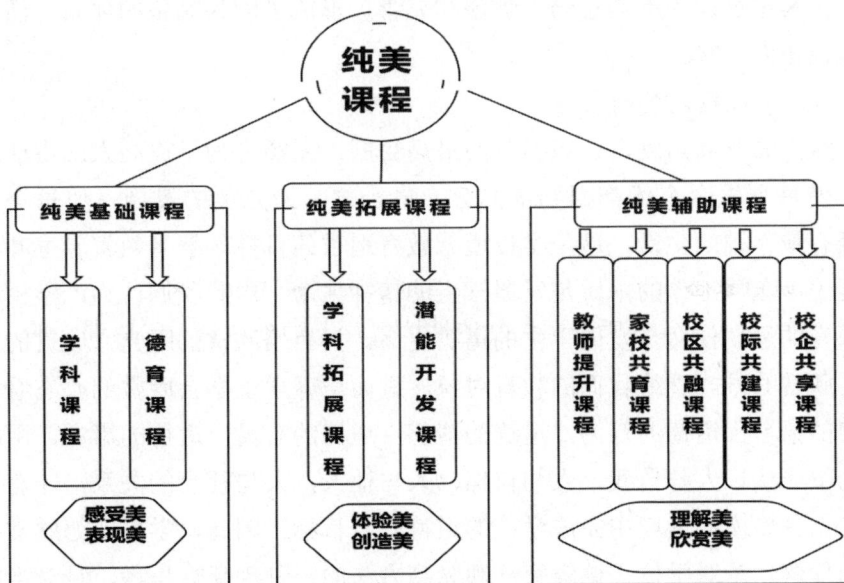

在"以美育德"德育课程方面，学校现任校长在 2002 年身为当时就职学校的德育主任时，就提出了道德欣赏教育，并一直实践探索，先后被《精神文明报》和《中国教育报》报道。2014 年任学校校长后，开始进一步建构"纯美教育"理念下道德体验课程——童心灿烂四季文化节。从以美育德的理念出发，挖掘道德中美的元素，并以感性的、具体的、生动的、形象的、系统化的形式呈现于学生面前，让他们以"活化"了的道德去感受体验，并在其中被打动、被感染，这样的以美育德肯定是深刻的，且把德育课程化展开得更凝练，更具有审美化的效果，德育更加有成效。因为德彰显着美，课程化能有效地育德，体现育德的深刻性，所以我们重视通过美育课程来实施学校的德育工作。

基于对美、美育的认识，我校把美的素养作为学生核心素养，借用校训"做真人，求真知"，再加入现代教育元素，也是美育元素"创"（创新）、"趣"（情趣），来呈现学生美的素养的内涵。从而也清晰了美育课程建设的行动目标，即美育课程目标：围绕学生核心素养（美的素养），培育学生"真""善""创""趣"的美的品质，让学生的人格和人性中自然地流露出"道德之美""生命之美""创新之美""情趣之美"。道德欣赏教育理念下的道德体验课程作为"以美育德"实施路径之一，在实施过程中不断总结、调整和完善，形成了较为完整的体系，活动开展也较为丰富。

（二）课程内容与实施

从人的发展角度，认识教育的最高目的，无疑是为了提高人的生活质量，使每个生命个体都得到最充分、最合理、最完美的发展，使每个人都拥有最幸福的生活，这是学校道德教育追求的目标。著名教育专家叶澜教授说：教师工作的本质是发展学生的精神生命。由此我们认为，学校道德教育的最高使命是发展学生的道德生命。只有用欣赏的眼光，欣赏的理念，欣赏的方式看待我们的教育对象，进而培养学生学会欣赏的心态看待道德的语言，道德的行为，道德的情感，道德的心灵，道德的事实，用欣赏的眼光认识人与自我，人与自然，人与他人，人与社会的关系，才有可能在一种愉悦的情境中完成学校的道德教育目标。因此，学校道德欣赏教育的理念，是对学校道德教育从观念到方法的一种创新性思考，是对当前学校道德教育弊端的反思结果，是中小学道德教育的本位回归。

因此学校提炼了春夏秋冬的美育文化价值，构建了我校的道德体验课程——童心灿烂四季文化节。我校将一年12个月分为童真融春、童趣约夏、童语韵秋、童心暖冬4个板块，每一个板块都有其自身的美育价值。童真融春，意在"春播"，寄予学生在春天中播撒愿望的美好；童趣约夏，意指"夏长"，希望学生在趣意盎然的夏天勃发向上；童语韵秋，寓意"秋收"，希望学生在诗意的秋天中收获成长的喜悦；童心暖冬，意在"冬藏"，希望学生在凛冽的寒冬中积淀自我。

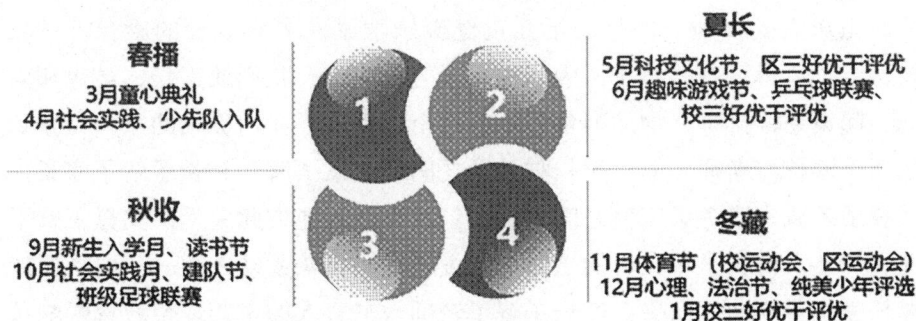

以"童心灿烂四季文化节"为主线的道德体验课程

春播
3月童心典礼
4月社会实践、少先队入队

夏长
5月科技文化节、区三好优干评优
6月趣味游戏节、乒乓球联赛、校三好优干评优

秋收
9月新生入学月、读书节
10月社会实践月、建队节、班级足球联赛

冬藏
11月体育节（校运动会、区运动会）
12月心理、法治节、纯美少年评选
1月校三好优干评优

童心灿烂四季文化节的每个板块都有丰富多彩的学生活动，让学生在具体的活动体验中进行道德品质的培养，旨在用活动代替说教。我们强调教育的潜移默化，遵循品德内生的原理，我们着力激发学生道德需要、情感体验和实践感悟作为促进学生品德生成的核心，积极开展通过儿童主体的道德认识和情感体验走进心灵，通过体验与感受、观察与感悟、训练与养成和认知与创造的心路历程，内化为道德的知、情、意、行协同发展的过程。这是对国家课程与校本课程的整合，也让学校儿童在情感体验和情感认同动力下，品德内化过程强烈而深刻，品德生成要素同步而协调，品德形成过程形成一种自主、自觉、自动、自悟、自省的自我构建机制，进而达到"自律"境界。

学校道德体验实践课程的开发，丰富了学校德育课程体系，最终致力于孩子的身心健康成长，真正做到培养"健康乐学，灵动多彩"的科科娃。

二、美育活动育德

课程建设是践行学校办学理念的有效途径之一，当然，在形成具有完整体系的课程之前，更多的是以活动的形式落实开展。就如我校设置的跨越时空长期坚持举行的系列德育活动，为学生搭建了展现自我的平台，并通过评价来实时动态监测和反馈。以美育德特色活动主要有童心大舞台和童星小舞台。

（一）童心大舞台

童心大舞台是以"儿童＋家长"的形式，以学校、年级、班级为单位，力求人人参与，每月展示儿童健康乐学灵动多彩成长的舞台，是家校、亲子情感联系的纽带。因为在展示之前，需要我们的家长、学生和老师一起策划、排练、物品准备等，在这个过程中，我们班级的家长与家长之间、家长与老师之间、家长与孩子之间增进了了解。家长了解了家长，减少了矛盾，增进了家庭之间的感情，孩子之间能彼此关爱；父母了解了儿女，儿女增长了对父母的了解，关爱之德，尊长爱幼之德——中华民族尊长爱幼美德油然而生；家长了解了老师教书育人的辛苦，会教育影响孩子更加尊重教师，尊师之德自然而生。从而拉近了三者之间的关系。所以童心大舞台展示平台的搭建，在美的场景中、表演中不仅促进了儿童对艺术美的欣赏和创造能力的提升，而且在协同推进工作中，培养了儿童关爱同学、尊敬父母和尊重老师的美德。

如，一位家长写的"最期待的月末周五——童心大舞台"。

每个月最后一个星期五，是全校师生最期待的日子，因为"童心大舞台"即将开幕。大家会为每一次的主题表演惊艳，有民族服饰文化变迁的、有国际文化展示的、有运动风、有科幻穿越、有经典动画角色……每一台展示都是一次视听盛宴，每一个舞台都是师生、家长对生活美、艺术美的感悟写照。

台前精彩纷呈，台下辛苦付出。童心大舞台是凝聚班级全体家长智慧、汇集全体家长资源，由全体家长策划、组织、排练、导演到展示全程参与、全员参与，家长分工合作，互相帮助下完成。一次舞台展示，班级家长会提前二至三个月就开始策划，利用下班后、周末、寒暑假时间组织孩子排练，几次请假到校彩排，最终完美呈现在全校师生面前。在这个过程中，家长更能理解老师平时工作的不易，对教师、学校工作更加理解支持；家长、孩子之间的默契度更高，促进亲子和谐交流；师生家长对舞台艺术的审美能力有效提升，在美的环境美的行为中创造美。

有这样的现象：学生生病请假，却在放学后赶到学校观看童心大舞台。因为其他活动，不能现场观看大舞台，哭了很久。

童心大舞台从"民族文化""感恩励志""时空隧道""中华传统""校园生活"和"文明家风"等不同主题，从自然美、生活美、社会美、艺术美等角度对全校师生进行思想品质、道德情操、情感态度价值观的浸润和影响。

（二）童星小舞台

"童星"本来就是一个让儿童向往的词，他是儿童明星的简称，泛指从事歌手、演员、主持人、模特、舞蹈、体育运动的知名少年儿童。在社会的发展中，童星越来越被大众重视，很多童星学习成绩优异，同时拥有很多艺术才华，童星成了很多学生和孩子学习的榜样。

学校为更好地践行"儿童第一"的教育思想，"以美育美"的办学特色，构建和谐美丽校园，丰富我校少先队们的校园生活，在对全体学生普及艺术美的基础之上，每月为有艺术特长的同学提供展示自我的舞台。旨在提高学生艺术修养、凸显学生艺术个性特长、加强我校美育文化建设的活动。我们主要采用由"学生自愿报名——艺术教师初选——学生现场表演"的流程组织开展童星小舞台活动。同时采用学生设计邀请函、自主邀请观众现场观看、全校学生观看转播的方式。

在这样的过程中，学生们发展了自己的特长，发觉了自己的兴趣，培育了健康向上的生活情趣，阳光开朗勇于展示自己的品格与意志，因为有一技之长不仅是天赋，更多需要孩子通过长期而辛苦的训练。一台童星小舞台节目的组织，需要老师和孩子们的统筹规划、相互配合，还要邀请他人观看等，这些既培养了孩子们团结合作、互帮互助的品德，又培养了孩子们自主参与、艺术表演、美术设计规划的能力和素养。

三、美育管理育德

学校德育常规管理工作，坚持习近平总书记在全国教育大会上提出的"培养德智体美劳全面发展的社会主义建设者和接班人"总方向，坚持教育高质量发展目标和学校"纯美教育"发展方向，在学校治理"445"新体系的指导下，学校逐步建立和完善了教育常规制度，形成了稳定、持续、常态开展的一个德育工作体系。如，每周一次的升旗仪式，每周一次的主题班会或队会，重大节日、纪念日教育活动，开学、毕业典礼，参观主题教育基地，参加社会志愿服务均形成了制度和系列化，以及德育管理细节之处——学生习惯养成系列化：课间三管好、下课三件事等。

比如：细节管理——课间三管好

"管好腿，不追跑；管好手，不推搡；管好嘴，不吵闹。"是学校"课间三管好"的生动形象的三字表达，让孩子们在这样生动形象的表达和直观体验中，明白"管好退，不追跑；管好手，不推搡"是能保证与小伙伴之间安全的方法，"管好嘴，不吵闹"是能保证学校课间安静、有序、文明的方法。并能体验到安全为我们带来的健康之美，文明、有序为我们带来的和谐之美，以及生动形象的语言之美，从而提高了孩子们的审美素养，也是一种学校生活美德的体现。

评价管理——纯美少年评选

为充分展示我校学生以德修身、灵动多彩、健康乐学的精神风貌，树立起同学身边的榜样，加强学校和家庭之间的沟通和联系，搭建学校"五育素养目标融合、课程结构融合、学科美育融合、五位协同融合、评价多元融合、保障要素融合"育德的评价结构，让科科娃的"善、艺、慧、健、勤"都得到良好的体现，体验到道德所赋予的道德感、幸福感、成长感。以此达到培养适应现代社会发展的新时代少年的目的。围绕学校"五育"校本化"善""慧""艺""健""勤"育人目标，设立10个类别（如图所示）的纯美少年评选。每个类别最终各评选1人，二至六年级共评选10人。

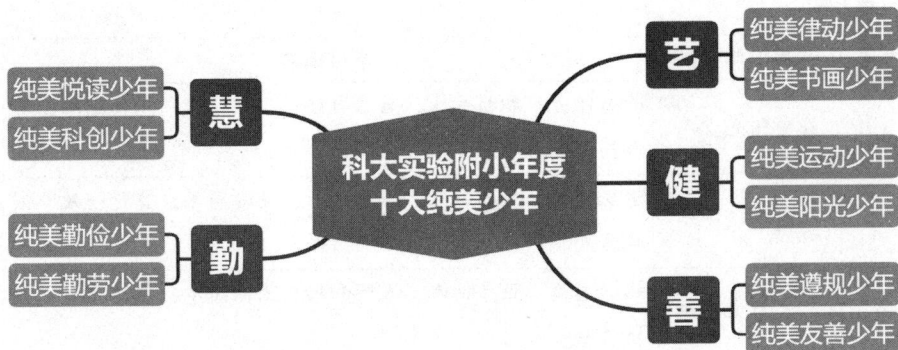

纯美悦读少年
纯美科创少年
慧

纯美勤俭少年
纯美勤劳少年
勤

科大实验附小年度
十大纯美少年

艺
纯美律动少年
纯美书画少年

健
纯美运动少年
纯美阳光少年

善
纯美遵规少年
纯美友善少年

采用"自主申报——老师推荐——年级初选——校级评选——结果公示"流程进行。申报条件如下表：

序号	纯美少年类别	申报条件
1	纯美律动少年	（1）在艺术节中被音乐老师提名为"纯美律动科科娃"的10名同学，具备申报资格； （2）热爱音乐、戏剧或舞蹈，一专多能。
2	纯美书画少年	（1）平日书画作品优秀，被美术老师提名为"纯美书画科科娃"的10名同学，具备申报资格； （2）热爱美术，擅长书画。
3	纯美运动少年	（1）在学校体育节中取得优异成绩，被体育老师提名为"纯美运动科科娃"的10名同学，具备申报资格； （2）坚持锻炼、体魄强健，和谐运动、团结协作。
4	纯美悦读少年	（1）在读书节中被评委老师提名为"纯美悦读科科娃"的10名同学，具备申报资格； （2）腹有诗书、能言善辩，坚持阅读、无书不欢。
5	纯美科创少年	（1）在科技节中被评委老师提名为"纯美科创科科娃"的10名同学，具备申报资格； （2）热爱科创、勇于创新。

续上表

序号	纯美少年类别	申报条件
6	纯美阳光少年	心态阳光、积极向上，自信自强、心理健康，不怕困难、勇敢面对。
7	纯美遵规少年	遵规守纪、知错就改，尊重师长、关爱同学，言行一致、诚恳待人。
8	纯美友善少年	热心志愿、服务他人，人际和谐、团结同学，怀揣善心、常执善行。
9	纯美勤俭少年	节约粮食、餐餐光盘，厉行节约、反对浪费，衣着朴素、低碳生活。
10	纯美勤劳少年	热爱劳动、吃苦耐劳，劳动楷模、乐于奉献，家庭家务、主动分担。

学生在参与评选的过程中，不断总结、反思自己在"善""慧""健""艺""勤"五个方面的优势与不足，体验感受热爱科创、勇于创新的科技创新之美，坚持阅读、无书不欢的中国传统文化之美，热爱美术、擅长书画的艺术创作之美……，产生能有这些美德、美行的情感需求，为自己能成为或继续成为"纯美少年"而践行。

四、纯美课堂育德

学校在实施国家课程时，结合"为纯美的童年而教育"的理想，"儿童第一"的教育思想，以"美育儿童学堂"为平台，以"'五生'课堂标准"为要求，把美育追求人的自由、和谐、全面发展的要求蕴藏在教育中，让童心灿烂、童趣盎然、童真纯洁，达致"童心触动世界"，并贯穿于国家各学科教学的所有课堂之中，从而实现国家课程校本化实施——n个学科美育课堂育德。

在实施过程中，要求各学科教师一是把所有的教学因素都转化为审美对象，使整个教学过程转化成为美的欣赏、美的表现和美的创造活动，成为静态和动态的和谐统一，内在逻辑美和外在形式美高度和谐统一的整体，使师生都充分获得身心愉悦。二是要求树立审美教育理念，创设审美教育情境，增强教学的艺术性。三是充分挖掘学科的审美价值，也就是挖掘学科美育元素。强调"以生为本、以学定教、实践体验为主"，即要把儿童当作一个完整的人看待，一切教育教学行为都要尊重并发展儿童的思想、心理、情感、生理等客观现实。同时，美育儿童学堂不是"教"堂，而是重视引导学生如何学的课堂。要以审美的视野，以儿童的立场，以学为中心的时空，让国家课程得以校本化实施，让孩子在与美遇见中留下终生回味的童年。

比如，学校语文袁老师执教《一个字》时，由两个字谜导入，放手让学生在默读中去发现祝枝山、唐伯虎、酒店老板分别用朝代、人性、方位做谜面，在朗读中去发现反义词、对仗美、节拍美；在识字写字中去发现四条不同的谜面都打的同一个字，在小组活动中去给生字创编趣味十足的谜面。袁老师的课就这样巧妙引导儿童去发现，发现汉字的密码，感受字谜的魅力，体验语文的乐趣。于是课堂流淌着妙趣、智趣、情趣、童趣和乐趣，于无痕中浸润美好的情感、态度、价值观。这样的课，就是巩固识字步骤及方法的课，抓住了年段重点，凸显了语文的工具之美；又是指向核心素养的课，扣住了文本育人的特点，彰显了人文之美。

学校数学张老师在执教《认识直角》时，首先让学生亲身体验"从实物中抽出直角"，感受角的知识来源与生活，有形象的物体逐渐过渡到抽象的图形知识，在学法中重视了学生的实践体验，感受实践带来的美的体验。其次，通过分享交流，激发了儿童好奇、好问的特质，体现了小组合作教学策略的优势，在相互质疑、相互解惑的过程中，不断提炼组织语言，提高了儿童的语言表达能力，感受了数学语言的简洁之美。第三，通过比一比、认一认，让孩子们，由被动的"学"变为主动的"教"，在学习过程中主动去分享，自然地激发儿童天性，促进教学，由直角的认识延伸锐角、钝角的学习，感受数学学习内在结构的统一美。第四，通过动手做，在这个活动中通过让学生用白纸折角、卡纸做角等活动，引导学生发现钝角和锐角的知识是建立在直角认识的基础之上，巩固三类角的内在联系，感受数学符号的简洁之美。最后，通过我会找、我会画，再次让学生经历物体由形象到抽象的过程之美。

这就是基于美育儿童学堂的国家课程校本化实施过程中，对儿童育德的效果。

美漫校园，美育生命，学校一直致力于用学校美的环境、美的课程、美的活动实践，让学生收获丰富人文素养、高雅审美情趣，成为有感受美、理解美、表现美与创造美的能力的人，为学生点亮幸福人生，为社会培养有德之人。

第二章　以美启智

第一节　以美启智的理念及目标

（一）"以美启智"的认识

《中共中央国务院关于深化教育改革，全面推进素质教育的决定》中特别指出，"美育不仅能陶冶情操，提高素质，而且有助于开发智力，对于促进学生全面发展具有不可替代的作用。要尽快改变学校美育工作薄弱的状况，将美育融入学校教育全过程。"由此可见，美育不但要重视艺术教育，重视学校的校园文化建设和各种课外活动，还要注重学校教育教学的主渠道——各学科课堂教学。

与此同时，2019 年中共中央、国务院出台了《关于深化教育教学改革全面提高义务教育质量的意见》，提出了"坚持五育并举"，强调"突出德育实效""提升智育水平""强化体育锻炼""增强美育熏陶""加强劳动教育"，以此"全面发展素质教育"。

因此，我校在教学中，既注重在学科领域充分发挥每一堂课、每一个教育活动的综合性效应，也注重融合利用育人资源，实现基于融合、为了融合和在融合之中的新型教学方式。

1."以美启智"的阐释

在学科美育中，我们强调"以美启智"。其中"智"一方面指智力，另一方面更侧重于指智慧，在学科中则体现为知识与技能、过程与方法。"以美启智"，即要求学科教师在课堂教学中通过融合策略，实施的美育，将美学知识自觉运用于教学活动中，通过美的形式、美感的激励和陶冶作用，使学生乐于去求真、求美、求善，以培养具有自由精神、创新意识的全面发展的小学生。

2."以美启智"的价值

（1）"以美启智"是落实培养学生核心素养的有效途径。发展学生核心素养，促使学校育人方式的转变。即从知识传授走向能力发展、从三维目标走向核心素养，将学科逻辑、生活逻辑、学习逻辑统一在一起，通过学习活动让学生在知识中站立起来，在思维中活跃起来，在创造性成长中强大起来。同时也让学生在更好的习惯培养中养成意志品质，从而真正实现核心素养的发展。

（2）"以美启智"是针对应试教育弊端的有力回击。紧紧围绕着中考、高考的指挥棒，当下的教育仍然以应试教育为主。这不仅危害了学生的身心健康，抹杀了学生的主观能动力，而且剥夺了学生的个性，导致学生思想上的奴化，背离了教育的本质。与之相反，"以美启智"则是充分调动学生的手、口、脑、心、情，摆脱压迫感，完全处于审美的、愉悦的、轻松的状态下，激发学生创造的灵感，调动学习的活力，从而习得知识，养成智慧。

（3）"以美启智"是顺应儿童身心发展的正确举措。儿童总是用审美的眼光看世界、欣赏世界，世界在他们的眼里不仅仅是认知对象，更是审美对象。遵循儿童的这一心智特点，经过审美化处理的教学，才能够有效地唤醒儿童的想象力，激发儿童的创造潜能，并最终得到儿童的感性体验和情智发展。"以美启智"，用充满美感的知识，经过审美化处理的教学过程，富含审美的情境，培养积极主动、快乐学习的儿童。

3."以美启智"的课程目标

慧（智育课程）：慧思、慧学。

为了达成"智"的目标，我们采用"美"的方法，在此体现为"慧思、慧学"。"慧思"侧重学生的思维品质，是人们在思维过程中所表现出来的各自不同的特点，如敏捷性、灵活性、深刻性、独创性和批判性等。如曹植能做到七步成诗，体现了敏捷性；思考问题时有自己的独立见解，体现了独创性。"慧学"侧重学生的思维形式，如抽象思维、具体思维、演绎思维、归纳思维、求证思维、推理思维等，通过各种形式思维的有机融合，达到科学、高效的学习目的。

（二）学科融合美育的创新做法——构建融合美育学科课程群

1. 学科课程群的定义

课程群是按照实施对象的认知规律和能力培养规律科学、合理地将统一学科或不同学科的相关而又互补性的课程，按照一定课程框架进行整合，形成富有专业特色的新课程系统的一门课程。

2. 学科课程群的价值

（1）回应时代发展的要求

德国教育家赫尔巴特提出了以历史、文学和宗教为中心的"学科整合法"；美国教育家杜威则倡导课程要实现学科、社会和儿童的统一；联合国教科文组织的报告《从现在到 2000 年教育内容发展的全球展望》系统阐述了跨学科课程整合的必要性，并提出了以"课程计划的方法论框架"实现课程整合的方案。至此，从分科课程向综合课程的转变已经成为一种趋势。

当人类社会行进于 21 世纪，文化融合与文明交融是人类文明发展的趋势。核心素养也逐渐成为世界各国教育改革中的热词。近年来，我国也开始探讨和构建核心素养的指标体系，2014 年教育部研制印发的《关于全面深化课程改革落实立德树人根本任务的意见》提出，"教育部将组织研究提出各学段学生发展核心素养体系，明确学生应具备的适应终身发展和社会发展需要的必备品格和关键能力。"由此可见，基于核心素养的教与学日益成为我国教学改革的一种趋势。华东师范大学钟启泉教授认为：核心素养是为新时代期许的新人形象所勾勒的一幅"蓝图"，各门学科则是支撑这幅蓝图得以实现的"构件"。而各学科素养的培养主要依托学科课程群来实现，因此，学科课程群的构建与实施是当前亟待研究的课题。

（2）契合学校发展的需要

党的十九届五中全会中指出"建设高质量教育体系"，基础教育的高质量发展，需"构建全面培养课程体系"，实现"五育并举，融合育人"。因此，探索基于核心素养的课程群建构，是学校办学文化的基石，是学校优质发展的重要途径，是学校优质发展特色化的保证，是彰显学校办学特色的有效载体，是培养具有中国情怀、世界眼光的人的重要举措。

3. 学科课程群的实施

目前，我校设有八大学科课程群："阅美"语文课程群、"趣美"数学课程群、"合美"英语课程群、"纯美交响曲"音乐课程群、"悦美"体育课程群、"创美童智"科信课程群、"尚美绘心"美术课程群、国际理解教育课程群。

建设学科课程群采用的是"基础＋延展"的方式，这种组织方式遵循的基本思路是先明确各学科的学科素养是什么，然后以此为出发点确定核心课程的功能，并在此基础上向外延展，超越学科边界，引入丰富的课程资源，使学科课程和学科延展课程成为一个统一的整体，共同指向学科素养的培养，实现学生审美经验的积累，全面提升学生审美素养，促进学生全面发展。

第二节　以美启智路径

习近平总书记在全国教育大会上强调，"要全面加强和改进学校美育，坚持以美育人、以文化人，提高学生审美和人文素养。"美育融入课堂教学进行纯美课堂的构建，营造灵动课堂氛围，提高课堂效率，这是提高学生科学素养与人文素养，促进学生全面发展的有效途径。

（一）构建学科美育课程群，为学生"慧思、慧学"提供时空

根据学科课程群的功能与特点，结合高新区课程建设中的实际问题，我校确立了学科课程群建设的总体思路：通过统筹规划，整体建构，将基础型课程、拓展型课程、研究型课程统整起来，形成课程体系，发挥课程整体的育人功能，解决课程建设中简单地追求量的扩张问题，提升课程品质；根据基础性课程、拓展型课程、研究型课程中内容的关联度，对同一学科或不同学科的相关内容进行重组，优化各类资源配置，减少课程设计中的简单重复，探索课程功能突破，实现跨学科整合。既注重知识习得，又重视方法能力的培养，减轻学生的学习负担，提高教学效率，发展学生跨学科综合分析和解决问题的能力，培育核心素养。

我校自 2014 年开办至今已然走过六个年头。在这六年中，学校为了适应新时代教育高质量发展的需求，为了全面贯彻党的教育方针，落实立德树人根本任务，一直以"美"为价值引领，以"纯美教育"为办学特色，从遵循儿童发展规律、尊重儿童天性出发，以培养学生审美能力、促进学生全面发展为目标，整体、系统地对学校课程进行建构，重点推进两种类型的课程群建设：

第一种类型，课程群是根据其逻辑性和相关性对既有课程进行横向联合，注重课程之间的统整或融合。在这种类型的课程群中，各课程之间无主次之分，各课程进行横向融合统整是为了克服分科课程撕裂学生的经验整体性所带来的问题。

第二种类型，课程群以某个课程为基础或焦点，再加上其他相关课程，组成一个结构合理、层次清晰，课程间相互连接的连环式的课程群体。在这种类型的课程群中，各课程之间有主次之分，其立足点是促进基础课程或焦点课程的实施，其他相关课程的存在，一方面丰富学生的体验，另一方面完善学生在基础课程或焦点课程上的知识结构和能力结构。

目前，我校设有八大学科课程群："阅美"语文课程群、"趣美"数学课程群、"合美"英语课程群、"纯美交响曲"音乐课程群、"悦美"体育课程群、"创美童智"科信课程群、"尚美绘心"美术课程群、国际理解教育课程群。

电子科技大学实验中学附属小学学科美育课程群建设的案例（第一种类型）：

"纯美教育"下"纯美绘心"学科课程建设纲要

1. 背景分析

《义务教育美术课程标准（2011 版）》指出："美术课程以社会主义核心价值体系为导向，弘扬优秀的中华文化，力求体现素质教育的要求；以学习活动方式划分美术学习领域，加强学习活动的综合性和探索性，注重美术课程与学生生活经验紧密关联，使学生在积极的情感体验中发展观察能力、想象能力和创造能力，提高审美品位和审美能力，增强对自然和人类社会的热爱及责任感，形成创造美好生活的愿望与能力。"因此我校力求创设轻松愉悦的学习氛围，让美术教育引导儿童更有尊严、更美好的生活，让学生在美术学习中快乐地成长，拥有一个纯美的童年，将学生培养成拥有发现美的眼光、创造美的双手、感知美的心灵的人。

2. 理念与特色

根据《义务教育美术课程标准（2011 版）》的要求，结合我校"以美育美"的办学特色理念，美术教研组确定我校美术学科课程为"纯美绘心"，力求通过绘本创作激发孩子的艺术直觉，培养学生独立思考能力、创造性思维和基本的美术造型能力，全面提升学生的综合素养，让学生在本课程中以艺启智，以美润心，给学生一个纯美的童年。

（1）"纯美绘心"是紧密结合学生日常生活实践的课程

"纯美绘心"课程将美术与学生的生活学习及活动联系起来，即美术教学生活化。"纯美绘心"课程引导学生运用多种美术教学手段表现周围的生活。让学生关注生活，从生活中发现美、创造美，获得审美体验，从而形成真实的审美情趣。

（2）"纯美绘心"是训练思维串联的课程

通过思维导图绘制，可以有效激发学生的联想能力，引导学生通过关键词联想出更多的思维发散点，梳理出导图线路的一级、二级、三级内容，培养学生对内容的归纳整理能力，再通过丰富的色彩、形象的图示表达与绘制，刺激大脑，激发思维的运行。

（3）"纯美绘心"是具有学科融合的课程

通过绘本教学加深学科融合，启发学生的洞察力、创造力、问题解决能力、组织能力和构建力。引导学生理解学科之间的联系，理解"美术生活化"的情境式教学含义，实现"阅读＋表达＋创新＋才艺＋实践"的发展。

（4）"纯美绘心"是具有愉悦性的课程

绘本创作涉及周围生活和内心世界，不局限于某种材料，学生可以自由抒发情感，表达个性与创意，增强自信心，养成健康的人格。真正做到艺术教育的以美润心，以美育美。

目前，科大实验附小美术组"纯美绘心"课程初步形成以下学科特色：该课程以绘本为载体，让绘本与学生的生活相结合，注重培养学生

"关注周围生活、观察发现、构思构图、寻找素材、善用不同技法、创作表达"六种能力，培养学生独具特色的思维能力，释放学生自由的天性，为他们最初的人生埋下一颗美的种子，给他们一个纯美的童年。

3. 培养目标

"纯美绘心"课程总目标坚持以学校的发展指向为目标，以"儿童第一"的思想为指导，以"以美育美"的思想为中心，坚守纯美教育的办学特色，为纯美的童年而教育。课程通过激励儿童进行绘本创作，尝试绘画、手工、欣赏等多样的艺术形式来表达童心，以此丰富学生视觉、触觉和审美经验，培养学生的表现力、想象力和逻辑能力，获得对美术学习的持久兴趣，形成基本的美术素养，促进学生的全面发展。

（1）基础课程目标

学生通过"纯美绘心"基础课程的学习，了解美术基本语言及其表达方式和方法；运用各种工具、媒材进行创作，表达情感与思想，改善环境与生活；学习美术欣赏和评述的方法，提高审美能力，了解美术对文化生活和社会发展的独特作用。在美术学习过程中，丰富视觉、触觉和审美经验，获得对美术学习的持久兴趣，形成基本的美术素养。树立正确的情感、态度和价值观，为适应未来社会的学习、工作和生活打下必要的基础。

（2）拓展课程目标

"纯美绘心"美术拓展性课程的开发与实施旨在拓展学生美术学习视野，丰富美术学习内容，提升学生美术技能，促进学生美术思维的发展，对学生终身美术学习具有重要意义。通过建设多样化、特色化的拓展性课程，丰富学生的认知结构，实现学生全面发展，搭建"创美教育"的全面育人体系。

（3）活动课程目标

"纯美绘心"活动性课程通过设立多样的社团活动，不仅巩固课内知识，进行个性化创造性学习，同时也给学生一个展示才华的机会和平台，对提高学生的美术素质和美术的综合水平起积极作用。培养学生的想象力和创造力，开发学生的潜能，促进学生个性的发展。

（4）综合课程目标

"纯美绘心"跨学科综合性课程培养学生整体性、全面性的美术认知，通过建立不同学科知识之间的横向关联，培养学生对客观世界的整体认识能力和横向思维能力，促进学生综合应用能力及创新能力的提高。

4. 课程结构

（1）核心主题

美术学科"纯美绘心"课程面向全体学生，设置丰富的教学内容，以满足各年段的学生需求，把美术的表达技巧与绘本创作结合起来，让绘本贯穿课程中。学生的学习更深入、更有情景，有利于激发学生观察生活、表达情感的愿望。根据《义务教育美术课程标准》的设计思路，基于学校"以美育美"的教育理念，培养学生真、善、美的美好品质，结合学科特点，我们将美术的学科视觉性，儿童视觉敏感的特质，绘本的故事性、情感性结合起来，通过美术学科课程的四个学习领域，围绕"移情绘美""灵动创美""悦心赏美""意趣探美"四个主题构建了"纯美绘心"课程体系。

（2）课程构架

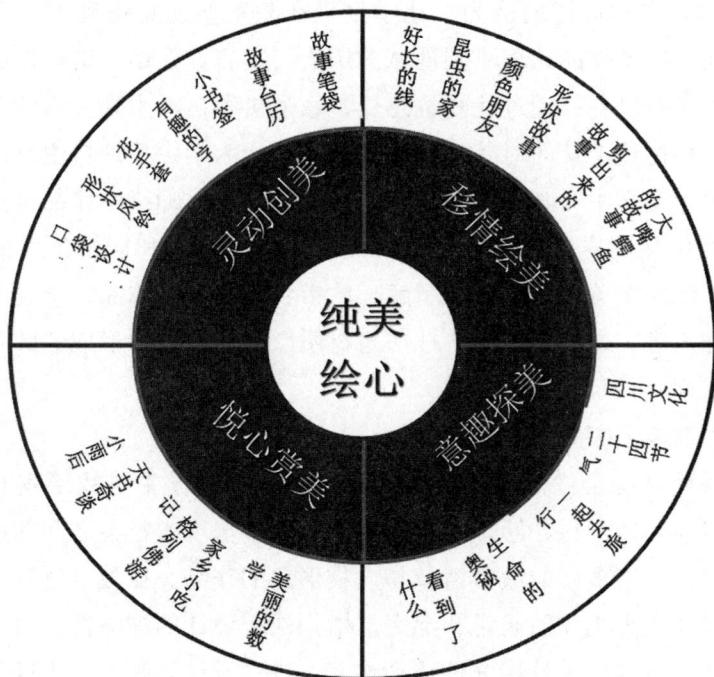

95

①"移情·绘美"课程群

本课程是根据学生身心发展的需求，运用多种媒材和手段，鼓励学生运用线描、色彩、拓印、拼贴、剪刻等手段和方法创作视觉形象的美术创作实践活动。引导学生观察生活、感受生活，创编身边发生的有趣、有意义的故事，表达自己的思想与情感。在绘本的创作中，引导学生深入探索绘画的表达方法和不同媒介应用的视觉效果。

②"灵动·创美"课程群

本课程是指运用一定的材料和手段，围绕绘本创作中的素材进行设计和制作，使学生形成设计意识和实践能力，教会学生基础的设计理念和方法。本领域通过借用绘本中的造型形象，观察生活和环境，以应用性、审美性和趣味性为基础，创作与生活有关的设计作品，美化我们的生活，使学生感受美术设计的应用和实践，保持对学习的兴趣和创作欲望。

③"悦心·赏美"课程群

本课程使学生掌握美术绘本创作最基本的方法，通过作品积累不断提高学生的欣赏和评述的能力，让学生坐在教室便能见识到古今中外各色作品，通过绘本作品认识不同地域的历史、寓言、童话，这些作品丰富了孩子们的感官世界；通过让视觉感受、教师讲解，对中外优秀的艺术形象进行欣赏和讨论，从而对美术有深入的理解，为学生后期自主创作奠定基础，同时拓宽学生对其创作理解的深度与广度。大师级的作品寓意深远，孩子们的作品同样值得我们讨论，让学生欣赏自己和同学创作的美术作品，逐渐形成审美判断能力；了解、欣赏我国与他国作品，感受不同地域的故事与内容、造型与色彩、技法与材质，多方结合所形成的其背后独特的深远寓意。

④"意趣·探美"课程群

本课程是综合性的美术绘本创作活动，引导学生寻找绘本与传统教材、绘本与其他学科、绘本与学生生活、绘本与现实社会之间的连接点，设计出饱含丰富多彩的故事情节与人物形象的作品。在教学过程中，应特别注重以学生为主体的研讨和探索，增强课程设计的趣味性，引导学生灵活运用各学科知识设计探究性活动方案，进行设计、制作、表现和展示，唤起学生对未知领域的探究欲望。时刻保持"意趣·探美"课程群中绘本自身的主要特色。

5. 课程设置方案

（1）基础课程

基础美术课程设置

年级	美术			
	移情·绘美	灵动·创美	悦心·赏美	意趣·探美
一年级	好长的线			剪剪贴贴撕撕画画
二年级		小书签	花手套	
三年级	连环画	演电视	《格列弗游记》	假如我是巨人
四年级	我和妈妈	花瓶	《阿基米德》	我设计的船

（2）拓展课程

拓展课程设置

年级	美术			
	移情·绘美	灵动·创美	悦心·赏美	意趣·探美
一年级	好长的线	为妈妈做项链	《红黄蓝》	剪剪贴贴撕撕画画
	形状的故事	形状风铃	《棕色的熊》	看到了什么
二年级	颜色朋友	花手套	《星星去哪儿了》	神奇的宇宙
	大嘴鳄鱼的故事	小书签	《我从哪里来》	生命的奥秘
三年级	颜色朋友	花手套	《星星去哪儿了》	神奇的宇宙
	大嘴鳄鱼的故事	小书签	《我从哪里来》	生命的奥秘
四年级	水墨故事	花瓶	《小雨后》	二十四节气
	我和妈妈	妈妈的水杯	《没了就没了》	演电视
五年级	学校的故事	口袋设计	《乐天派玛德琳》	情绪管理
	清水河的故事	有趣的挂饰	《天书奇谭》	四川文化
六年级	有轨电车的故事	故事笔袋	《家乡小吃》	四川美食
	我的梦想	服装秀	《偶戏》	提线木偶

（3）活动课程

①社团活动课程

学校目前开设了7个美术的社团：指尚艺术、原创绘本、蓝染坊、墨香书画、水墨童年、素心若蓝扎染社、创意童绘。

②项目式活动课程

课程1：艺术节

课程2：比赛创作（例：我心目中的老师、科科娃征集令……）

（4）综合课程

综合课程设置

年级	课程内容安排
一年级	《初识线条》
二年级	《形状》
三年级	《生命奥义》
四年级	《二十四节气》
五年级	《畅游清水河畔》
六年级	《有轨电车故事》

6. 课程实施原则与要求

（1）"纯美绘心"课程的实施原则

①思想性原则

"纯美绘心"是紧密结合学生日常生活实践的课程，"纯美绘心"课程将美术与学生的生活学习及活动联系起来，即美术教学生活化。"纯美绘心"课程引导学生运用多种美术教学手段表现周围的生活，让学生关注生活，从生活中发现美、创造美，获得审美体验，从而形成真实的审美情趣。

②针对性原则

"纯美绘心"是具有学科融合的课程，通过绘本教学加深学科融合，启发学生的洞察力、创造力、问题解决能力、组织能力和构建力。引导学生理解学科之间的联系，理解"美术生活化"的情境式教学含义，实现"阅读＋表达＋创新＋才艺＋实践"的发展。

③实用性原则

"纯美绘心"是训练思维串联的课程，通过思维导图绘制，可以有效激发学生的联想能力，引导学生通过关键词联想出更多的思维发散点，梳理出导图线路的一级、二级、三级内容，培养学生对内容的归纳整理能力，再通过丰富的色彩、形象的图示表达与绘制，刺激大脑，激发思维的运行。

④时代性原则

要适当反映社会发展和人类文明的新思想、新成果，要研究国内外相关课程，汲取有用的养料，坚持创新与继承相结合的原则，并不断有新发展。

⑤多样性原则

课程的开展形式要具有多样性，根据教学需要编写（或制作）教科书、讲义、视听教材，特别是要采用现代化教学手段，制作课件，实施多媒体教学。在教学内容的表达上呈现多样性，教学内容的切入点要密切联系学生的生活经历与体验，以促进学生的全面发展和终身发展。

（2）"纯美绘心"课程的实施要求

"以学生为本""以学生的终身发展为本"，一切以有利于学生个性发展为出发点，不只强调知识点的全面性、系统性，更要注重知识的代表性、趣味性，注重学生的身体力行及运用知识分析问题、解决问题的能力，创新和综合实践能力的培养。绘本的绘画技巧是十分丰富的，凭借不同的媒材，儿童绘本有非常多的表现技法，除了水彩画、铅笔画、版画、油画外，还有电脑制作以及照片拼贴等。就是这种多样化的技法，才使得图画书拥有了迷人的外表，使图画书一跃成为美术教学的资源宝库。在这里不得不提的是其中的图画部分，我们可以运用各种手法，如水彩、剪贴、水墨等，营造丰富的故事情节，让孩子们在享受文学的同时，也感染到美学。

我们知道，好的绘本，不仅画面精美，构图和色彩可以使阅读的人在视觉上感到愉悦，更重要的是每张图画都有丰富的内涵，意味深远。

①成立"童绘社团"，激发学生兴趣

社团是学校文化的重要组成部分，是学生发展兴趣、培养特长、发挥潜能、内化素养的重要途径。为此，学校积极组织对美术学科兴趣浓厚的学生组建美术社团，充分利用各类资源，争取各方力量，扎实有效推进美术社团活动建设。

②开展"童绘校园艺术节"，落实学科素养

校内开展艺术节不仅能够发现、挖掘和推出优秀的青少年艺术人才，还能够提高学生的审美情趣，培养学生的艺术创新能力和实践能力，丰富校园文化生活，优化育人环境。

7. 课程资源的开发与管理

基础教育课程改革是基础教育阶段全面推进素质教育的核心环节，是提高国民素质和振兴中华民族的重要举措；是中共中央和国务院迎接新世纪日趋激烈的世界竞争的重大战略决策。课程资源的开发就是其中必不可少的重要一环，教师是课程资源开发与管理的主体。目前我们提倡民主、美育课程改革，强调科学的课程理念，始终把握课程资源优化发展，教师要提高和增强课程建设能力，并在课堂实施中不断增值、不断丰量、提高教师课程开发的能力，学会对各种教材校本化的课程能力；增加学生学习的过程和结果的评过程，加强教师对课程的参与意识，改变以往学科本行评定。教师要掌握课程开发的必要技能，这些都表明必须重视课程资源的开发与利用，因此我校美术组教师主要从以下几个方面进行课程资源的开发与管理：

（1）教师资源的开发与管理

教师要形成强烈的课程意识和参与意识，每个教师要做到：①教师要提高自己的美术理念素养，要了解课程改革的最新动向；②教师要改变角色，不仅要扮演课程资源的开发者与利用者，而且也应该充当学生利用课程资源的引导者与合作者；③教师要能够开发、统计、筛选、管理、更新、与完善课程资源；④教师能够依据地域特性、地方文化特色以及学生的个性差异和需求，建构校本课程；⑤教师应该围绕学生的学习，引导学生走出教材、走出课堂、走出学校，充分利用校外课程资源，在社会的大环境中进行学习与探索。

（2）校内环境资源的开发与管理

结合一至六年级美术学科知识、技能以及学校和社区的活动，用多种美术材料进行策划、创作和展示，体会绘本与其他学科、绘本与生活、绘本与文化的关系。

（3）学校美术室资源的开发管理

在小学美术课中具有充足的教学资源，我校美术组教师充分开发利用美术室资源，在美术室开展各种各样的绘本探究课程，同时还在美术室开设不同种类的美术社团。

（4）校外资源的开发与管理

我校地处清水河畔，周围有非常宜人的清水河公园景色和有轨电车景色，还作为电子科技大学实验中学附属小学，有丰富的高校资源，我校美术组教师充分利用这些资源并邀请成都市美术教研员带领美术组教师开展学校美育文化建设，丰富学生的美术知识，开阔学生的眼界，提升学生的审美能力。

（5）家庭资源的开发与管理

我校美术组教师通过和家长沟通交流，充分对学生家庭中的美术教学资源进行开发利用，指导学生进行学习，培养学生的美术素养。

8. 课程评价

（1）小学美术的学习评价内容

小学美术的学习评价主要包括以下几个方面：

①美术知识。关注学生美术绘本绘画能力、情感和价值观，并注重绘本绘画的过程和方法、知识与技能的整合。使学生获得对绘本绘画的持久兴趣，形成基本的美术素养。学生目标明确、具体、针对性强；符合学生实际，并落实到具体的教学全部过程。

②美术探究。积极思考，敢于提出问题，绘制出与众不同的绘本故事，并加入属于自己的独特想法。

③美术态度。考查学生进行绘本学习和绘画所必须具备的基本态度。包括：对绘本的兴趣和参与美术活动的热情；有能够发表自己与绘本有关的不同见解的意识；重视人与人之间的合作与交流，勇于表达，乐于倾听，尊重他人的不同意见。

④美术、社会与环境。考查学生对美术、社会与环境相互关系的了解，学生能够将社会和环境加入绘本故事的绘制当中，以及有热爱自然、珍爱生命、保护环境的意识和社会责任感等。

（2）学习评价的方式

①过程性评价，了解学生的美术素养及基本绘本绘制技能等。

②学生自我评价

课堂自我评价

课题名称												
组别	姓名	出勤	评价内容						完成作品次数			总评
			参与度			动手绘画				作品质量		
			好	较好	一般	好	较好	一般		出色	较好	一般
我的收获												
我的反思												
我的疑惑												

③生生评价

课堂小组互评

课题名称				
编号	评价内容 （请你用1—5颗☆进行评价）		成员1 （姓名）	成员2 （姓名）
1	在大部分时间里她（他）踊跃参与，表现积极。			
2	她（他）能够按时完成所承担的工作和学习任务。			
3	她（他）经常鼓励\督促我积极参与绘画。			
4	她（他）的意见总是对我很有帮助。			
5	她（他）对小组的贡献突出。			
6	我对她（他）的表现满意。			
7	如果还有机会我非常愿意与她（他）再分到一组。			
8	对她（他）总体上是喜欢的。			

④教师评价

课堂教师评价

姓名：　　　　　　组别：

课题名称			
项目	评价内容	分值	得分
全面性（20分）	1.掌握基本美术技法，习惯良好。	10分	
	2.训练效果好，思维灵活，掌握知识牢固。	10分	
主动性（40分）	1.气氛活跃，主动投入。	10分	
	2.参与度高，积极性高。	15分	
	3.自主学习，学、思、疑、议、练、创贯穿全过程。	15分	
创新性（20分）	1.善于思考，勇于质疑，见解有新意。	10分	
	2.举一反三，灵活运用方法展示新的画面。	10分	
合作性（20分）	1.善于与人合作，虚心听取别人的意见。	10分	
	2.小组有团队精神，共进退。	10分	
总分			

⑤终结性评价

终结性评价的重点是课程目标的达成度，学生所达到的美术素养的水平，以美术为基轴，整合多种学科，如：语文、数学、英语、音乐、儿童戏剧、体育、科学等；以及绘本与社会文化、多元文化的综合，还应与生活息息相关。

9. 课程管理机制

依托国家课程和地方课程构建了以基础性课程、拓展性课程、活动课程、综合性课程为体系的美术组校本课程，为更好地落实课程计划，我校不断完善课程管理机制，确保课程实施的质量，具体做法如下：

（1）领导重视，严格执行课程计划。学校成立了课程领导小组，负责学校课程建设的规划、组织和实施，加强课程计划执行过程的监控，做到定期检查与随机抽查相结合，将教师执行课程计划的情况纳入对教师考核中，明确课程计划的严肃性。

（2）探索课堂教学有效性策略依据课标及课堂要求，实现课堂教学有效性贯彻落实课程理念是核心，教学目标准确定位是根本，教学方式运用巧妙是关键，开发整合资源是途径，思想方法恰当渗透是灵魂。

（3）学校严格课程管理，按照国家课程计划，开齐开足国家课程。要根据省市教育行政部门的要求执行地方课程，合理开发和选用校本课程。学校有责任建立校本课程的内部评价机制，对教学活动、教学评价，课程资源开发与利用等方面要进行自我监控，确保学校办学质量的稳定和提高，以保证校本课程与国家课程、地方课程在总体目标上的一致性和互补性。

（4）集体备课。凝聚精华备好课是上好课的前提，为此我校加强了集体备课，成立年级学科备课组，在备课中要"三定四统一"，即定备课时间、地点、中心发言人，各年级同一学科应做到统一标高、进度、作业量、质量考核标准。每周在集体备课会上由中心发言人，就下一周授课内容的目标确定、重难点的把握、采取的教学方式和方法等提出看法，其他教师提出建议，并针对某一节课形成具体的教学设计，然后再同上一节课，课后同研一节课，最终达到优势互补，共同提高的目的。

（5）组建学习小组，提高学生参与度。我校在课堂教学中积极开展"小组合作学习"教学模式的实践，有效地拓展了学生参与课堂教学活动的渠道，赋予学生话语权，给予学生自由表达的空间，让学生将自己思考和理解的结果，在组内与他人沟通、交流和碰撞，在相互影响、相互合作中实现共同提高。

（6）认真履行学校全课程管理职责。对学校实施的所有课程进行管理，特别是对教学、评价与考试、课程资源开发与利用等进行自我监控，确保学校全课程质量的稳定和提高。树立新的教学观、学习观、教师观、课程观，合理有序地安排课程，紧紧围绕"让课堂充满生命活力，让学生成为学习主人"的主题策略，进行全课程下学科课程的课堂教学改革，重建课堂文化，转变教师角色，改变教师教学方式和学生学习方式，提高课程实效，实现单位时空内效益的最大化。

（7）改革课程评价。树立新的发展性评价理念，建立学生、教师、学校三位一体的发展性评价体系。

电子科技大学实验中学附属小学学科美育课程群建设的案例（第二种类型）：

科科娃"民族心"中的"世界眼"
—— 国际理解教育课程群建设

1. 背景分析

《国家中长期教育改革和发展规划纲要（2010—2020年）》提出："鼓励中小学开展多种形式的对外交流，积极拓展学生的国际视野，提高跨文化沟通能力，推进国际理解教育。"在世界日益变成"地球村"的国际互联时代里，通过国际理解教育培养学生国际理解的意识、态度以及与人交往、与人共处的能力，使学生在日益国际化的社会里学会与他人共同生活、相互合作，已成为当代学校教育面临的新使命和目标。

2. 课程特色

美育之目的，在于陶冶活泼敏锐之性灵，养成高尚纯洁之人格。作为校本课程的国际理解教育是电子科技大学附属中学实验小学基于审美素养的校本课程体系中的一个重要分支。该校本课程体系的设计理念是以儿童为根本，以美育为期望。这个设计，意图以人文精神为主旨，明确学校教育是为了儿童发展的功能价值，期望在教育中充分唤醒人的自我意识，为儿童浸润浪漫、有品位的精神生活，让自由、平等的民主精神，让充满审美价值的科学创新精神弥漫校园，让人道主义的终极关怀充盈师生心灵。

我们以"为纯美童年而教育"为出发点，以满足儿童成长需要为目标，以体现学校办学特色为宗旨，设计国际理解教育课程。国际理解教育课程从一年级开始，在地方课程和校本课程时间内开展。在课程设计中采取情境生活设计原理，以儿童这个学习者为中心，强调儿童的兴趣、创造力和自主性，强调直觉、创造性思维。

3. 课程群构建的核心主题：科科娃"民族心"中的"世界眼"

本课程群设计的基点是本地区本民族的文化资源，课程内容设计以"巴蜀文化"和"一带一路"为线索牵引相关的地区、国家和民族组合成一个完整的课程内容系统。在学段课程内容上，根据儿童的认知能力和情感发展，以时间为基本轴，视野上从宏大的宇宙微缩至一个民族、一个城市，以期让儿童获得全面的历史观照视角。并从校本教材、社团课程、拓展课程、实践活动四个方面实施。基于以上理念，我们提出了课程构建的核心主题：科科娃"民族心"中的"世界眼"。

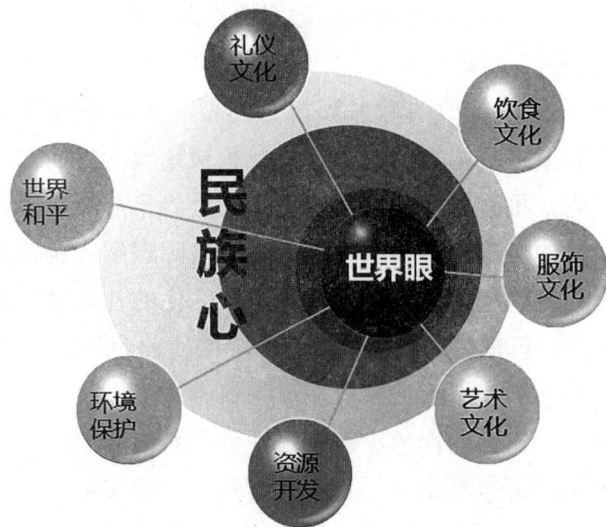

4. 课程体系的构建

（1）课程体系构建的思路和依据

社会需求：中国作为世界大国，学校作为给社会输送人才的摇篮，更应该注重培养学生的国际化视野，提高学生的国际化审美眼光，让世界听到更多的中国声音。

地域需求：成都是西南地区的门户，将对外合作的机会引进校园，通过面对面交流，增强学生的感知能力。

学校需求：电子科技大学实验中学附属小学确立了"以美育美"的办学特色和"现代化、国际化、精品化、特色化"的办学追求。

学生需求：通过面向全球化的国际理解教育，学生在了解本民族优秀传统文化的同时，也具备了拥有国际理念、国际适应能力和国际合作交流意识等国际化人才的素质。

（2）课程的建设目标

低段目标：初步认识本民族本区域文化，并在此基础上了解同时期的其他区域和民族的文明。

中段目标：深入认知本国本民族与其他地区民族交往关系，敢想、敢说、敢做。

高段目标：能自主衔接低、中段学到的知识和技能，在教师的引导下自主开发一个学习课题。

（3）课程体系设置

①校本教材，面向全体

学校已经出版了国际理解教育的校本教材——《多彩的地球》，分为低段教材、中段教材、高段教材。

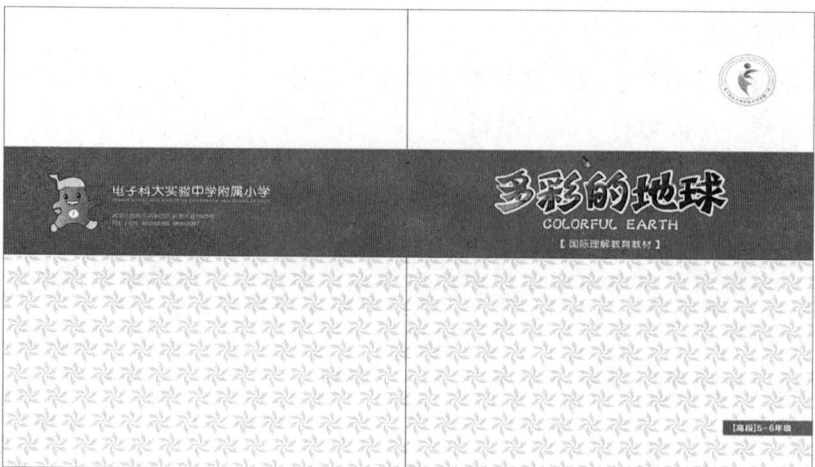

根据不同的文化可以对教材内容进行分类、分层：

科大实验附小《多彩的地球》校本教材分类

年级	礼仪文化	服饰文化	艺术文化	饮食文化
一年级	中国	汉服	京剧	川菜
二年级	英国	俄罗斯	法国	泰国
三年级	芬兰	蒙古	意大利	印度
四年级	新加坡	西班牙	希腊	墨西哥
五年级	日本	韩国	巴西	美国
六年级	中外礼仪	各国服饰	中国艺术	传统饮食

结合课程群建设的核心主题，从校本教材中提炼出了"民族心"和"世界眼"，总结出学生校本教材的不同达成维度。

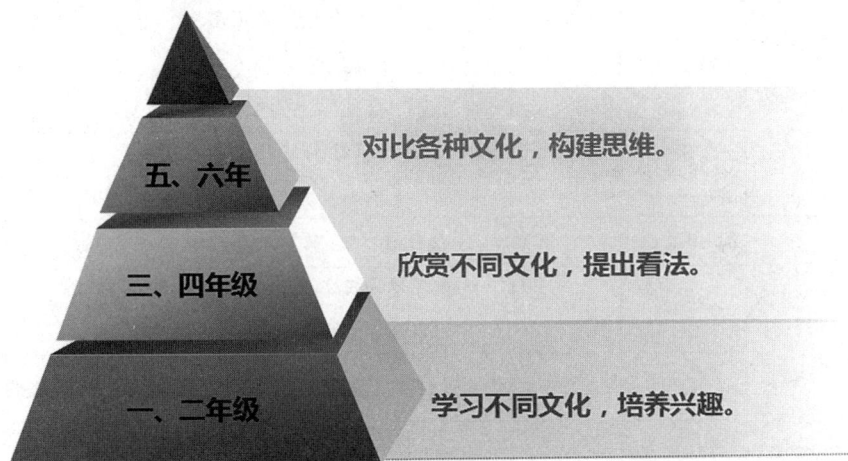

科大实验附小《多彩的地球》校本教材各学段不同达成维度

②社团课程，拓宽视野

社团课程重在拓展学生的"世界眼"，学校借助家长学校、校内外资源，开展丰富多彩的社团活动。与国际理解教育相关的主要社团有：国画社团、纸尚社团、英语动画欣赏社团、英语绘本阅读社团、中国结社团、

109

古风饰品制作社团、"让宋词飞扬"社团、少儿书法社团、"格物四季"社团、"汉字的故事"社团、现代礼仪社团、"奇妙的唐诗之旅"社团、"云朵上的中国"社团、日语社团、"中华上下五千年"社团、外国文化之旅社团、日语社团等17个社团。它们格局特色，百花齐放，丰富了学生的民族情感和国际视野。

③拓展课程，激发兴趣

各年级组老师结合学科教材与《多彩的地球》进行融合，开设了不同种类的拓展课程。不仅有"民族心"，还有"世界眼"。

科大实验附小目前开展的拓展课程

各年级开展的拓展课程		
民族心	传统节日	《当节日来敲门》（端午节、春节、清明节）
	传统服饰	《东方韵》（汉服）
	传统文化	《国花》（花语）
		《剪纸艺术》（剪纸）
		《"诗仙"李白》（古诗词）
	传统饮食	《当节日来敲门》（粽子）
		《川人·川菜》（川菜）
世界眼	语言	《认识西方国家》（西方国家语言）
	节日	《有趣的日本文化》（日本新年）
		《当节日来敲门》（复活节）
	服饰	《世界风情服饰》（电子科大留学生展示各国传统服饰）
	饮食	《有趣的日本文化》（寿司）
		《大"糖"帝国》（糖）
		《韩国饮食文化》（泡菜、大酱）
		《世界美食我来做》（电子科大留学生展示本国传统食物）

书法
京剧　传统文化
民歌

棕子
饺子　传统饮食
川菜

民族心

传统节日　端午节
中秋节
清明节
春节

传统服饰　汉服

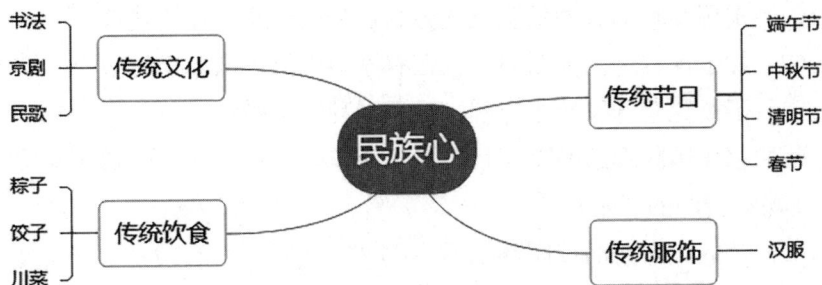

④实践活动，体验生活。学校开展了一系列的研学活动，都是立足地方文化特色，让学生在实践活动中体验生活，发现美，创造美。

学校已经开展的实践活动有：参观川菜博物馆、参观电子科技大学、农耕文化、垃圾分类、设计汉服、古镇探秘、丝绸之路等等。

5. 校本特色课程内容的调整和选择

（1）文化主线更加突出

①文化的多样性：世界各民族适应自然环境与社会生产的生存方式。

②文化的自豪感与尊严：民族性与世界性的辩证关系。

③宽容与尊重：各国文化的自决权、各国文化对世界的贡献。

④具有普遍价值的文化要素：文化的传承性、可交流性、融合性。

（2）突出学生的主体地位

坚持"儿童第一"的教育思想，着眼于学生的兴趣，满足学生"好奇、好问、好玩"的特点，积极探索开放式、创造式、体验式的课堂模式，力求让学生敢想、敢说、敢做。

6. 课堂教学改革的思路和举措

课堂教学改革，就是以"为纯美的童年而教育"为出发点，结合三维目标及儿童的年龄特征，探索出不同的课堂模式，将合作、理解、包容等精神融入国际理解课程教育之中，引导儿童既了解本民族的文化内涵，同时又正确的价值观对待异质国家和民族文化，增强国际交流对话，拓宽儿童的国际视野。

探索信息化背景下教与学方式的转变，选择适用于不同学段的教学模式：

（1）采用多种形式的课堂呈现方式，如情景式、体验式等；

（2）加强课程之间的联系，在已有学科中渗透国际理解教育；

（3）不断完善开发校本课程，设置多种评价模式；

（4）强化国际理解教育课程的师资队伍。

7. 课程资源的开发

（1）开放、多元的校园环境

学校环境文化是学校文化的重要组成部分。我校虽建校不久，仅六年的时间，但在学校的长廊、墙面等处都可见对一些国家在艺术文化、风俗特色、名人名言的介绍，呈现出多元、开放的校园环境。学生在潜移默化中了解异国文化，同时也提升了师生国际素养，发挥了环境的育人作用。

（2）主题系列活动

为增强学生国际交流对话，拓宽国际视野，电子科技大学优秀的师资力量、国际留学生进校开展了"国际理解活动月"系列活动，为每个年段学生带来不同的主题课程。学校近两年运动会也紧跟国际主题，班级围绕异国服饰、文化及本民族服饰进行展示。同时，学校引用家长资源进课堂，分享国际理解教育的相关知识，形成家、校联动，合作推进国际理解教育。

（3）出版教材，开设课程、社团

精美童趣的教材是吸引学生的第一步，精彩纷呈的课堂是学生对异国语言、文化、风俗的进一步认识。学校与电子科技大学外国语学院合作开设的国际理解教育社团则又为学生认识世界打开了一扇窗。

（4）雄厚的教育资源及师资力量

我校地域周边有多所大学、中学及小学，教育资源有着天然优势，各高校老师及兄弟学校的专家来我校开展活动，促进了学校之间的文化交流，增长了学生的见识。

积极调动家长资源，我校现有一千多位学生，背后是一千多个家庭，家长从事各行各业，邀请家长来我校开展活动能更好搭建家校沟通桥梁，和谐亲子关系。

同时，我校教师队伍年轻化，是一支朝气蓬勃的团队，年轻的教师有着前卫先进的教育思想，容易把握学生心理，调动学生的积极性，使学生获得更好的学习体验。

8. 基于审美素养的国际理解教育课程课堂教学评价量表以及学生学业水平检测量表。

（1）评价目标

①深化课程改革，推进素质教育，全面贯彻教育方针，努力使学生在国际理解教育课程中，获得对各国地理、人文、社科、民族、历史、艺术等认知经验，培养学生发现问题、提出问题、分析问题、解决问题的能力。

②改革课程实施模式，促进教学方式变革，提高教学水平与教学实效，使教学质量达到新课程教材要求达到的基本质量。

③坚持以学生为本，努力转变学生学习方式，培养学生良好的学习习惯，不断提高学生的学业成绩，培养学生的实践能力与创新精神。

（2）评价原则

①发展性原则。教学质量评价应有利于促进教师不断改进教学方式，不断提高教学水平；有利于促进学生良好学习习惯的培养和个性发展，学会学习，不断提高学生的学习成绩和分析与解决问题的能力、搜集与处理信息的能力；有利于学校不断改进和完善学科教学管理机制，促进教学质量不断提高。

②全面性原则。教学质量评价要立足于学生德、智、体、美、劳等方面全面发展，全面客观地评价教师的教学水平，力求公正地分析学校教学现状，促进学校教学改革。

③实践性原则。教学质量评价应立足于改善课堂教学实践，评价方式要便于操作，要关注学生实践能力与创新精神的培养。

④审美性原则。学习内容、学习环境、学习方式要生动与艺术化，要建设高品质、精美化的艺术教育文化活动体系与展示平台。

⑤精品化原则。课程设置与学校的办学思想、特色一致，与学生的发展和时代的发展要求一致。

课堂教学评价量表

教师		课题		授课班级		
学科	国际理解教育	时间		评课人		
A指标	B指标	C指标				分数
教学设计（25）	教学目标（10）	符合学科课程标准和教材的要求及学术实际。明确、合理、具体、可操作性强。对各国地理、风俗、人文、艺术、民族、历史等各维度的认知符合真善美的要求。				
	教学内容（15）	知识结构合理、突出重点、兴趣点，难易程度。融入学生经验之中，联系学生生活和社会实际，适时适量拓展。正确把握学科的知识、思想和方法，注重教学资源的开发与整合。				
教学实施（55）	教学过程（15）	根据学科特点创设有助于师生对话的、沟通的教学情境，营造民主、和谐、互动、开放的学习氛围，激发学习兴趣；引导学生主动、合作学习，组织多种形式探究、讨论、交流等活动，培养发现和解决问题的能力；激活学生思维，能大胆质疑问难，发表不同意见，以学生问题为出发点，形成动态生成的教学过程。				
	教学方法（15）	寓学法指导于教学之中，寓德育于教学内容之中，善于鼓励学生，点评适宜；根据教学实际，科学运用教学方法，充分体现学科特点，做到因材施教；现代教学技术运用适时适度，实验科学，准确、熟练。				
	学生活动（15）	参与态度：热情高，主动参与，自主学习意识强；参与广度：全班不同层面的学生参与学习的全过程，有充分参与的时空和有效的合作；参与深度：学习内容，感受体验由浅入深，学生能提出有意义的问题和新的见解。				

续上表

教学实施（55）	教师素养（10）	有较强的组织协调能力，应变能力和即时评价能力，有教改创新精神与良好独特的教学风格； 语言生动、准确，教态亲切有感染力； 具备一门或多门外语听说读写能力，具备国际文化传播研究背景，具备较高的审美能力。	
教学效果（20）	目标达成（20）	绝大多数学生学习积极主动，获得各国地理、艺术、风俗、文化等知识。 在学会学习和解决问题中形成欣赏美的能力； 学生能具有发现身边现象以及中外文化对比的能力。	
合计			
听课建议	亮点：		
	建议：		

注：各项累计得分90分以上为优，89—80为良，79—60为中，60分以下为差。

学生情感与认知问卷调查表

（以下问题由学生自评回答，在相应的方格内打钩）

问卷调查内容	非常符合	符合	不符合
1.你喜欢与来自不同文化背景的亲朋好友			
2.你会注意有关其他国家的报道			
3.你希望有更多机会认识外国朋友			

续上表

问卷调查内容	非常符合	符合	不符合
4.你认为世界各地发生的事物，都有它特别的意义与价值			
5.如果你到另一个国家，你能接受这个国家的习俗和文化			
6.如果你到另一个国家，你能接受这个国家的规范和制度			
7.对于不喜欢的事，你愿意遵守大家的决定			
8.你愿意与其他国家的学生共同合作			
9.有机会你愿意去体认不同地区的文化特色及生活方式			
10.你乐意向外国友人介绍本国的饮食习惯和生活方式			
11.你愿意导正外国友人对我们文化的偏差看法			
12.与他人做朋友时，你不会受到国籍与种族的影响			
13.你愿意通过各种途径邀请他国人民来了解本国文化			

学生学业水平检测量表

评价项目	评价标准	等级（权重）				自评	师评
		优	良	中	差		
学习动机与态度	1.上课认真听讲、主动参与课堂； 2.积极动手、动脑、发言次数多； 3.主动联系教学内容与自身经历和观察，辩证思考文化差异。						
知识获取与运用	1.了解所学课程中相关国家的地理、人文、民俗、历史、艺术等知识； 2.能够认识到国际文化差异中共同的对真善美的追求； 3.能够运用所学知识，回看中国传统文化以及找到中国与各个国家历史与现代的联系。						

9. 有待进一步研究的问题

（1）国际理解教育课程目前主要在我校低、中段学生中开展，在高段学生中开展还较少，如何更好地开展符合高段学生年龄、心理特征的国际理解教育课程，完善校本特色课程还需要进一步探索。

（2）在进行本课程时，学生进行交流感受的途径有限，讲解、图片和视频的欣赏、过往知识经验的讲述以及简单具有操作性的项目感受，对于相对复杂、抽象的课时内容，想达到更好的课堂效果，目前的教学资源和途径还有限。

（3）邀请高校专家教师、兄弟学校教师、家长来我校上课。因学校班额多，教学环境和场地受限制，这些资源课程只有极小部分的学生能参与，其余学生只能观看转播，这种情况下的参与感将大打折扣。

（4）各班语文老师在担任国际理解教育课程教师时，因长期从事语文教学和班主任管理工作，容易用传统语文教学模式上国际理解教育课程，违背了本课程的教育理念和设计初衷。

（5）同时，各个班级的国际理解教育课程的开展情况也容易因为各科任老师对课程的理解和设计不同，导致参差不齐的效果。

（二）丰富学科美育活动，让学生在创造中"慧思、慧学"

我校注重美育与德育、智育、体育、劳动教育相融合，充分挖掘和运用各学科蕴含的体现中华美育精神与民族审美特质的心灵美、礼乐美、语言美、行为美、科学美、秩序美、健康美、勤劳美、艺术美等丰富美育资源。有机整合相关学科的美育内容，推进课程教学，大力开展以美育为主题的相关活动。

苏霍姆林斯基认为应该培养和谐的、全面发展的人。在人的和谐发展中，他特别强调要培养学生的精神生活。他强调，我们要培养的人，不只是有知识、有职业、会工作的庸庸碌碌的人，而是要培养大写的人，就是有高尚的精神生活，有理想、有性格、关心别人、关心集体的人。同时，他把美育与情感教育相提并论，认为所有在德育手段不能达到的精神世界，美育的手段都能触及它。听一支曲、看一幅画，能给人以"无言的"陶冶和感染，打动读者和观众的心灵，进入精神世界。

因此，学科之间的相互贯穿，是学校教育的完整体现。学科教学是学校工作的中心环节，也是最基本工作。寓美育于各学科教学中，是教书育人教学原则的高度体现。我校充分发挥各学科教学的主渠道作用，从不同学科、不同角度，多方位、多层次，有效地实施美育。比如，英语组"传歌谣之乐，书英文之美"；语文组"走进国学，传诵经典之美""书香润心田，品语言之美"；数学组"读数学绘本，寻数字之美"；体育组通过足球联赛，体会运动之美；音乐组以唱促情，品歌声之美；美术组旧物大改造，创造生活之美；信科组组织科技文化节，巧动手创造美；国际理解教育课，赏多元服饰之美；儿童戏剧教育，在体验中感悟创作乐趣。

第三节　以美启智成果展现

通过"纯美课程"实践，学校积极培养学生健康向上的兴趣和爱好，让学生时时处处能够感受美、发现美、鉴赏美和创造美。在此基础上，科大实验附小学生核心素养得到极大提升。学生在学科、艺术、体育、人文等方面频创佳绩，获得区级及以上荣誉 463 项，其中国家级荣誉 5 项，省级荣誉 8 项，市级荣誉 399 项，区级荣誉 51 项，涉及学生 1000 多人。

艺术方面，在 2017 年度高新区校园剧比赛中，学校原创作品《小不点》荣获一等奖；2019 年度高新区艺术节中，创编作品《美不过成都＋通向幸福的路》荣获合唱比赛一等奖，原创舞蹈《头巾里的秘密》荣获舞蹈比赛一等奖；同年，在高新区组织的管弦乐队比赛中，学校作品《秦始皇》荣获一等奖。2019 年，在"成都市定格动画评选"中我校四名学生荣获一等奖，在"高新区首届国际少儿美术作品评比"中 12 名学生荣获一等奖。2019 年学生《神奇的小猫》《小熊呆呆》等 12 项原创作品荣获首届高新区国际儿童美术展一等奖。2019 唐耶琳、高滢雅、王宇函、唐汪依然原创作品《想飞的狐狸》获中法绘本大赛世界优秀作品提名奖。

科技创新方面，仅 2019—2020 年的成都市青少年科技教育系列活动中，学校就有 58 人获一等奖，96 人获二等奖，187 人获三等奖。夏婉馨和罗梓涵同学 2019 年在北京举办的"世界机器人大会"比赛中荣获三等奖。我校贾璟濠、马晟铭、余嘉懿、李宇航同学获 2020 世界机器人大赛总决赛一等奖，学校机器人队荣获 2020 世界机器人大赛总决赛风采展示奖，学生在国家、省、市、区各级举办的科幻画、科技论文、Scratch 编程、3D 建模、Arduino、人工智能、电脑制作、机器人大赛中获得 300 多项荣誉。

体育方面，从 2016 年开始，在生肖联盟俱乐部的影响下，学校足球、篮球、乒乓球等常规项目在高新区的各项比赛中多次荣获一等奖，健美操、啦啦操、排舞、街舞等项目也连续两年在成都市的比赛中荣获一等奖。如郭晓诺、胡涵玥、曾诗涵等 19 人在 2020 年中国（成都）少儿啦啦操精英赛比赛，获得全国第三名的好成绩，成依璇、任毓菲、王雨宸等 34 人荣获 2017 成都市校园健美操、啦啦操、排舞、街舞总决赛一等奖。王章吉、刘至和、王杨昕瑀等 9 人获得 2016 年高新区足球联赛一等奖，邹砚伊、孙诺奇、张田馨等获得分别获得 2017、2020 高新区青少年乒乓球锦标赛一等奖，何雯迪、蔡荆越、赵梓峻等 26 人成都高新区中小学生篮球锦标赛第一名。

学生的综合发展也不断促使班级的发展，我校向阳花中队荣获"全国动感中队""高新区十佳少先队集体"荣誉称号；18 个班级获得高新区"先进班集体"。

第三章　以美健体

第一节　以美健体的理念

"以美健体"是科大实验附小办学思想"纯美教育"实施途径之一，"体"可解释为体格、体魄，即"健体"；另一方面侧重于体育精神，即"健心"，在"美"的教育下，实现体与心的和谐统一，让学生拥有健康的体魄和坚韧、勇敢的精神品质。

"健心"是儿童在校园成长过程中培养他们阳光开朗的性格、积极向上的心态、坚韧不拔的品质；"健体"是让孩子们拥有健康的体魄、科学的锻炼方法、终身体育的能力，用教育部的话来说，即是完成"体育、艺术 2+1 项目"当中的 2，至少学习掌握两项体育运动技能方法，为学生终身发展奠定良好的基础。

我校希望通过精灵基础课程、风云特色课程、炫彩活动课程、生肖社团课程四大课程体系的学习，为孩子们创造一个终身回味的校园体育生活。

第二节 以美健体的路径

一、"悦美体育"课程群建设

（一）体育学科课程哲学

《义务教育体育与健康课程标准（2011年版）》指出，义务教育阶段体育与健康课程是学校课程的重要组成部分，为学生终身参加体育锻炼奠定基础，促进学生健康、全面发展，其主要目标是以身体练习为主要手段，以学习体育与健康知识、技能和方法为主要内容，以增进学生健康、培养学生终身体育意识和能力为主要目的。

1. 学科性质观

学校根据《义务教育体育与健康课程标准（2011年版）》的要求，结合体育学科团队实际，立足学科发展现状、学生发展需要和学校特色发展等，充分挖掘体育学科的综合育人功能，以体育与健康知识、运动技能和方法为学科教学的主要内容。本学科兼具趣味性、实践性、健身性、综合性，它的开展可为学生形成终身体育意识和养成自主进行体育锻炼的习惯奠定良好的基础，提高学生体育与健康的实践能力，发展学生良好的意志品质，促进学生健康成长。基于此，我们认为体育与健康课程要注重渗透德育，提升学生的学习能力，使其身体灵活、思维敏捷，能够在该课程的学习中获得体育运动的乐趣和身心愉悦的情绪体验。

2. 学科课程理念

体育与健康学科课程始终贯彻一个主题："儿童第一、快乐体育、以生为主"。体育教研组在教学中不断创新、探索、进步、优化，尽量让枯燥、单调的学习变得新颖、活泼、轻松，让学生的身、心、德、智在愉悦的活动中得到全面发展。同时结合体育与健康的学科性质，最终，学校提出了"悦美体育"的课程体系，并秉承"让身心在历练中感受美"的学科理念。

"悦美体育"是纯慧的体育。该课程要求教师在教学过程中遵循教师为主导、学生为主体的教学原则，充分发挥教师的教育智慧，寓教于乐，利用课程项目的趣味特点，激发学生的学习积极性，开启学生的敏捷思维，使学生在学习过程中学会用智慧解决问题。

"悦美体育"是纯巧的体育。教师在教学过程中使用灵活多变的教学方法，巧妙地安排学习步骤，循序渐进，分层教学，促使学生习得运动技能、方法和知识，通过合理的训练发展学生身体的灵活性，为学生终身体育锻炼打下良好的基础。

"悦美体育"是纯享的体育。该课程要求教师在教学中要营造活跃的课堂氛围，学生以欢欣享受的学习状态投入学习之中，发展主动、独立的学习能力，在轻松愉快的环境中完成学习任务，体会自主学习的乐趣和成功的喜悦。

"悦美体育"是纯跃的体育。课程包括"爱运动、重技能、促健康、健心理"四个方面的内容，不同的学习内容、要求和任务，引导学生在学习中不断地超越自我，提高学生的身体素质和运动能力，提高学生的体育健康知识和终身体育意识，从而促使学生学科素养得到质的飞跃。

（二）体育课程发展特色

1. 以传授体育技术、技能为主要内容，其根本目的在于增强学生体质。

2. 培养学生学习兴趣，激发他们锻炼的积极性。

3. 关注学生身体素质能力的提升。

4. 关注体育教学方式，乐参与、乐锻炼、享受健康。

（三）体育学科课程目标

让每位学生得到适宜的发展，体育与健康课程对于实施素质教育，培养学生的爱国主义、集体主义精神，促进学生德、智、体、美全面发展具有重要的意义。通过课程的学习，学生将掌握体育与健康的基础知识、基本技能与方法、增强体能；学会学习和锻炼，发展体育与健康实践和创新能力；体验运动的乐趣和成功，养成体育锻炼的习惯；发展良好的心理品质、合作与交往能力；提高自觉维护健康的意识，基本形成健康的生活方式和积极进取、乐观开朗的人生态度。

1. 学科课程总目标

体育与健康学科课程的核心在于培养学生的运动参与、运动技能、身体健康与社会适应四个方面。学校依据《义务教育体育与健康课程标准（2011年版）》，结合学校的实际情况将我校体育学科课程目标分为"爱运动""重技能""促健康""健心理"四个板块，制定出"悦美体育"课程总目标（见表）。

电子科技大学实验中学附属小学"悦美体育"学科总目标

领域目标	学科目标
爱运动	通过参与体育学习和锻炼，使学生形成积极的体育行为和乐观开朗的人生态度。通过丰富多彩的内容、形式多样的方法，注重引导学生体验运动的乐趣，激发、培养学生的运动兴趣和参与意识，为学生养成终身锻炼的习惯打下思想基础。
重技能	使学生学习体育运动的知识、技能和方法。通过多种形式的体育学习，发展学生的基本运动能力和运动中的自我保护能力，为学生养成终身锻炼的习惯打下技术基础。
促健康	引导学生积极学习和锻炼，全面发展体能，提高适应环境变化的能力，形成关注自身健康的意识和行为。使学生掌握基本保健的知识和方法，塑造良好的身体形态和身体机能。引导学生懂得营养、行为习惯和疾病预防对身体发育和健康的影响，为学生养成终身锻炼的习惯打下体能基础。
健心理	培养学生的自信心、坚强的意志品质、良好的体育道德、合作精神与公平竞争的意识。 培养学生自尊、自信、不怕困难、坦然面对挫折的品质，让学生在体育活动中学会交往，为学生养成终身锻炼的习惯打下品质基础。

2. 学科课程年级目标

根据体育与健康课程运动参与、运动技能、身体健康与社会适应四个学习方面，结合"爱运动""重技能""促健康"和"健心理"四个板块构成"悦美体育"课程的完整目标体系，我校又划分了具体的年级目标（见表）。

电子科技大学实验中学附属小学"悦美体育"阶段课程目标

年级	爱运动	重技能	促健康	建心理
一年级	通过"你来我往"和"快乐追逐赛"等课程的学习,学生能够集体参与到一些简单的体育活动中,在游戏中学习,并寻找乐趣。	1.初步了解乒乓球运动,培养球性。2.掌握简单的乒乓球技术动作,并能够击打固定球。3.掌握倾听民歌特色课间操音乐。	通过"形体训练"课程的学习,学生在生活中各个方面都有好的身体仪态,养成良好的健康行为。	通过"你来我往"的课程学习中体验乐趣,在发展自己身体机能的同时提升自己的认知能力。
二年级	通过"趣味运动"课程的学习,对体育活动产生浓厚的兴趣,并在课余时间能够积极参与其他体育活动。	1.在初步掌握乒乓球基本动作的基础上,提升乒乓球技术,能够连续击打固定球。2.学生在学习课间操的同时,提升身体协调性并增强审美能力。	1.通过"足球之舞"和"民歌特色舞"等课程学习,能够增强体能,增强心肺功能。2.掌握日常生活中的安全防护措施。	1.通过各种体育课程的开展,学生初步养成积极参与体育锻炼的意识。2.在相互配合中学会理解他人,尊重他人。
三年级	通过丰富多彩的跑和接力课程的学习,愿意主动参与到身体素质训练类的练习中。	通过本课程的学习,能够基本足球、跳绳、接力跑、啦啦操的基本活动方式,能够学习相关的体育运动知识。	1.了解运动损伤的预防和处理方法。2.了解体育锻炼和营养状况对体育健康的影响。	1.面对有一定困难的任务,能克服畏难情绪,坚持完成练习。2.培养自信心、坚强的意志品质、良好的体育道德。3.逐步养成团结协作的意识。

续上表

年级	爱运动	重技能	促健康	建心理
四年级	1.面对有一定困难的任务，能克服畏难情绪，坚持完成练习。 2.培养自信心、坚强的意志品质、良好的体育道德。形成规则意识并自我约束。	1.掌握各族舞蹈动作。学习不同的足球绕杆、射门等技能。 2.掌握毽球的基本功练习方法并能坚持练习。	1.掌握基本的保健知识和方法。 2.塑造良好的体形和身体姿态。 3.了解疾病预防对身体健康和发育的影响。	1.培养勇敢、顽强的意志品质。 2.学会调控情绪的方法。 3.在团队任务中形成合作意识和能力。
五年级	初步掌握简单的科学锻炼方法，形成具有自主学习、合作学习和探究学习的能力，对体育运动有更高的热情。	1.掌握篮球运动的基本技术。 2.可以熟练掌握足球的各项技术，能够参与校内、外足球赛事。	1.初步了解人体运动系统。 2.发展体能和健身能力。 3.进一步掌握青春期的生长发育特点与保健知识。	1.培养学生在体育活动中克服困难的意志品质。 2.正确认识自己及他人的身体条件和运动能力。 3.遇到挫折时学会调控自己的情绪状态。
六年级	通过"校园定项"课程的学习，对体育运动有更高的热情，能够积极主动地参与到各项运动中去。	1.熟练掌握系统的民歌特色课间操。 2.掌握基本的篮球技术，可以进行3对3比赛。 3.掌握足球等技术，可自行组织比赛。	1.通过本课程的学习，学生掌握一定的保健知识和运动安全防范常识。 2.了解一些运动损伤及常见意外伤害的预防与简易处理方法。	1.通过体育锻炼，养成"我运动""我健康""我快乐"的终身体育锻炼意识。 2.教会学生怎么在规则的约束下赢。怎样体面而有尊严的输。

（四）体育学科课程框架

根据学科课程总目标和年级目标，我校开发了丰富的延伸课程，构建了"悦美体育"课程群，既能促进学生全面发展，又能满足学生的个性化发展，实现学科的特色化建设，全面提升课程品质。

1."悦美体育"学科课程结构

"悦美体育"依据《义务教育体育健康课程标准（2011年版）》中课程的运动参与、运动技能、身体健康与社会适应四个学习方面，并结合我校学生特点，围绕"爱运动""重技能""促健康""健心理"四个板块进行课程构建。

（1）爱运动

"爱运动"课程指向运动参与，是学生习得体育知识、技能和方法，锻炼身体和提高健康水平，形成积极的体育行为和乐观开朗人生态度的实践要求和重要途径。该课程重在引导学生体验运动的乐趣，激发、培养学生的运动兴趣和参与意识。

（2）重技能

"重技能"课程指向运动技能，是学生在体育学习和锻炼中完成运动动作的能力培养路径。通过丰富的体育课程内容的学习，发展学生的基本运动能力。

（3）促健康

"促健康"课程指向身体健康，课程引导学生努力学习和锻炼，全面发展体能，提高适应环境变化的能力，形成关注自身健康的意识和能力，引导学生懂得营养、行为习惯和疾病预防对身体发育和健康的影响。

（4）健心理

"健心理"课程指向社会适应，重在培养学生自尊自信、不怕困难、坦然面对挫折的能力，是课程功能和价值的重要体现。

总之，"爱运动""重技能""促健康""健心理"四方面是密不可分、互相联系的整体，各个方面的目标主要通过不断的身体练习来实现。

2."悦美体育"学科课程设置

"悦美体育"课程秉承"让身心在历练中感受美"的学科课程理念，依据《义务教育体育与健康课程标准（2011年版）》，学校精心设置了

"悦美体育"课程。（见表）

"悦美体育"课程的设置

年级 内容领域	爱运动 （运动参与）	重技能 （运动技能）	促健康 （身体健康）	健心理 （社会适应）
一年级	你来我往	足球、乒乓、 民歌特色操	形体训练	快乐体验
二年级	趣味运动	足球、乒乓、 民歌特色操	足球操	积极参与
三年级	趣味接力	足球、啦啦操、 民歌特色操	运动损伤的预防	团结协作
四年级	兴趣考级	足球、啦啦操、 民歌特色操	健康科普	勇于拼搏
五年级	能力提升	足球、篮球、 民歌特色操	负重前行	以体建心
六年级	校园定项	足球、篮球、 民歌特色操	塑形训练营	健美之星

（五）体育学科课程实施

1. 体育课程实施的主要阵地在课堂，我校"纯美课堂"课程实施的主要途径是在"悦美体育"。"悦美体育"是以儿童为第一的课堂。课堂遵循教材规律和学生成长规律，促进学生养成终身锻炼的好习惯，"悦美体育"是崇尚健康的课堂，健康第一，快乐至上。拥有强健的体魄和健康的身心，才能体会到快乐，感受到幸福。"悦美体育"让学生在运动中锻炼身体，愉悦身心，体验成功，获得自信，在课堂上学会与人相处，与同伴合作，努力营造健康、轻松的学习氛围。"悦美体育"是探寻真理的课堂。课堂以学生为主体，采用自主、合作、探究的学习方式与启发、讨论、参与的教学方式，培养学生扎实的体育文化素养，激发学生热爱学习，勤于思考，勇于实践，大胆创新，不断追寻科学真理的精神。"悦美体育"是引导学生关注美，提高审美情趣，不断追求美、享受美的课堂。真正促进了孩子们的和谐发展，幸福成长。

2. 课程建设确定以"2＋2＋N"理念作为指导精神，本着体现教材重点，解决教材难点的原则设计。教学中通过生动形象的图片和视频让学生产生兴趣，引导学生进行各项技术技能的训练。特色课程定位于教师点拨指导，不是课程教学的简单重复，而是与学校课程形成互补。课程设计兼顾体育学科特点、教材特点和学生的认知特点，形成系统层递式的培养。

3. 体育课程的设置规划根据学校课程方案中规定的常规课、社团课内容以及成立的生肖联盟的实际情况，按学年、学期、学段做出系统、科学的安排。课程设置与开发主要内容包括：课程结构（常规课、社团课）、课程说明、课程实施及要求（课程的设置安排以及教学时间、授课教师安排等），课程实施管理，课程实施评价，课程实施保障等。

（六）体育学科课程评价

1. 趣味大课间课程评价

根据学校"悦美体育"的活动设置，学校要求班班参与、人人参与。教师在德育处的引导下成立检查大队委，加强检查监督，最大限度地保证活动效果。主要从以下方面进行：各班出操人数，班级进退场秩序，出操速度和质量，每班学生所带器材情况，参与活动是否积极主动，正副班主任是否跟班等。德育处安排大队委每天检查各班表现情况，并记录在册，加入每周的纯美班级考核中。（见表）

大课间评分标准

项目	评分标准		得分
	分项	细则	
大课间活动	出勤（10分）	无故缺席，无故迟到，每人一次扣1分。	
	动作（20分）	做操时四肢动作不规范、不规范、不到位的每人一次扣1分。	
	口号（20分）	出操时，各班有自己的班级口号，声音洪亮，能体现班级特色，口号不洪亮、不整齐的酌情扣1—5分，没有喊口号的扣10分。	

续上表

项目	评分标准		得分
	分项	细则	
大课间活动	节奏（20分）	把握节奏与音乐合拍，讲求韵律，抢拍或跟不上节拍的每人次扣1分	
	纪律（20分）	各班同学根据音乐节奏在指定位置集合，队伍整齐，保持肃静，不整齐、不肃静，每人次扣1分；队伍中有人说笑打闹，每人次扣1分，累计计算；或视全班整体纪律状况，若纪律不佳的，可酌情扣2—10分。做操时东张西望，说笑打闹，每人次扣1分。	
	进出场（10分）	大课间前后，各班伴随音乐在规定时间内集合，队伍整齐，保持肃静。说笑打闹，不严肃，不整齐，每人次扣1分。	
教师参与	正、副班主任参与管理	正、副班主任无故不到场、不参与管理的扣10分。	
累计总分			

2. 体育赛事

为了提高赛事组织质量，实现以赛事促进学习、促进技能提升的学科培养目标，学校对体育赛事的评价主要从赛事组织实施、赛事成效两个方面展开。首先，赛前筹备工作合理有序。体育组教师合理制定赛事方案，合理布置场地，宣传到位。其次，赛事举办合理有序。做好教练员领队、裁判员等赛事培训，有序进行开闭幕式、检视、成绩统计与公告。最后，学校对赛事进行评估总结、表彰及相关文件归档。以培养学生的运动能力、健康行为、体育品德为根本追求，依托"悦美体育"课程体系，通过价值引领、组织建设、队伍保障等系列措施，增进学生运动的兴趣，促进学生身心健康发展，培养学生终身体育意识和能力，致力于培养拥有健康体魄的灵动少年。（见表）

体育赛事评价表

评价项目	评价内容	分值	课程组评	教师评
目标设置	活动目标明确、清晰。	20分		
内容要求	根据学生年龄特点，确定内容设置与具体要求，引导学生热爱生活、积极参与，增强活动的现实性和亲近感。	20分		
活动过程	活动过程整个过程贯穿活动，使学生在情境中参与活动，在活动过程中得到体验和感悟，增强活动的有效性。	20分		
学生参与	学生充分发挥主体作用，乐于参与，自主体验。	20分		
目标达成	学生目标达成度高，通过活动学生得到技能提升，获得丰富的情感体验，形成积极的生活态度，养成良好的行为习惯。	20分		

3. 社团课程评价

依据学生的需求，建立平等、民主、新型的师生关系，让学生参与评价过程，提高学生的学习兴趣，树立学习的自信心。开展自评、小组评价，真正体现出评价方式的多样化和民主化。既注重终结性评价，又注重过程性评价。（见表）

社团课程评价表

评价内容	评价标准	评价等级	自我评价	小组评价
基本体能	1.练习任务完成情况 2.运动成绩提高程度	好		
基本体能	1.练习任务完成情况 2.运动成绩提高程度	一般		
基本体能	1.练习任务完成情况 2.运动成绩提高程度	需努力		
运动技能	能否说出已学知识或动作名称 已学运动项目动作完成情况	好		
运动技能	能否说出已学知识或动作名称 已学运动项目动作完成情况	一般		
运动技能	能否说出已学知识或动作名称 已学运动项目动作完成情况	需努力		

续上表

评价内容	评价标准	评价等级	自我评价	小组评价
学习态度	课内、外学校锻炼出勤情况 课内、外学习锻炼态度	好		
		一般		
		需努力		
体育品德	与同伴练习配合情况 练习时克服困难表现	好		
		一般		
		需努力		
教师评语				
综合评价				

4. 构建"悦美体育"，优化课程的品质

"悦美体育"课程着眼于学生体育素养的发展。"悦美体育"的核心：教学目标是"心动"；教学活动是"活动"；教学方法是"灵动"；教学过程是"互动"；教学文化是"涌动"。以师生学习活动为载体，实现课堂的自主化、生活化、情感化，达到使学生情智交融的目的，形成让学生在玩中学、学中乐、乐中思、思中练的体育课堂，建设发展与智慧和谐共生的课堂。（见表）

纯美课堂评价表

评价内容	评价标准	评价等级	自我评价	小组评价
基本体能	1.练习任务完成情况 2.运动成绩提高程度	好		
		一般		
		需努力		
运动技能	能否说出已学知识或动作名称 已学运动项目动作完成情况	好		
		一般		
		需努力		
学习态度	课内、外学校锻炼出勤情况 课内、外学习锻炼态度	好		
		一般		
		需努力		
体育品德	与同伴练习配合情况 练习时克服困难表现	好		
		一般		
		需努力		
课堂表现	学生学习兴趣浓，学习状态好 能积极地参与各个学习环节 大胆自信，动作规范正确	好		
		一般		
		需努力		
综合评价				

二、"悦美体育"课程开展与实施

深入贯彻落实习近平新时代中国特色社会主义精神和十九大精神，更好地践行学校"儿童第一"的教学思想和"纯美教育"的办学思想，以素质教育为基础，在终身体育指引下，以基础课程、特色课程、活动课程和社团课程为主线，贯彻五育并举全面发展的教育方针，面向全体学生，坚持对学生在校全过程的体育教学，促进学生身心全面发展。

（一）精灵基础课程

"精灵基础课程"，是国家规定的体育课程，依据小学生身心发展特点，是有目的、有计划地指导小学生进行学习与掌握体育、卫生保健基础知识和基本技术、技能、锻炼身体，增强体质，促进身心健康，发展运动能力的过程。我校将美育贯穿在体育的教学过程中，通过丰富多彩的教学形式，融入情景教学，培养学生美的形体、美的情感、美的心灵，丰富想象力和创造力，让学生在学中玩、玩中练、练中成，最终达到"育体育人"的目的。

1. 课程目标

（1）增强体能，掌握和应用基本的体育与健康知识和运动技能；

（2）培养运动的兴趣和爱好，形成坚持锻炼的习惯；

（3）具有良好的心理品质，表现出人际交往的能力与合作精神，发扬体育精神，形成积极进取、乐观开朗的生活态度。

2. 课程框架

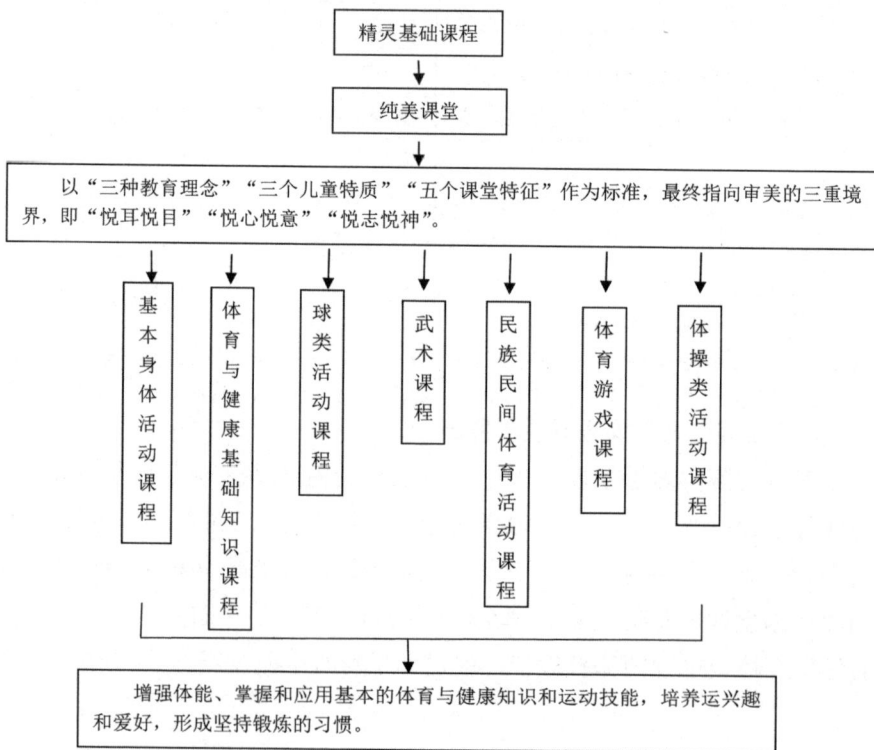

精灵基础课程

纯美课堂

以"三种教育理念""三个儿童特质""五个课堂特征"作为标准，最终指向审美的三重境界，即"悦耳悦目""悦心悦意""悦志悦神"。

基本身体活动课程　体育与健康基础知识课程　球类活动课程　武术课程　民族民间体育活动课程　体育游戏课程　体操类活动课程

增强体能、掌握和应用基本的体育与健康知识和运动技能，培养运兴趣和爱好，形成坚持锻炼的习惯。

3. 课堂案例

科大实验附小纯美课堂案例表

学科	体育	执教者	邹鹏	班级	二（1）班	上课时间	
课题		《穿越障碍》		计划课时		1	

教学分析	教材学情分析	障碍跑是一项在跑进一定距离中以不同的方式，用跨、跳、钻、滚等方法通过障碍物，是一项具有一定难度和实用较强的综合性运动。能有效地激发学生的运动兴趣；发展学生的速度、力量、耐力、灵敏、柔韧和协调等身体素质，能克服学生心理障碍，提高培养学生克服困难和谦让的精神。水平一主要是让学生做出以跨、跳、钻、爬等为主的简单障碍跑的动作。通过教学学生能掌握跨、跳、钻等过障碍物的基本方法，在快速奔跑中灵敏、安全地通过障碍物，并能保持身体的平衡和正确的姿势。
	美育元素提炼	交往美：孩子们在互帮互助的过程中，体会交往的快乐。 节奏美：聆听轻快的音乐，有节奏的跳跃活动。 姿态美：孩子们要站如松、坐如钟的姿态美。 突破美：课堂环环相扣，难度逐一增加，孩子们体验每一次突破自我的快乐。 谦让合作：培养孩子们互相谦让的传统美德。
教学目标	基础目标	1.认知目标：通过学习，让学生了解穿越不同障碍的动作要领，寻找最佳方法。 2.技能目标：通过穿越障碍教学，使学生初步掌握穿越障碍方法，提高学生过障碍能力。 3.情意目标：使学生养成积极认真参加体育活动的态度，培养学生谦让协作意识，挑战自我的能力，锻炼身体。
	审美指向	本课以兴趣引路，以游戏开发为前导，针对学生好玩天性。在教学活动中以情增趣、以玩导趣、以趣促动、以动促练，呈现出"灵动多彩"的体育课堂。
	教学重点难点	教学重点：身体的协调性培养。 教学难点：掌握各种通过障碍的方法。

133

续上表

美育结构	激趣引入，快乐热身——认知设疑，尝试体验——学练技能，诱导纠偏——拓展提升，能力生成
教学准备	钢圈若干、小凳子若干、折叠垫子若干、音响一个 敏捷圈若干、标志桶若干、体操凳一张、标志盘若干

| 教学流程：

一、激趣引入，快乐热身

1.课堂常规：

①教师指导体委整理队伍以四列横队集合。

②体育委员清点人数，安排见习生，师生问好。

2.情境引入：

①小猴子寻找家园（四队）。

②介绍游戏："老虎来了"。   × × × × × × × ×

3.快乐热身：   × × × × × × × ×

①模仿各种动物跑。   △

②热身操。

4.阶段目标：以兴趣引路，小猴子找家为前导，激活课堂氛围，快乐热身。

5.强度：高。

二、尝试体验，诱导纠偏

1.跨越障碍：

分小组初尝试跳折叠垫子。过程中表扬同学们跳跃方式多样，加大难度，铺平垫子，同学们继续尝试。

2.穿越山洞：

①通过"老虎来了"，进行第一次组织教学，表扬同学，找学生做小结，总结翻越障碍时，助跑跨越要比立定跳远远。摆放器材，介绍第二关穿越山洞，同学们尝试体验。

②通过"老虎来了"，进行第二次组织教学，找不同方式穿越垫子，加大难度尝试体验。 | 审美体验以兴趣引路，小猴子找家为前导，激活课堂氛围，快乐热身。 |

3.跳跃小溪：

①通过"老虎来了"，进行第三次组织教学，总结上一环节。摆放敏捷圈，介绍第三关跳跃小溪方法，同学们尝试体验。

②加大难度，缩小敏捷圈大小，继续练习。

4.翻越独木桥：

①通过"老虎来了"，进行第四次组织教学，总结上一环节。摆放独木桥，介绍第四关翻越独木桥的方法，找4名同学们尝试体验。

②4路纵队练习，教师强调全员通过时，需要：第一，有序。第二，无安全事故。

5.阶段目标：学习本节课主要内容，初步掌握穿越障碍方法，培养学生谦让的中华传统美德。

三、拓展提升

1.通过"老虎来了"，进行第五次组织教学。教师组合摆放简易关卡，学生初尝试通过。

要求：当前一名同学通过第二关卡时，下一名同学才能出发。

2.阶段目标：培养学生灵活性思维，巩固要领，体会穿越障碍的愉悦。

3.强度：2组。

四、能力生成

1.教师将学生分为两组，错乱摆放较难的两组障碍关卡，学生尝试练习。

2.要求：安全、有序、谦让。

3.阶段目标：

①训练学生遇到各种不同难关时，如何通过。

②激发学生不畏艰难，勇于突破的精神。

4.强度：2组。

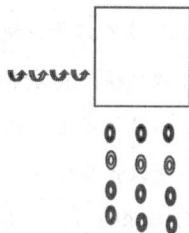

针对孩子"好玩"天性，教师设计关卡，让孩子们带着兴趣体验动作，学习本领技能。

积极参与组合关卡，玩中学，学中练的教学目标得以体现，教师略微指导，增强学生自信心。

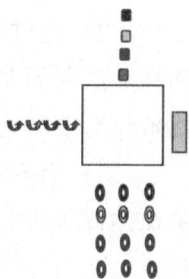

135

续上表

五、小结评价，愉悦身心 1.放松操：《身体的律动》，"收器材"比赛。 2.小结，师生道别：教师针对做出小结，归还器材。 3.阶段性目标： ①放松身心，体会运动带来的快乐。 ②养成良好的课堂习惯。 4.强度：1组。	同学间相互谦让，摆放错乱样式难度关卡，重在突破自我，我的小本领真棒！ 放松身心，体会运动带来的乐趣，养成良好的课堂习惯。

（二）风云特色课程

在我校"2+1+X"的课程群建设下，足球运动和乒乓球选为我校特色运动项目，共同形成"风云特色课程"。"风行""云飞"俱乐部是在足球、乒乓球课程的基础上，进一步形成的专业化队伍。通过学生和教师双向选择作为俱乐部人才输入方式。俱乐部日常活动开展是通过教师有目的、有计划组织学生利用课余时间参与训练和比赛。俱乐部不仅是学生学会技术、技能的基地，还是良好品德形成和正确理性竞争的摇篮。

1. 课程目标

（1）通过丰富多彩的内容、形式多样的活动，注重引导学生体验运动的乐趣，激发、培养学生的运动兴趣和参与意识，为学生养成终身锻炼的习惯打下思想基础。

（2）通过引导学生积极学习和锻炼，学生能够学习足球知识、技术和技能，全面发展体能，提高竞争能力。让学生形成自我锻炼意识，掌握基本运动损伤处理的知识和方法，塑造良好的身体形态和身体机能。

（3）培养学生自尊、自信、不怕困难、坦然面对挫折的品质，让学生在体育活动中学会交往。

2. 课程框架

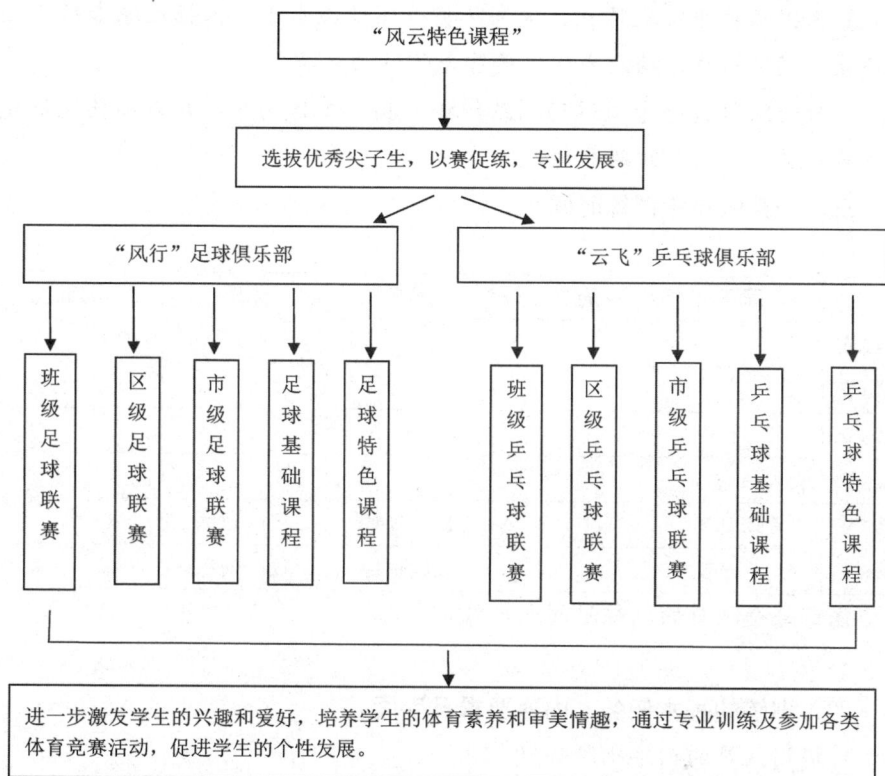

```
                    ┌─────────────────────┐
                    │    "风云特色课程"     │
                    └──────────┬──────────┘
                               ↓
              ┌────────────────────────────────┐
              │  选拔优秀尖子生，以赛促练，专业发展。 │
              └────────────────────────────────┘
               ↓                              ↓
    ┌─────────────────────┐      ┌─────────────────────┐
    │   "风行"足球俱乐部    │      │  "云飞"乒乓球俱乐部    │
    └─────────────────────┘      └─────────────────────┘
```

| 班级足球联赛 | 区级足球联赛 | 市级足球联赛 | 足球基础课程 | 足球特色课程 | 班级乒乓球联赛 | 区级乒乓球联赛 | 市级乒乓球联赛 | 乒乓球基础课程 | 乒乓球特色课程 |

进一步激发学生的兴趣和爱好，培养学生的体育素养和审美情趣，通过专业训练及参加各类体育竞赛活动，促进学生的个性发展。

3. 训练案例

"风行"足球俱乐部训练计划

一、指导思想

进一步培养和巩固学生对足球运动的兴趣和爱好，培养集体主义观念，积极备战本学年校园足球各项比赛。分年段、分水平对队员进行训练，以提高他们的身体素质和技术技能水平，争取在比赛中获得好的成绩。

二、训练目标

1. 教练员从不同方面关注队员的训练、学习、生活，使队员在各个方面都能上一个台阶。

2. 本学期还是采用高、低段进行分层次训练使不同技术水平的队员在原有的机能水平上都能得到一定的发展。

3.根据队员年龄段特点，提高队员身体健康水平，根据足球专项运动的特点，提高队员运动能力，发展综合的运动素质。

4.教会队员进行专项运动训练组织、指导工作的基本知识和技能培养队员独立进行自我训练的能力。

三、一至六年级训练时间

	周一	周二	周三	周四	周五
第3节					
第4节					
第5节					
第6节					
第7节	足球社团		校队训练	校队训练	
第8节	足球社团		校队训练	校队训练	

保证每个队员的训练时间和训练质量。

四、训练的基本任务，内容要求及手段

1.提高队的训练比赛作风。

训练作风方面：严格的组织纪律性；严格的训练自觉性。

比赛作风方面：培养良好的体育道德作风；培养勇猛顽强的踢球作风；严格的比赛纪律。

2.全面提高队员的基本技术。

五、一至六年级训练内容

五、六年级：

1.提高队员的传接球的速度；

2.提高队员的防守能力；

3.提高队员运控球的保险系数；

4.提高队员战术，重点是个人与局部的战术配合；

5.明确个人的攻守职能，进攻防守原则；

6.提高个人战术意识和局部二打一，三打二结合射门能力。

三、四年级：

1.提高队员运控球能力。

2.掌握正确的传接球技术。

3.学习简单的传切配合技术。

一、二年级：

1.熟悉球性球感。

2.学习足球比赛规则及足球基本知识。

3.培养学生对足球运动的兴趣爱好。

主要训练手段

身体训练手段：克服自身体重的各种跳跃、后退跑、曲线跑等。

技术训练手段：各种个人垫、运、控练习，各种一对一攻守，二三人跑动中传接球配合。

训练主要技术

踢球：以脚内侧踢球、脚背正面踢球、脚背内侧踢球为主，脚背外侧踢球、脚尖踢球为辅。

停球：以脚内侧停球、脚底停球为主，脚背外侧、脚背正面、胸部大腿停球为辅。

头顶球：以前额正面、前额侧面顶球为主，介绍鱼跃头顶球。

运球：以脚背正面、脚背内侧运球为主，脚背外侧、脚内侧为辅。

战术：

二过一配合：横传直插二过一、横传斜插二过一、踢墙式二过一、回传反切二过一等。

六、具体训练安排

1.培养学生对足球运动的兴趣；

2.培养和发展球感和控制球基本能力；

3.学习基本的运、传、接、射门等技术动作；

4.培养正确的跑、跳技术，发展身体动作的柔韧性、协调性、灵敏性和平衡能力；

5.通过分队比赛领会"进球与阻止对方进球"这一足球比赛的基本战术思想，培养抬头观察能力和意识；

6. 进一步提高学生对足球运动的兴趣和爱好；

7. 继续熟悉球性和控运球基本技术；

8. 学习与掌握比赛相关的技术：运、传、接、射、抢和头顶球技术；

9. 在提高基本技术熟练性的基础上，形成技术定型，并通过对抗性练习和比赛使个人技术向实用比赛技巧转化，逐步培养能在对抗局面下控制球和运用攻守的能力。

（三）炫彩活动课程

以学校"童心灿烂四季文化节"为统领，在学校"健康乐学、灵动多彩"的学生发展目标下，利用游戏、活动、比赛、大课间等形式，有目的、有计划地进行丰富多彩的体育活动，让孩子们在玩中学、趣中练，从而激发他们对体育活动的兴趣，促进学生身心和谐发展。

1. 课程目标

（1）通过丰富多彩的内容、形式多样的活动，注重引导学生体验运动的乐趣，激发、培养学生的运动兴趣和参与意识，为学生养成终身锻炼的习惯打下思想基础。

（2）通过引导学生积极学习和锻炼，学生能够学习体育运动的知识、技能和方法，全面发展体能，提高适应环境变化的能力，形成关注自身健康的意识和行为。使学生掌握基本保健的知识和方法，塑造良好的身体形态和身体机能。

（3）培养学生自尊、自信、不怕困难、坦然面对挫折的品质，让学生在体育活动中学会交往。

2. 课程框架

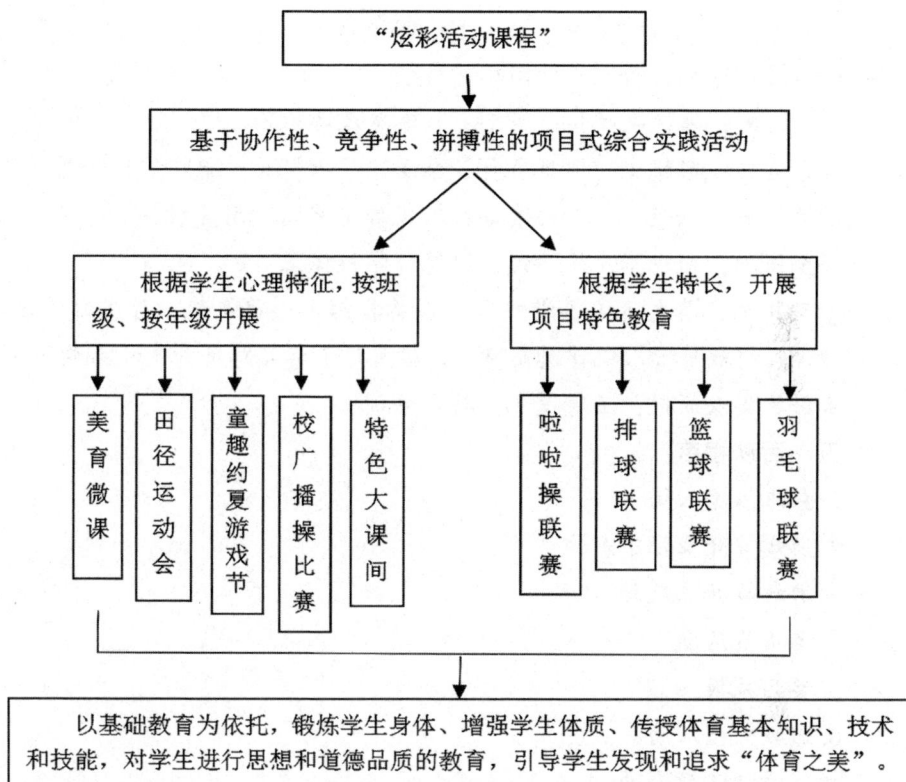

3. 活动案例

童心灿烂美育四季文化节之"童趣约夏"

"科娃大作战"游戏节活动方案

为践行学校"儿童第一"教育思想，满足儿童"好玩"天性，使学生们开心快乐，懂得生命在于运动，阳光心态是健身之本，科学地开展丰富多彩的健身娱乐活动。通过活动，培养学生的团队意识、竞争意识、合作交流能力和创造能力。学校将开展"科娃大作战"游戏节活动，全校学生与老师一起度过一个有趣有味、有文化有艺术的节日。具体活动方案如下：

一、活动主题："科娃大作战"

二、活动时间：2017 年 4 月 28 日全天

三、活动地点：学校运动场（一、二年级）

　　　　　　　　教学楼空地（三、四年级）

四、活动策划：科大实验附小德育处

总　策　划：寇忠泉　　执行策划：杨琳玲及各班班主任

背景宣传：彭雅玺　　项目负责：蔡龙飞、曾凯旋、曾庆红、周静

活动摄影：陈夜　　　活动准备：廖凤琼（奖品、用具材料）

安全保障：刘晓军、徐才茂、游览、学校保卫

活动指挥：蔡龙飞（各游戏负责人总指挥）；曾凯旋、曾庆红（活动人事协调、游戏负责人纪律总负责）；廖凤琼（奖品总负责、礼品购买）；

资料收集及简报：王海莲（主持人培训）

五、活动程序：

1. 分班依次入场

2. 游戏节开幕拉丁表演

3. 游戏节开幕致辞

4. 游戏节活动

5. 奖品兑换

6. 班级大型活动

六、活动注意事项：

1. 各班班主任，负责带领本班学生有序的进入活动场地参加游戏活动；告知学生维持活动现场秩序，爱护活动道具，遵守活动规则；同时让学生注意安全地参加各项游戏活动，保证让每一个学生能在安全、文明的环境里感受节日的快乐气氛。

2. 所有活动对象面向全校班级开放，各班必须以班级为单位，全部完成一项游戏后，再进行下一项游戏，班主任需提前让学生知悉，以便更好地参加各项活动。

3. 每个学生收集的游戏过关印章，由本人持集印卡到活动指定兑奖处领取对应奖品。（根据印章数量兑换相应等级奖品）

游戏超人：（一等奖）　　　游戏达人：（二等奖）

游戏能人：（三等奖）　　　游戏新人：（鼓励奖）

9个（13个）印章以上即为一等奖，兑换足球一个。7—8个（10—12个）印章为二等奖，兑换跳绳一副；4—6个（6—9）印章三等奖为三等奖，兑换沙包一个；满足3个（5个）印章为鼓励奖，兑换铅笔一支。兑换活动待游戏节活动全部结束后，持集印卡到兑换处领取，中途一律不予理睬。

4. 如果对游戏存在疑问，请与蔡龙飞联系。

5. 本次游戏所有负责人为学校非班主任老师和家长志愿，如有不当敬请谅解，有疑问请联系德育处杨琳玲。志愿者分配：一年级每班4名家长志愿者；二年级每班2名家长志愿者；三年级每班2名家长志愿者；四年级每班3名家长志愿者。

6. 奖品兑奖处：体育保管室（待定）　　　兑奖负责人：廖凤琼

七、活动内容（游戏总计25个，三、四年级个别重复）

一、二年级游戏规则

一、萝卜蹲　主裁：胡功敏　　一（1）班2名家长志愿者

1. 活动目的：考验参赛者的反应能力，活跃现场气氛。

2. 活动时间：15分钟。

3. 需要人数：8人。

4. 供选颜色：红、橙、黄、绿、青、蓝、紫、黑、白。

5. 具体操作：

（1）8位参赛者每人选择一种颜色，代表一种萝卜颜色；

（2）主持人指定一人开始，被指定的人说："××蹲，××蹲，××蹲完，××蹲。"（例：红萝卜蹲，红萝卜蹲，红萝卜蹲完黄萝卜蹲）；

（3）被叫到的那个颜色的萝卜，蹲下重复指令，以此循环；

（4）节奏要一样，口令不能出错，否则淘汰，最后留在场上的3名选手胜出，或者3分钟内都过关。

二、做鬼脸　　主裁：罗竟慧兰　　一（2）班2名家长志愿者

项目简述：在不用手的情况下，使置于额头上的饼干掉下来。

游戏规则：

1. 在不用手的情况下，但靠面部表情或扭头动作使得物品掉落。

2. 分组进行，不要同时进行，这样其他组员就可以"欣赏"游戏中组员的鬼脸了。

布控要点：

1. 拍照或视频记录，这将学员最开心的回忆之一。

2. 严格执行"不用手"的规定，不能时严时松。

所需物品：圆形或方形小饼干（如果使用一元硬币，由于它较大较重，容易掉落，这样会降低项目的难度和趣味性）。也可使用其他可食用的物品，如薯片，红枣，花生甚至瓜子，东西越小，难度越大。

三、传呼啦圈　　主裁：张文婷　　一（3）班2名家长志愿者

道具：呼啦圈。

参与人员安排：10人一组，最少2组即可开始。

游戏规则：手拉手围成一个封闭的圆圈，在其中一人手臂上套上一个呼啦圈，在不许用手的情况下，把呼啦圈穿过每个人的身体，最先完成的一组胜出。

四、趣打保龄球（孩子）　　主裁：曾莉　　一（4）班2名家长志愿者

准备材料：饮料瓶15个，足球一个。

游戏规则：装水分5组，排列1，2，3，4，5。以跑道为辊道，瓶子上表上不同分值，打到的瓶子分值累计即为得分，3名同学为一组，每人打一次，累计得分超过××分即为胜利。

五、袋鼠跳　　主裁：王巧兴　　一（5）班2名家长志愿者

道具：袋鼠袋12个。

游戏规则：6人即可开始比赛。孩子穿起袋鼠带跳过终点，先到者即为胜利。

六、彩砖过河　　主裁：张乐琼　　一（6）班2名家长志愿者

道具：彩砖若干块。

游戏规则：5—6人，即可开始比赛，由起点出发，三块彩砖交替，孩子只能站在彩砖上向前移动。掉落者及判定为失败，率先到达终点者获胜。

七、吹乒乓球　　主裁：刘乾勇　　一（7）班2名家长志愿者

1. 游戏介绍

连续五个杯子，排成一排，杯中装满水，参赛选手依次将乒乓球吹至下一个杯子中，直至将球吹至最后一个空杯子中，最先完成的获胜。

2. 游戏规则

（1）参加人员：每次5人为一组。

（2）连续五个杯子，排成一排，杯中装满水，参赛选手依次将乒乓球吹至下一个杯子中，直至将球吹至最后一个空杯子中，最先完成的获胜，完成比赛即可获得盖章。

所需工具：塑料杯、乒乓球5个。

八、蛇战　　主裁：陈正阳　　二（1）班2名家长志愿者

目的：发展灵敏素质。

准备：根据学生的人数，平均分成几个组，使每组在5—10人之间。

方法：每组站成一排，后面的人抱住前面人的腰组成一个整体。

游戏开始的命令下达后，各组之间相互混战，如有一组排头抓到另一组蛇尾时，被抓到的一组立刻淘汰出局。最后，没有被抓到尾巴的一组，即是优胜者。

规则：被抓尾巴时，则淘汰出局。蛇腰脱节时，排头抓到另一组排尾无效。

九、趣味赛跑——识字认球　　主裁：陈绩艳　　二（2）班2名家长志愿者

人数：每班5人（孩子）男女不限。

竞赛形式：比成绩。

准备：篮球、足球、羽毛球、铅笔、橡皮、冲刺线。

比赛规则：30米赛跑，中间设立抽签取物环节，然后拿着物品跑到终点，取前三名。物品与抽签不相符，取消比赛成绩。注意安全。

十、赶小猪　　主裁：任晓玲　　二（3）班2名家长志愿者

人数：6人即可开始比赛。

竞赛形式：接力。

准备：10 个羽毛球拍，5 个篮球。

比赛规则：孩子拿着羽毛球拍把皮球从起点赶到终点，确保球在规定路线中前进。以先完成的为胜。

十一、名称：挑战自我——障碍赛　主裁：熊琴　二（4）班 2 名家长志愿者

人数：6 人，男女不限。

竞赛形式：比时间。

准备：标志物、跳绳、篮球。

比赛规则：依次穿越障碍，跳绳 10 次、拍 5 次篮球跑过终点、绕 3 圈标志物，跑向终点，优先完成即为胜利。

十二、割麦子　主裁：游览　三（1）班 2 名家长志愿者

人数：6 人一组，男女不限。

竞赛形式：比时间。

准备：装水矿泉水瓶 15 瓶，板羽球拍五个。

比赛规则：依手握"镰刀"（板羽球拍），跑到"麦子"（水瓶）处，将水瓶拿起用镰刀在下面割一下，然后放倒，依次进行，最后跑向终点，优先完成即为胜利。

十三、坐地起身　主裁：徐才茂　三（2）班 2 名家长志愿者

人数：5 人一组，男女不限。

竞赛形式：能否成功起身。

比赛规则：五人一组，围成圈，背对背坐在地上。然后，五人手牵手，一起站起来。

十四、螃蟹运球　主裁：曾凯旋　三（3）班 2 名家长志愿者

人数：10 人一组，男女不限。

竞赛形式：名次前三。

比赛规则：两个同学一组背对背运篮球，完成十米往返，且篮球不能落地，获得前三名的组过关获胜，每局筹够五组就开始游戏。

准备：凳子 2 个、篮球 5 个、标志桶 5 个、黄胶带一卷。

十五、小青蛙跳荷叶　主裁：蒋海洋　三（4）班2名家长志愿者

人数：5人一组，男女不限。

竞赛形式：名次第一。

比赛规则：五人为一组，采用双脚起跳双脚落地的方法连续完成10米的跳荷叶，每一跳必须跳在荷叶上，否则就是为犯规，第一名到达终点的获胜，每组凑满5人即可开始。

准备：凳子3个、呼啦圈或者铁环40个、标志桶10个、黄胶带一卷、笔3支、纸9张、印章2个。

三、四年级游戏规则

一、你做我猜　主裁：雷静　四（1）班2名志愿者

准备：写有日常生活常见物品的拼音卡片。

游戏规则：每轮游戏三个家庭同时进行，面对面站好。游戏开始，孩子看卡片表演，家长背对卡片猜词语，每轮1分钟，哪一组猜对的卡片最多哪一组获胜。

注意事项：

1. 当观众的小朋友要保持安静，不能提醒自己组的小朋友。

2. 孩子只能用动作、语言表现，不能将答案的字直接讲出来。

二、珠行万里　主裁：巫姝　四（2）班2名家长志愿者

道具：U型槽5副，小球5个，杯子5个。

游戏规则：所有人排成一列，每个队员手拿一个U型槽，将小球连续传到下一人槽内，并迅速排到队伍末端，继续传送前方队员传来的球，直到到达目的地小杯子内为止。

要求：队员禁止移动，孩子传送小球，率先达到终点即为胜利，任意获得胜利即可获得奖章。

三、衔纸杯传水　主裁：李潇　一（1）班2名家长志愿者

器材准备：纸杯若干。

游戏规则：5名家长一组，共选10名同志，分二组同时进行比赛。另有二名人员辅助第一名人员倒水至用嘴衔住的纸杯内，再一个个传递至下一个人的纸杯内，最后一人的纸杯内的水倒入一个小缸内，最后在限定的五分钟内，看谁的缸内的水最多，谁就获胜。

四、传呼啦圈　主裁：唐谦　一（2）班2名家长志愿者

道具：呼啦圈。

参与人员安排：10人一组，最少2组即可开始。

游戏规则：手拉手围成一个封闭的圆圈，在其中一人手臂上套上一个呼啦圈，在不许用手的情况下，把呼啦圈穿过每个人的身体，最先完成的一组胜出。

五、趣打保龄球　主裁：周静　一（3）班2名家长志愿者

准备材料：饮料瓶15个，足球一个。

游戏规则：装水分5组，排列1，2，3，4，5。以跑道为辊道，瓶子上表上不同分值，打到的瓶子分值累计即为得分，3名同学为一组，每人打一次，累计得分超过××分即为胜利。

六、有轨电车　主裁：白玉　一（4）班2名家长志愿者

道具：电车器材5副。

游戏规则：每组6名孩子，男女不限，3组以上即可开始。规定轨道内，率先达到终点即为胜利。

要求：工作人员时刻强调安全细则，场内家长比赛一次，孩子比赛一次，任意获得胜利即可获得奖章。

七、袋鼠跳　主裁：陈建琼　一（5）班2名家长志愿者

道具：袋鼠袋6个。

游戏规则：6人即可开始比赛。孩子穿起袋鼠带跳过终点，先到者即为胜利。

八、彩砖过河　主裁：陈夜　一（6）班2名家长志愿者

道具：彩砖若干块。

游戏规则：5—6人，即可开始比赛，由起点出发，三块彩砖交替，孩子只能站在彩砖上向前移动。掉落者及判定为失败，率先到达终点者获胜。

九、吹乒乓球　主裁：狄雯雯　一（7）班2名家长志愿者

游戏介绍：

连续五个杯子，排成一排，杯中装满水，参赛选手依次将乒乓球吹至下一个杯子中，直至将球吹至最后一个空杯子中，最先完成的获胜。

游戏规则：

1. 参加人员：每次5人为一组。

2. 连续五个杯子，排成一排，杯中装满水，参赛选手依次将乒乓球吹至下一个杯子中，直至将球吹至最后一个空杯子中，最先完成的获胜，完成比赛即可获得盖章。

所需工具：塑料杯、乒乓球5个。

十、蛇战　主裁：曾庆红　四（1）、四（2）班各1名家长志愿者

目的：发展灵敏素质。

准备：根据学生的人数，平均分成几个组，使每组在5—10人之间。

方法：每组站成一排，后面的人抱住前面人的腰组成一个整体。

游戏开始的命令下达后，各组之间相互混战，如有一组排头抓到另一组蛇尾时，被抓到的一组立刻淘汰出局。最后，没有被抓到尾巴的一组，即是优胜者。

规则：被抓尾巴时，则淘汰出局。蛇腰脱节时，排头抓到另一组排尾无效。

大型对抗赛

一、拔河比赛（大型活动年级对抗）

道具：拔河绳一个。

游戏规则：每个年级选取16人，男8名，女8名。与教师共组成4只队伍，抽签对抗，淘汰制，共进行两轮，评出一等奖1名，二等奖1名，三等奖2名。

二、迎面接力（大型活动年级对抗）

奖品兑换方法

9个（13个）印章以上即为一等奖，兑换足球一个。7—8个（10—12个）印章为二等奖，兑换跳绳一副；4—6个（6—9）印章三等奖为三等奖，兑换沙包一个；满足3个（5个）印章为鼓励奖，兑换铅笔一支。兑换活动待游戏节活动全部结束后，持集印卡到兑换处领取，中途一律不予理睬。

（四）生肖社团课程

我校的"生肖联盟社团"是基于我国的传统文化十二生肖并结合我校体育社团的开展特点而命名，将十二生肖中动物的活泼灵动与体育项目特点相结合，解放孩子们的天性，来凸显符合我校体育教育"纯美教育"的办学思想。包括：公牛篮球社团、龙腾足球社团、巧虎排球社团、战马田径社团、蓝兔羽毛球社团、金丝猴乒乓球社团、美羊羊啦啦操社团。该社团活动在遵循学生身心发展规律的基础上，以丰富的社团活动形式和身体练习为手段，达到育体育人的目的。

1. 课程目标：

（1）通过学习运动项目的理论知识，学生掌握该项运动的基本规则，能在规则的约束下安全、有序、遵守规则的参与社团的体育锻炼。

（2）本课程有丰富多彩的体育社团活动，学生选择适合并且感兴趣的体育项目，由专业的体育教师带队进行课程学习与锻炼，学生在乐中学、乐中练，通过社团体育锻炼，学生掌握了体育锻炼技能，增强体质，形成终身体育锻炼的习惯。

（3）提高心理健康水平。通过本课程的学习，学生将在和谐、平等、有爱的运动环境中感受到集体的温暖和情感的愉悦；在经历挫折和克服困难的过程中，提高抗挫能力和情绪调节能力，培养坚强的意志品质，在不断体验进步和成功的过程中，增强自尊心和自信心，培养创新精神和创新能力，形成积极向上、乐观开朗的生活态度。

（4）增强社会适应能力。通过本课程的学习，学生将理解个人健康与群体健康的密切关系，建立起对自我、群体和社会的责任感；形成现代社会所必需的合作与竞争意识，学会尊重和关心他人，培养良好的体育道德和集体主义、社会主义、爱国主义精神，学会获取现代社会中体育与健康和知识的方法。

2. 课程框架：

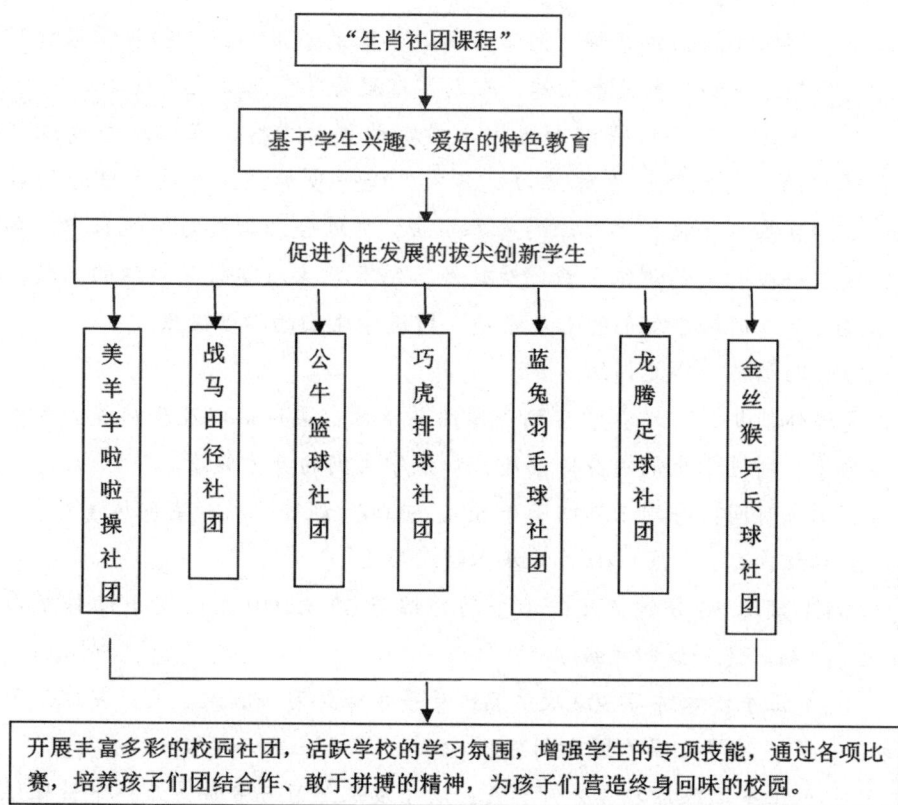

3. 课程案例

金丝猴乒乓球社团训练计划

一、训练目标

1. 在专项训练上，加强学生学习打乒乓球的基本动作，随时纠正学生们的握拍方法。

2.进一步加深训练，让学生初步掌握打乒乓球的基本步法，并且能够在训练当中结合上。

3.培养学生四肢的协调性、灵活性，增进学生的四肢力量，加强学生的身体素质。

4.培养学生的四肢力量，加强学生的身体素质。

二、训练内容

1.一到四年级初步掌握、简单了解乒乓球的基本知识。初步掌握打乒乓球的握拍方法和基本技术动作，在新学期里将学会正、反手攻球。

2.五年级、六年级将继续巩固上学期的训练内容，正、反手攻球训练、简单的对打训练、发球练习。其次，进一步加强正、反手攻球的训练，让学生基本掌握打乒乓球的基本步法，并结合到训练与实践当中。再次，通过一段时间的训练，教学生比赛，培养学生对学打乒乓球的兴趣，也通过比赛，锻炼学生们的心理素质，增进学生们的心理健康。

3.辅助训练（体能训练）

通过体能训练，培养学生们身体的灵活性、柔韧性以及反应能力和平衡能力等，增进学生们的身体素质，加强学生们的身体健康。

4.训练时间：每周三周四下午5:00—6:00。训练地点：室内体育馆。

5.训练内容：9月—10月（基本功练习）

（1）颠球10分钟／天；正手动作练习50次／10组；反手动作练习50次／10组。（一到四年级）

（2）正手攻球练习300次／天；反手攻球练习300次／天；发球练习5分钟／天；练习比赛（擂台制2胜／3局）。（五、六年级）

（3）正手攻球练习5分钟／天；反手攻球练习5分钟／天；下旋球练习10分钟／天；练习比赛（擂台制2胜／3局）。（五、六年级）

6.10月—11月：（优秀队员选拔）

（1）正手动作练习50次／10组；反手动作练习50次／10组；正手发球练习5分钟／天；并步步法练习5分钟／天。（一到四年级）

（2）正手攻球练习300次／天；反手攻球练习300次／天；发球练习5分钟／天；练习比赛（循环制2胜／3局）。（五、六年级）

（3）正手攻球练习5分钟／天；反手攻球练习5分钟／天；下旋球练

习 10 分钟 / 天；多种步法练习 10 分钟 / 天。（五、六年级）

7. 12 月—1 月

（1）阶段性比赛及评价。（分组循环制 2 胜 /3 局）

（2）训练总结。（总结本学期各个队员训练情况并提出假期训练要求与目标）

8. 高年级（四、五年级）

单球训练计划

（1）正手位 / 侧身位直、斜线攻球

要求：动作完整、协调，练习在近台，中台的控制球能力控制回球落点。

熟练掌握动作要领后，可在 1/2 台范围内进行 2 定点或不定点的练习。

（2）直拍反手推挡 / 横板反手攻球

要求：动作完整、协调，熟练控制回球的路线、力量。

（3）左推右攻

要求：正、反手动作结合自如，步法移动迅速、准确熟练控制回球路线。

（4）正手位 / 反手位连续拉弧圈球（高吊弧圈球或前冲弧圈球）

要求：拉弧圈球动作协调，出手速度较快，爆发力较强，旋转质量较高掌握在不同时期（上升期，高点，下降期）拉弧圈球的要领注意击球点，步法移动迅速、准确。

（5）正、反手搓球

要求：动作完整、协调，控制回球的落点、旋转的变化注意长短结合，转与不转结合。

（6）搓中侧身突击 / 拉弧圈球

要求：突击动作速度快，爆发力较强，具有一定的击球质量拉弧圈球动作协调，出手速度较快，爆发力较强，旋转质量较高练习起板后连续击球的能力横板选手应注意练习反手起板（拉 / 打弧圈球）。

（7）比赛

要求：在实战中熟练掌握各种技术突出个人打法风格、特点也可进行发球抢攻／接发球抢攻等专项性比赛。

注：均为常规训练。

9.多球训练计划

（1）正手位／侧身位正手攻球

要求：在1/2台范围内，1定点，2定点或不定点，全台不定点的练习。

动作完整，协调，步伐移动迅速。熟练掌握控球能力注意回球路线变化。

（2）直板反手推挡／横板反手快拨

要求：动作完整，迅速，协调，熟练掌握控球能力注意回球路线变化。

（3）连续性反手推挡，正手攻球（左推右攻）

要求：正、反手动作结合自如，步法移动迅速、准确，熟练掌握控球能力注意回球路线变化。

（4）推挡（反面拨／反手拨）、侧身攻、扑正手（推、侧、扑）

要求：各动作结合自如，步法移动迅速、准确，熟练掌握控球能力注意回球路线变化。

（5）正手位／侧身位正手拉球

要求：在1/2台范围内，1定点，2定点或不定点，全台不定点的练习。

动作完整、协调，步伐移动迅速熟练掌握控球能力注意回球路线变化。

（6）正手位／侧身位正手突击下旋球

要求：在1/2台范围内，1定点，2定点或不定点，全台不定点的练习动作完整、协调，步伐移动迅速熟练掌握控球能力注意回球路线变化。

（7）反手位搓下旋球

要求：动作完整、协调，控制回球的落点、旋转的变化，注意长短结合，转与不转结合。

（8）反手拉球

要求：熟练掌握动作要领动作完整、协调，步伐移动迅速，熟练掌握控球能力。

（9）正手位 / 侧身位正手中远台拉弧圈球

要求：熟练掌握动作要领，动作完整、协调，步伐移动迅速，熟练掌握拉弧圈球的能力注意回球路线变化。

（10）反手搓、侧身拉 / 侧身攻、扑正手

要求：各动作结合自如，步法移动迅速、准确，熟练掌握控球能力注意回球路线变化。

（11）正手挑 / 正手搓、反手攻 / 侧身拉 / 侧身突击、正手攻球

要求：各动作结合自如，步法移动迅速、准确，熟练掌握控球能力注意回球路线变化。

（12）正反手快摆

要求：动作完整、协调，熟练掌握控球能力注意回球路线变化。

（13）直板反手推挤 / 反手推下旋

要求：动作完整、协调，熟练掌握控球能力注意回球路线变化。

（14）正反手攻打弧圈球 / 快带弧圈球

要求：熟练掌握动作要领，动作完整、协调，熟练掌握回接弧圈球的能力并且运用灵活、准确注意回球路线变化。

（15）正手反拉弧圈球

要求：熟练掌握动作要领，动作完整、协调，熟练掌握回接弧圈球的能力，并且运用灵活、准确，做出相应正确的动作，击球落点正确。

（16）正反手近台挑球。

要求：熟练掌握动作要领，动作完整、协调。

（17）发球抢攻

要求：熟练掌握各个动作要领，动作完整、协调各动作结合自如，步法移动迅速、准确熟练掌握控球能力注意回球路线变化。

（18）接发球抢攻

要求：熟练掌握各个动作要领，动作完整、协调各动作结合自如，步法移动迅速、准确．熟练掌握控球能力注意回球路线变化。

（19）发球

要求：熟练掌握多种发球方式，运用灵活。

注：1—11，17—19为常规训练计划；12—16为专项训练计划。

10. 步伐训练

（1）侧跳步

要领：向左侧跳的时候，蹬地脚是右脚，向右侧跳的时候，蹬地脚是左脚，侧跳的时候，步幅要稍大一些。

（2）侧滑步

要领：侧滑步比侧跳步的步幅要小一些，并步跳的方向不仅可以向左向右，还可以向斜前方，斜后方。

（3）交叉步

要领：向左前交叉时，右脚在左脚前横跨一步，后交叉时，右脚在左脚后横跨一步，髋部要随步伐灵活转动。

（4）碎滑步

要领：碎滑步的步幅要小，跟进要快，身体重心保持平稳，起伏不大，可以向左向右，斜前方，斜后方滑动。

（5）并步

要领：来球落点远侧方的脚先向近侧方的脚靠一步，来球落点近侧方的脚随即再向来球落点方向迈出一步。这种步伐活动范围不大，移动时身

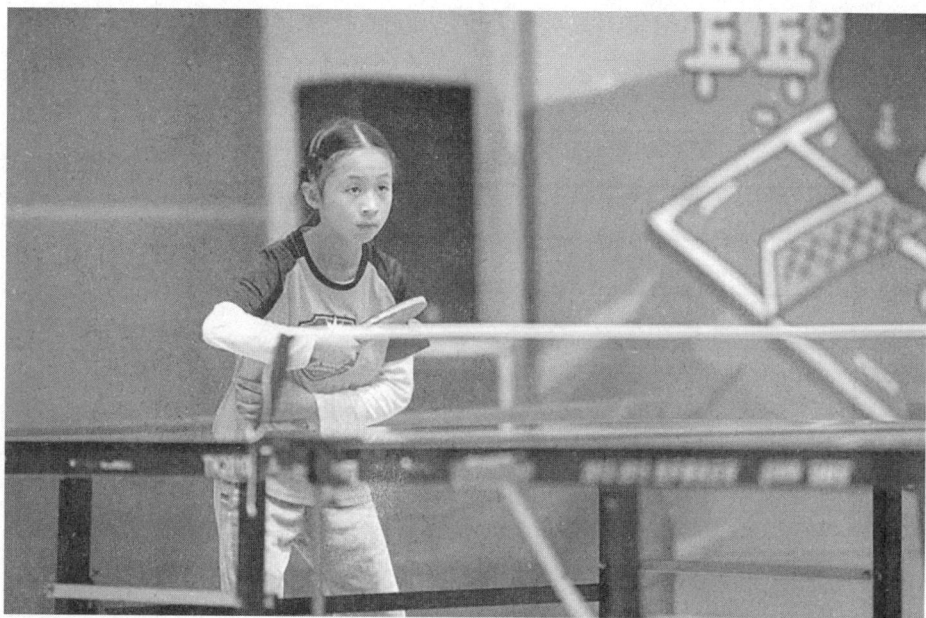

体重心平稳，是削攻型打法的常用步伐。

（6）滑步

要领：以来球落点近侧方的脚用力蹬地，两脚几乎同时离地，向来球落点方向移动，来球落点远侧方的脚先着地，另一脚跟着落地，这种步伐的活动范围较大，一般在来球离身体较远时使用。

第三节　以美健体成果展现

在"纯美教育"的办学思想下，我校积极培养学生各方面兴趣爱好，丰富学生积极向上、勤学多思的精神，提升学生的核心素养。体育方面，自 2016 年起，在"悦美体育"课程体系影响下，我校参加体育俱乐部、社团人数逐年递增，家长们不再担心课余训练会耽误学习，非常支持孩子们选择自己喜爱的运动，训练质量大大提高，足球、篮球、乒乓球、啦啦操等特色项目在区级、市级的各项比赛中成绩斐然；另一方面，孩子们兴趣提升的同时，身体素质也越来越棒了，在 2017 至 2019 年国家体质健康测试数据对比中发现，获得优秀及良好的人数稳步上升，2019 年的优良率更是超过65%，我们相信，只要孩子们从心底里爱上运动，才能真正养成终身体育的能力。

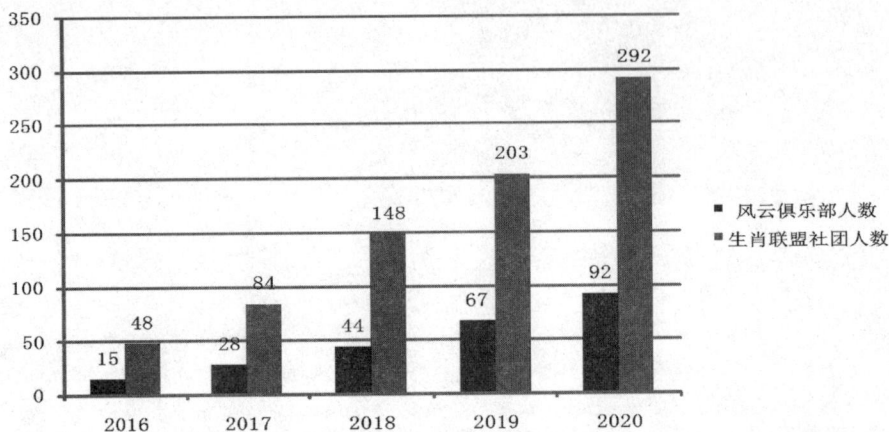

2017体质健康标准

参加测试总人数	及格率	测试优良人数	测试优良率
684	100%	392	57.30%

2018体质健康标准

参加测试总人数	及格率	测试优良人数	测试优良率
1119	96.06%	659	58.8%

2019年体质健康测试

参加测试总人数	及格率	测试优良人数	测试优良率
1585	99.43%	1059	66.81%

一、教师成果

教师获奖统计

获奖名称	获奖等级	获奖时间	姓名
高新区校园足球联赛教师组"冠军"	一等奖	2019.9	团体
高新区校园足球联赛教师组"亚军"	一等奖	2020.11	团体
成都市高新区教师篮球公开赛"冠军"	一等奖	2019.9	团体

获奖名称	获奖等级	获奖时间	姓名
成都高新区教师篮球公开赛"亚军"	一等奖	2020.10	团体
成都市高新区首届体育教师运动会	一等奖	2019.10	团体
成都市高新区体育教师专业技能大赛	一等奖	2020.10	团体
成都市高新区西区杯排球比赛"冠军"	一等奖	2017.5	团体
成都市高新区西区杯排球比赛"亚军"	一等奖	2018.6	团体
成都市高新区西区杯排球比赛"冠军"	一等奖	2019.7	团体
成都市高新区西区杯排球比赛"冠军"	一等奖	2020.4	团体
学校教师朗诵比赛	一等奖	2020.12	团体
青年教师体育赛课大比武荣获现场课	一等奖	2015.06	蔡龙飞
科大实验附小青年教师赛课	一等奖	2017.05	蔡龙飞
成都高新区一师一优课活动中示范课	一等奖	2018.01	蔡龙飞
成都高新区"悦动创生"第五届赛课	一等奖	2018.05	蔡龙飞
第七届成都市体育教师专业技能大赛	一等奖	2019.02	蔡龙飞
高新区体育与健康论文评比活动	一等奖	2019.03	蔡龙飞
成都高新区"悦动创生"第六届赛课	一等奖	2019.05	蔡龙飞
第八届成都市体育教师专业技能大赛	一等奖	2019.12	蔡龙飞
新冠肺炎疫情防控学生体育锻炼教学设计	一等奖	2020.6	蔡龙飞
第八届成都市体育教师专业技能大赛（教材教学解析）	一等奖	2019.12	蔡龙飞
高新区青年教师大比武体育赛课活动	二等奖	2016.6	曾凯旋
高新西区学区杯校园足球联赛	最佳教练	2016.5	曾凯旋
高新西区学区杯校园足球联赛	最佳教练	2017.5	曾凯旋
高新第十三届中小学生运动会	优秀裁判员	2017.10	曾凯旋
高新西区学区杯校园足球联赛	最佳教练	2018.5	曾凯旋
高新区校园足球联赛教师组	最佳球员	2019.11	曾凯旋
成都市高新区首届体育教师运动会跳远	第三名	2019.10	袁雪梅
新教师入职培训指导	指导教师	2020.10	王鹏
美育儿童青年教师展评	二等奖	2020.7	王鹏
成都市高新区优秀班集体	指导教师	2020.7	王鹏
疫情期间学生体育锻炼教学设计	一等奖	2020.3	王鹏

续上表

获奖名称	获奖等级	获奖时间	姓名
高新区体育教师运动会	跳远第6名	2019.10	王鹏
美育儿童青年教师展评	一等奖	2018.11	王鹏
高新区小学生篮球公开赛	优秀教练	2019.11	王鹏
新教师入职培训指导	一等奖	2020.8	左川云
美育儿童青年教师展评	二等奖	2020.7	左川云
疫情期间学生体育锻炼教学设计	一等奖	2020.3	左川云
高新区体育教师运动会1500米	第一名	2019.10	左川云
美育儿童青年教师展评	一等奖	2018.11	左川云
高新区中小学生游泳锦标赛	优秀教练	2019.11	左川云
高新区优秀青年教师	优秀教师	2020.06	周静
"纯美课堂"青年教师展评	一等奖	2020.10	周静
高新区足球啦啦操比赛	优秀教练员	2020.10	周静
全国啦啦操精英赛	优秀教练员	2020.10	周静
体育与健康论文评选	一等奖	2020.10	周静
成都市高新区体育教师专业技能大赛	二等奖	2020.10	周岳
高新区青少年乒乓球锦标赛	优秀教练员	2020.10	周岳
青年教师展评活动	二等奖	2020.7	唐工清
校园影视教育成果展示交流活动	三等奖	2020.9	唐工清
高新区小学生篮球争霸赛	优秀教练员	2019.11	唐工清
高新区教师运动会跳高项目	第一名	2019.10	唐工清

二、学生成果

学生获奖统计

获奖名称	获奖等级	获奖时间
高新区足球联赛	区一等奖	2016.1
"运动成都·活力高新"2017年成都高新区校园足球啦啦操比赛	区一等奖	2017.09
成都市校园健美操、啦啦操、排舞、街舞总决赛	市一等奖	2017.10
成都高新区第十三届中小学运动会	区三等奖	2017.10
高新区足球联赛	区二等奖	2017.10

获奖名称	获奖等级	获奖时间
高新区青少年乒乓球锦标赛	区一等奖	2017.05
成都市校园健美操、啦啦操、排舞、街舞总决赛	市一等奖	2018.05
高新区中小学生羽毛球比赛	区二等奖	2018.05
成都高新区第十四届中小学运动会	区二等奖	2018.10
成都高新区中小学生篮球锦标赛	区一等奖	2018.11
高新区足球联赛	区一等奖	2018.11
高新区青少年乒乓球锦标赛	区二等奖	2018.05
成都市校园健美操、啦啦操、排舞、街舞总决赛	市一等奖	2019.05
2019年"高新学子活力成长"田径赛事	一等奖	2019.10
高新区中小学生羽毛球比赛	二等奖	2019.05
成都市高新区篮球协会第二届小篮球争霸赛	一等奖	2019.03
高新西区学区杯	小学丁组亚军	2019.05
高新西区学区杯	小学丙组冠军	2019.05
高新区足球联赛	二等奖	2019.10
高新区青少年乒乓球锦标赛	一等奖	2019.05
羽毛球比赛	二等奖	2020.9
2020年中国（成都）少儿啦啦操精英赛	第三名	2020.11
成都高新区校园足球啦啦操比赛	一等奖	2020.10
成都高新区中小学生排球锦标赛	第四名	2020.10
成都高新区中小学生排球锦标赛	第六名	2020.10
成都高新区中小学生篮球锦标赛	第一名	2020.11
成都高新区校园足球比赛	亚军	2020.11
成都市高新区青少年乒乓球锦标赛	第一名	2020.1
成都市高新区青少年乒乓球锦标赛	第二名	2020.1
成都市高新区青少年乒乓球锦标赛	第三名	2020.1

第四章　以美促劳

　　"以美促劳"的"美"是创造之美，重在勤的培育。马克思在《1844

年经济学哲学手稿》中提出了"劳动创造了美"这一命题，他认为劳动创造了人的审美器官与审美感觉，不断丰富与提高人的审美情感与审美能力，这与我校"以美育美"的办学特色不谋而合。以美促劳，恰恰是新时代背景下劳动教育的新路径，是对党和国家劳动教育要求的回应，是践行社会主义核心价值观的策略，是落地中国学生核心素养（主要是审美情趣和人文素养）的方法。

一、以美促劳的理念

新时代背景下，国家从不同层面强调了培养学生劳动意识、能力和习惯的重要性。2018 年 9 月 10 日，习近平总书记在全国教育大会上发表重要讲话，强调要培养德智体美劳全面发展的社会主义建设者和接班人，并对德智体美劳教育的内容提出了明确要求，强调要在学生中弘扬劳动精神，教育引导学生树立正确的劳动观念，培养学生养成良好的劳动习惯，能够切实参加各项劳动教育活动。2020 年 3 月 20 日中共中央国务院发布《关于全面加强新时代大中小学劳动教育的意见》中指出，要注重围绕丰富职业体验，开展服务性劳动，参加生产劳动，使学生熟练掌握一定劳动技能，理解劳动创造价值，具有劳动自立意识和主动服务他人、服务社会的情怀。《中国学生核心素养》主要包含学会学习、健康生活、责任担当、实践创新、人文底蕴和科学精神六点，在实践创新这一点中，核心素养特别强调了对学生劳动意识的培养，重点是：尊重劳动，具有积极的劳动态度和良好的劳动习惯；具有动手操作能力，掌握一定的劳动技能；在主动参加的家务劳动、生产劳动、公益活动和社会实践中，具有改进和创新劳动方式、提高劳动效率的意识；具有通过诚实合法劳动创造成功生活的意识和行动等。

我校在纯美教育思想引领下提出了五育并举的五大学生素养——艺（审美素养）、善（道德品质）、慧（知识能力）、健（体质健康）、勤（实践技能）。其中的"勤（实践技能）"涵盖了我校的劳动教育素养，它意指培养学生"勤劳"的品德和"勤俭"的习惯。纯美教育要引导学生充分认识劳动对于人、对于人的生活的重要性。小学的劳动教育，要引导学生通过参与基本的、力所能及的劳动，学习劳动知识、劳动技能，体验劳动的乐趣，在劳动中学会珍惜劳动成果，体验劳动成果带来的欢愉，体验劳动的创造之美；要通过观察家庭、工厂、农村，体验父母、劳动者的劳动艰辛，认识劳动能改变生活，体验劳动创造的伟大，从而尊重劳动、尊重劳动者。

我校高质量美育劳动教育的开展，主要围绕日常生活劳动、生产劳动和服务性劳动这三种劳动形式进行，让学生在动手实践中认识到劳动的意义，养成积极劳动的态度，能自觉增强劳动意识，获得劳动技能，实现"劳心"和"劳力"相结合，形成劳动素养。因此，我校提出了以"勤俭、勤劳"为核心，分年段设置的以美促劳课程育人目标。

年段 育人目标		低段	中段	高段
"START勤俭促劳，向美出发"课程目标	勤俭	在学校里能顿顿光盘，在家能节粮节水节电，低碳环保生活。	不与同学攀比吃喝穿戴，以勤俭节约为美德。	有勤俭的品德和习惯，不铺张不浪费，珍惜地球资源。
	勤劳	1.在劳动实践中学会学习，实现以劳增智。 2.有基本的生活自理和自我服务能力，实现自己的事情自己做。 3.在班级服务他人，养成集体的事情争着做的意识。	1.尊重广大劳动者，有良好的劳动观念，明白勤劳是"创造之源、财富之母、进步之路、道德之本"的哲理。 2.有服务家人的意识，实现家里的事情帮着做。 3.能积极参与学校劳动实践基地"少年农学院"的劳作，实现以劳健体。	1.热爱劳动，能主动参与班级学校的各项劳动，有良好的劳动习惯。 2.通过科学技术劳动学习科学技术原理，埋下创新的种子，实现以劳创新。 3.积极参与校内和校外的各项传统传承类实践活动，实现以劳益美。

二、以美促劳的内容

劳动与我们的日常生活息息相关，它无处不在，丰富着我们的生活经验，也改造着我们的生活环境。因此，我校以日常生活劳动、生产劳动和服务性劳动这三种劳动形式为主，开发了"START 勤俭促劳，向美出发"劳动教育课程。START 每个字母代表一类活动：S（Service）即社会服务活动、T（Tradition）即传统传承活动、A（Agriculture）即现代农业活动、R（Responsibility）即生活责任活动、T（Technology）即科学技术活动。让学生初步学会基本的劳动技能，逐步形成正确的劳动观念，养成良好的劳动习惯，懂得辛勤劳动、诚实劳动和创造性劳动。

（一）以美促劳课程内容框架

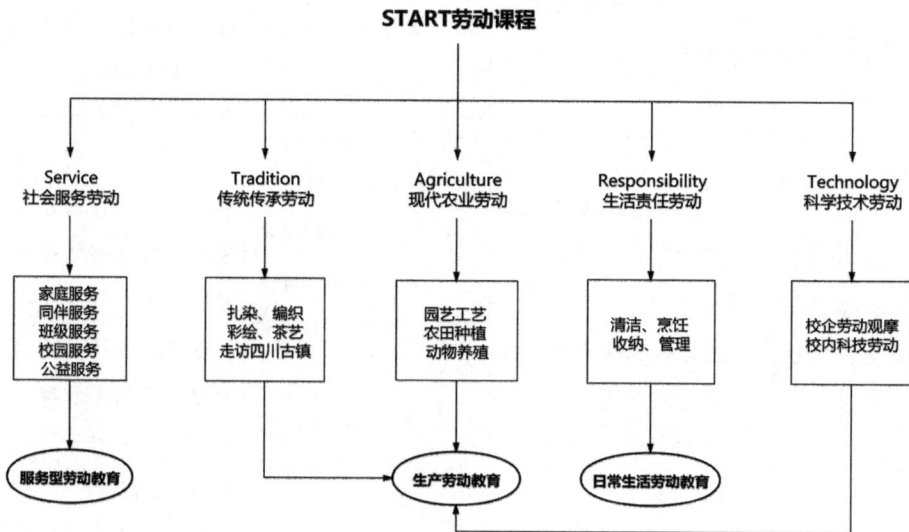

START劳动课程

Service
社会服务劳动

Tradition
传统传承劳动

Agriculture
现代农业劳动

Responsibility
生活责任劳动

Technology
科学技术劳动

家庭服务
同伴服务
班级服务
校园服务
公益服务

扎染、编织
彩绘、茶艺
走访四川古镇

园艺工艺
农田种植
动物养殖

清洁、烹饪
收纳、管理

校企劳动观摩
校内科技劳动

服务型劳动教育

生产劳动教育

日常生活劳动教育

（二）以美促劳课程年段细化内容

"START勤俭促劳，向美出发"课程年段内容

项目	低年级	中年级	高年级
Service社会服务活动	1.社会公益服务：一学期参与一次以上社区环保类志愿服务活动。 2.校园美化服务：秉承学校"人人有事做，事事有人做"的理念，在班级承担一项劳动岗位，并能够坚持履行职责。能做好下课三件事。餐前会洗手，安静吃饭，光盘节俭，会收拾好自己的餐桌。 3.服务他人家庭：饭前盛饭摆碗筷，饭后擦桌洗碗筷，客人来时会泡茶，捶背捏肩孝亲长。	1.社会公益服务：与山区学生结对，并尽己所能帮助他人，参与一次以上的社区敬老院活动。 2.校园美化服务：能正确使用黑板擦擦黑板，会用扫把拖把和抹布清洁教室。会收拾班级图书柜，知道如何分类书籍。能在学校包干区打扫中做好自己的工作。能参与班级布置绒板劳动，营造有特色的教室文化。 3.服务他人家庭：会给长辈洗头、洗脚，帮家人擦皮鞋，坚持每周帮家人洗一次碗。会按卫生、安全要求帮同学打饭、分菜。	1.社会公益服务：积极加入中队到车站、公园等场所开展志愿服务，例如共享书吧、爱心义卖活动等。 2.校园美化服务：能积极参与每周一次的班级定期大扫除活动，会进行值日工作的分工管理和指挥。劳动中讲究节能环保，珍惜劳动成果。 3.服务他人家庭：能与低年级学生结对，帮助低年级学生快速适应小学生活。

续上表

项目	低年级	中年级	高年级
Tradition传统传承活动	1.扎染：知道扎染的基本图案，明白扎染的非遗特点。 2.编织：能进行简单的中国结编制活动。 3.彩绘：能进行简单的彩绘。 4.古镇：知道四川周边的古镇，并走访过1—2个古镇。	1.扎染：知晓扎染的全步骤，并能根据步骤进行最简单的方布扎染。 2.糖画：能跟着非遗传承人学习如何制作糖画。 3.古镇：知道四川周边的古镇，并走访过3—4个古镇。	1.扎染：能进行稍复杂的图案的扎染活动，并有最后的扎染成品，如抱枕、布袋等。 2.茶艺：知晓基本的茶艺知识。 3.古镇：知道四川周边的古镇，并走访过5—6个古镇。
Agriculture现代农业活动	1.园艺工艺：会认识基本常见花卉。 2.农田种植：会播撒花草种子。 3.动物养殖：自己养一种小动物，如蚕、小金鱼等。	1.园艺工艺：知道花果植物生长的全过程，会种一盆花，并进行照料。 2.农田种植：能积极参与学校劳动实践基地"少年农学院"的劳动学习，在农场中劳作丰收。 3.动物养殖：自己养一种小动物，如小鸡小鸭小鸟等。	1.园艺工艺：知道嫁接、扦插等基本概念，知道如何照顾三种以上不同的花草植物。 2.农田种植：能在少年农学院的蔬菜种植过程中，以土壤、植物的研究为切入点，从不同学科的视角来进行全科综合性学习，设计小课题，撰写研究报告。 3.动物养殖：自己养一种小动物，如小狗、小猫等。

项目	低年级	中年级	高年级
Responsibility 生活责任活动	1.清洁：洗袜子、红领巾、小内裤，能垃圾分类，会用扫把和簸箕、会使用拖把拖地，能拖得又快又干净，每天早晚自己洗漱。 2.烹饪：会洗水果、剥豆子、制作水果拼盘、辨别蔬菜好坏，剔除不能吃的部分，会洗菜、会淘米煮饭、会做一个菜。 3.收纳：会叠衣服裤子袜子、会整理自己的书包、玩具、书桌、会系鞋带，会自己穿衣服。 4.管理：能制作时间管理表。	1.清洁：会用洗衣机洗衣服，会洗自己的鞋子，能自己洗头发，坚持垃圾分类，熟练系鞋带。 2.烹饪：会用水果刀削皮切瓜，认识、洗切葱姜大蒜，会洗切叶菜类及根茎花果类的蔬菜，学会烧一个蔬菜。 3.收纳：会整理自己的书柜、书架，归类整理书籍。 4.管理：会用针线缝扣子，会用报纸或其他纸包装礼物，会打死结、活结、蝴蝶，独立上超市购物，独立当家一天。	1.清洁：用完卫生间及时打扫卫生间，家中进行垃圾分类，会擦玻璃，每周至少洗一次碗或清理灶台，学习清理冰箱，能根据衣物的材质和颜色进行分类清洗。 2.烹饪：学会两个凉拌菜，学烧两个小炒，学会洗鱼，为家人准备一次早餐，最后能每周为家人烹饪三菜一汤。 3.收纳：坚持每天整理自己的书桌书柜，会整理换季衣服，学习将冰箱中的物品分类摆放。坚持每天自己整理床铺，会自己换床单和被套。 4.管理：能根据营养搭配需求，独立去菜场买菜。管理家里一周的生活开支，并做数据分析，给出建议。

续上表

项目	低年级	中年级	高年级
Technology科学技术活动	1.校企劳动微课：能够积极参与到学校邀请企业人才来学校开设的科技美育微课中，能听懂简单的劳技知识。 2.校内科技劳动：能在学校内积极参与一年一度的校园科技节，完成科幻画这一项目。	1.校际科技交流：主动利用学校与周边大学搭建的高校博士工作站，积极参与学校少年科学院，学习简单的科学知识。 2.校内科技劳动：能在学校内积极参与一年一度的校园科技节，完成Scratch，Arduino，3D打印等项目。	1.校企劳动观摩：能借助学校和企业共同搭建的校企共享科技园，走进周边高科技企业如富士康、京东方等，进行实际科技劳动的参观。 2.科技劳动比赛：能积极参与各项学校校园科技节组织的活动，同时在省市区的科技比赛中崭露头角。

　　我校"以美促劳"的课程并不是要把劳动教育单独"捧出来"，而是通过劳动教育实现其他教育新的综合与融合，体现学校高质量的"融合策略"，以美的教育培养劳动素养，以美的教育促进劳动教育。

　　（三）以美促劳的路径
　　学校是劳动教育综合育人和常态实施的主阵地，结合新时代发展素质教育对劳动教育提出的要求，我校建构了劳动教育课程群，旨在以课程为载体，以活动为支撑，通过多元路径，引领孩子在真实的场景中参与劳动、体验劳动的过程、学会劳动技能，从而激发崇尚劳动、热爱劳动的内驱力。
　　1.路径实施原则
　　（1）坚持育人性原则
　　小学阶段是学生习惯养成、价值观形成的重要阶段，"START 勤俭促劳"课程完美诠释了本校劳动教育愿景"劳动创造生活"，强化培养劳动理念，弘扬劳动精神。将劳动观念和劳动精神贯穿人才培养全过程，贯穿家庭、学校、社会各方面。注重让学生在学习和掌握基本劳动知识技能的过程中，形成勤俭、奋斗、创新、奉献的劳动精神。

（2）坚持综合性原则

在新课程计划中，劳动教育成为综合实践活动中的一个国家指定性学习领域。"以美促劳"劳动教育是跨学科的，可以实现学科教学新的综合，可以促进家庭、学校、社会、企业的协同教育，使劳动内容更加丰富，使劳动教学的空间得以拓展，既能帮助学生触发对劳动的理解和思考，又能增长劳动的智慧和本领，有利于激活学生的创造意识。

（3）坚持文化性原则

热爱劳动，戒奢尚俭是一种民族精神，是华夏人民经过上下五千年所得出的真知灼见，是炎黄子孙最引以为自豪的优良传统。因此，要坚持继承、弘扬和发展中华民族的文化精神、劳动者奋斗的精神，树立文化自信。

2. 实施形式

"START 勤俭促劳"课程具有综合性特点，主要以综合性实践活动来展开。除此以外，本课程还借助学校阵地和平台，通过以下途径达到劳动育人目的。

（1）纯美课堂

"纯美课堂"作为学校美育课程最基本、最重要的实现途径和平台载体，以落实三种教育理念（尊重儿童主体；强调情趣交融；重视学习体验）、凸显三个儿童特质（好奇、好问、好玩）、突出五个课堂特征（生本的课堂：尊重；生活的课堂：开放；生态的课堂：和谐；生动的课堂：情趣；生成的课堂：价值）的"335"标准达致三重审美境界，并以此发展儿童综合素质，促进儿童健康成长，实现儿童的全面发展。加之劳动教育具有综合性、开放性、实践性的特点，能够与其他学科进行有机融合，打破学科之间的边界，完善劳动教育课程体系，充分实现课程的育人功能。

（2）主题德育活动

学校德育处在每月最后一周周一的主题班会课上推出生活服务课程，旨在让小学生学习的范围延伸到他们力所能及的社会生活和各项活动之中，将教育和生活融为一体。通过自己的劳动和创造满足生活需要，唤醒生活经验，这样的教育内容，才有可能留存心底，发挥教育的力量。

（3）社团活动

以教师为指导，学生为主体的动手实践社团课也是实现"START 勤俭促劳"课程的途径。学校开设的扎染社团、中国结编制社团等，这些手脑并用的劳动训练是发展思维的良好手段，是促进智力发展的实践活动。社团课上，我们鼓励学生在学习和继承前辈丰富经验、技艺的基础上，尝试新方法、新技术，打破僵化思维方式，推陈出新。

（4）美育微课

依据学校高质量发展目标，依托区域优势，广泛利用本校、家长、社区、高校、企业等优势资源，邀请家长、企业人才、高校教师、社区人员到校开设科技美育微课，丰富学生的劳技知识和学习经历。

3. 实施经典案例

（1）劳动教育主题德育课

"童心抗疫，劳动最美"主题劳动教育设计
劳动主题一：美食小厨神（一餐一饭，来之不易）
第一课时

教学阶段	教师活动	学生活动	设计意图
第一阶段：创设情境	首先通过图片的方式导入今天的主题，父母已经开始复工上班了，我们却还宅在家，可以为父母做点儿什么呢？（可以为父母做一日三餐）	学生思考宅家可以为父母做的事，列举出来。	激发学生的家庭责任感与对父母的爱，让学生积极地参与到课堂里来。
第二阶段：提出问题	那要为家人做一日三餐可不容易呢？饮食需要营养巧搭配的，你有什么搭配小妙招吗？你知道准备午餐需要做哪些准备工作有吗？	学生根据平时的饮食进行总结：色彩搭配营养搭配注重个人口味……	从自己的实际出发，能够真正体会一餐一饭，来之不易。

教学阶段	教师活动	学生活动	设计意图
第三阶段：教学展示	1.准备工作我知道 首先让学生思考准备工作，然后利用图片明确准备工作的步骤，最后小结，使学生了解做菜前的准备步骤。 2.创意菜单我来定 首先给予一个计划表的轮廓，知道大概要计划哪几个方面的内容，用2分钟的时间制定计划。然后，进行点评交流。发现几个计划表的优点与缺点。	学生进行思考，记录准备工作步骤。 学生制定计划表，根据教师点评发现自己制定的计划表的不足之处，以此来进行改进。最后用一分钟的时间进行修改与完善。	这一环节是本课的教学重点之一。现今的孩子在家中都是被捧在手心，忙碌的学习也占用了他们大部分的时间，所以对于厨房的事务是非常不熟悉的。因此，我把本环节分成三个部分进行教学。
第四阶段：学生操作	结合之前的计划表提出了几点温馨提示：安全问题，时间安排的问题，准备主食的问题，食材购买的问题，以及自己做不到可以选择找个好帮手等等小建议。	记录自己的制作 （1）制作前：查资料、多请教家人、表格梳理制作步骤。 （2）制作中：拍照片、录视频记录完整制作步骤。 （3）制作后：写一段感受，汇总个人制作资料，上传。	真实记录个人的制作过程及感受，可用图片加文字的方式记录，也可以用视频的方式记录。包括遇到的困难和问题，还包括解决方法。
第五阶段：方法总结	通过本次活动学习，你有哪些收获呢？	学生谈收获和体验。	回顾总结，让学生体会劳动成果来之不易。

第二课时

教阶段	教师活动	学生活动	设计意图
第一阶段：创设情境	美食风采展：首先播放了上节课后，几位同学的实践成果。一个个拿起了大勺，成为一名小厨神。由此激发学生的学习兴趣进入了今天的课堂。	欣赏同学制作的美食，学会评价和发现他人的劳动成果美。	激发学习兴趣，进入第二课时的学习。
第二阶段：提出问题	以平时的早餐导入，平时的早餐普通，简单，没有什么吸引力，由此引出本节课创意早餐的话题。接下来，我们可以怎么做呢？	学生观看平常早餐的图片，试着思考创意早餐可以怎么做。	问题引发思考，原来早餐不仅是为了吃饱，还可以是赏心悦目的。
第三阶段：教学展示	引导学生对如何制作创意早餐进行方法总结。运用我班一个学生制作创意早餐的视频作为范例引领。使下一部分的制定早餐计划，降低了难度。	学生总结：创意早餐方法（摆盘、营养、小配饰、颜色……）	通过其他同学的作品展示认识到早餐制作的过程。
第四阶段：学生操作	引导学生制定早餐计划，评价总结。引导学生方法迁移，制定晚餐计划表，为父母配制晚餐。	在制定早餐计划的过程中，交流汇报环节，找出自身计划表的不足之处，也概括制定早餐计划时应当注意的几点重要内容。修改完善后，又以一个小妙招介绍结束了本环节的教学。	学生动手实践过程中，不断完善，不断进步。

续上表

教阶段	教师活动	学生活动	设计意图
第五阶段：方法总结	引导学生总结方法。	习得一日三餐方法，进行迁移运用。	回顾总结，让学生体会劳动成果来之不易，表彰制作和真实、详细制作记录的优秀学生，为后续活动起到引领作用。

劳动教育的深入开展，需要以主题活动为载体，通过做中学，增强学生对于社会的认识和感知，可以实现"知行合一"。"知"和"行"是紧密相连的，没有"行"就没有"知"，"知"从"行"中来。只有从"做"中得来的知识，才是"真知识"。引导学生通过参与有趣、有用、有意义的劳动，达到健脑、健体、益心、益情的教育目的，必然能够为学生的终身幸福奠定良好的发展基础。

评价类别	评价项目	评价要点	评价方式			评价结果
			自评	家长评	老师评	
美食小厨神	提前了解，配置午餐	1.采访、调查、交流等形式了解家人所喜爱的菜肴，初步知晓做菜的基本步骤。				
		2.学会配置午餐菜谱，制定一日三餐计划表。				
	配置早晚餐，完善计划表	1.能够配置早餐食谱，制定创意早餐计划。				
		2.能够配置晚餐菜谱吗，制定完善一日三餐计划表。				

173

（2）分类主题劳动活动开展

① Service 社会服务活动

社会服务活动旨在让学生服务他人，适应社会，在服务中与他人共建良好关系，养成家里的事情帮着做、集体的事情争着做的意识和能力，我校主要以以下方式实施：

校园美化服务——学校的就餐服务、卫生服务和劳动管理都在其中。就餐服务即为学生打餐、推餐车、清理餐盘和餐桌等，卫生服务如摆桌椅、捡垃圾、整理书桌、打扫卫生等，劳动管理如设置劳动岗位、进行劳动任务分配、设置劳动管理公约等。我校通过让全校所有班级贯彻魏书生的"人人有事做，事事有人做"理念的方式，各班设置专人专岗，全员劳动。

社会公益服务——我校公益活动以"3 月学雷锋"为契机，在该时间号召全校各中队形成小分队，固定每年走访几次敬老院、或定期对校园周边环境进行整治等。同时全校也与德格中扎科小学的班级进行了"手拉手，心连心"的结对活动，孩子们通过义卖筹款，捐赠书籍、废旧衣物的方式，让德格中扎科小学的孩子们感受到千里之外的温暖。

服务他人家庭——我校主要以"大手拉小手"和家校共育的方式开展该项服务活动。

为了锻炼高年级的学生，在新生入学时，我校会组织四、五年级的学生与一年级进行一对一结对，赠送自己亲手制作的小礼物给一年级的同学，同时他们会领到一张服务卡，在第一个学月内高年级学生要通过实际的行动去关心、帮助结对的学生，并填写服务卡。

此外，学校通过家校共育，让学生学会服务家庭。家长要在学生的评价手册中确认学生完成相应的内容并签字，同时上传照片到 QQ 群。在假期帮父母分担家务，不仅锻炼了学生劳动的技能，而且让学生体会到父母日常的艰辛，领悟了劳动的意义，同时也是让学生劳逸结合，保持身心愉悦，更能感受家庭生活的温馨，增添感恩父母的情怀，增强回馈家庭的社会责任感。

② Tradition 传统传承活动

学校充分调动家校社企各项资源，引进了各类非遗劳动课程，如川剧

变脸、糖画等等，学校美术组教师也开发了扎染、面具等传统传承劳动美术课程。除了"引进来"，学校传统传承活动还遵循"走出去"的原则，带领学生外出学习彩绘、编织、茶文化、走访四川古镇等，其中走访四川古镇是我校传统传承活动中的一大亮点，我校在2018—2019年发起了"寻觅天府古镇祠堂，领略巴蜀文化之美"研学活动，全校所有班级通过校级和班级社会实践活动，走访了成都周边7个古镇，从研学前的古镇祠堂资料搜集、文章诵读，到中期实地考察、文化探究，到研学后的综合实践作业，环环相扣，四川古镇文化在学生心中生根发芽。学生在古人的生活方式中找到审美情趣，在活动中体会诗意的栖居。

③Agriculture 现代农业活动

现代农业活动的概念不再仅仅停留在体力劳动层面，还强调科学技术的应用和多学科融合。为将传统农业种植活动与现代种植技术相结合，我校楼顶三百余平方的少年农学院已在筹备和建设当中。该少年农学院按区域分为种植园、育种室和孵化园。同时在劳动内容上，我校确立了园艺工艺和农田种植两大类，让学生走进自然，亲近泥土，体验挥汗的欢乐，获

得丰收的喜悦。

在园艺工艺方面，一年级学生入校时，就会得到高年级学生送给他们的种子锦囊，学生要在家中进行种子种植，并且进行种子成长的过程性记录，真正实现"播撒种子，收获成长"。

农田种植会在学校少年农学院筹备完成后具体执行，由每一年的三、四年级班级认领土地并进行蔬菜水果种植。

④ Responsibility 生活责任活动

生活责任活动，即要通过该项活动，养成孩子从小具有自己的事情自己做的观念，也被称为自我服务活动，主要分为清洁、烹饪、收纳、管理四大类。

清洁：在学校的卫生教育下，学生能够自己清洁自己的贴身衣物，有基本的打扫技能，同时对垃圾分类有较为清晰的认识，并能够进行实践。

烹饪：我校的社团课专门开设了烹饪课，组织有兴趣的学生一起到食堂进行蛋糕烘焙，此外，在学校一年一度的美食节中，也会让学生带上自己做的美食到学校里和同学分享，集体学习如何包饺子，小组合作摆放水果拼盘等，学生在烹饪过程中感受到美食带来的快乐。

收纳：通过与家长共同合作，学生能够在六年级自己叠衣服、叠被子，同时收拾自己的书桌，学校还将举行一系列的收纳比赛，来促进学生养成良好的收纳习惯。

管理：学生在数学中学习制作时间管理表，并在实际生活中按照时间表管理自己的生活，在这样的过程中逐渐成为时间的主人，养成自我管理的习惯。此外，学校也会通过布置寒假作业"当一天家"，让学生体验家庭管理的不易。

⑤Technology 科学技术活动

我校将科学技术活动分为校企劳动观摩和校内科技活动。

首先结合学校的校企课程，充分利用周边企业、社区资源，让学生到高精尖企业和高校如京东方、富士康、电子科大等进行实地考察，了解企业文化，认识到科技劳动创造美好生活的道理，鼓励学生成为高科技劳动者。校级或班级深入社会的实践活动，既有亲近自然的参观现代农业研学，也有了解行业如参观消防工具等的活动。

此外，我校在校内组织了大量科学技术劳动活动，每一年都有全校学生集体参与的科技节，活动内容丰富，种类繁多，其中包括电脑制作、3D打印、未来城市、科技小制作、SCRATCH少儿编程、STEAM劳动课程，培养学生面向未来和现代化的劳动素养。

4. 课程组织与保障

在组织方面，学校成立了以家校、校校、校企、校区四位一体的多元共育共同体组织，为学生的综合实践教育提供多方支持。

在人员方面，我校成立了以德育副校长为组长，德育处成员、劳动教育专职人员以及全体班主任为成员的劳动教育领导小组。德育副校长负责劳动技术教育的管理和劳动实践基地建设，劳动技术教育实践基地管理员负责种植园、养殖园的管理，并协助《劳动与技术》任课教师购置、准备劳动技术课的制作材料，此外学校还会通过培训班主任、副班主任，扩大劳动教育师资队伍规模，通过班主任开展劳动教育，帮助学生建立良好的劳动观念。

在经费方面，学校除了在最开始修建少年农学院投入的22W经费，以后每年都会投入专项经费用于学生勤俭促劳课程。

我校勤俭促劳课程还强调时间保障。针对现在大部分学生重"智"轻"劳"的思想，我校首先利用固定的校内时间，保证了学生的劳动技能训练。我校全员必修的德育课程一周共有4节，其中有一节为班主任对学生进行日常劳动技能的教育，还有一节为我校的国际理解课程，在该课程板块中有专门了解中国传统美食、劳动的内容，让学生感知中国传统文化之美，增强文化自信。此外，我校的选修社团课程中，有手工编织中国结、扎染、国画等丰富的课程。其次，学生利用在校的灵活时间，进行劳动管理和楼顶农学院的管理。此外，规定每个学生在家每周的劳动时间，家校携手培养学生的劳动技能和热爱劳动的意识。最后，通过丰富的校级和班级社会实践活动，让学生有专门的社会劳动体验时间。

通过对学生劳动教育的组织架构、师资、经费、时间等各方面的保障完善，学校的劳动课程相信不久就能真正落地。

勤俭少年	10	1.有勤俭的品德和习惯，尊重广大劳动者，节粮节水节电，低碳环保生活，请积极记录自己的勤俭生活，贴上照片，请爸爸妈妈为你写一两句评语，班主任老师会根据评语和照片为你加分，满分10分； 2.在学校里能顿顿光盘，不与同学攀比吃喝穿戴，班主任和副班主任老师盖章，5个章即兑换一张"勤俭科科娃"奖票并+1分，10个章即兑换两张"勤俭科科娃"奖票并+2分，依此类推。
勤劳少年	10	1.有良好的劳动观念，热爱劳动，并认为劳动最光荣，请积极记录自己的劳动生活，贴上照片，班主任老师会根据评语和照片为你加分，满分5分； 2.在家庭中能承担一项力所能及的家务劳动并坚持一学期，家长签字认可+2分； 3.在学校"人人有事做，事事有人做"的理念下，在班级承担了一项劳动岗位，并能够坚持良好地履行职责——学期； 4.积极参加了学校劳动实践基地"少年农学院"的劳动学习，在农场中劳作丰收； 5.自己的事情自己做，能有序收拾自己的书包书桌书柜；班主任、副班主任老师盖章，5个章即兑换一张"勤劳科科娃"奖票并+1分，10个章即兑换两张"勤劳科科娃"奖票并+2分，依此类推。

5. 劳动育美评价

在我校的学生"纯美少年"评价体系中，针对"勤"这一点，我校专门设立了"勤俭少年"和"勤劳少年"两项单项奖，以此来勉励勤俭节约、热爱劳动的学生。而要争取到这两个称号，学生就必须在一学期内完成对应年级应该完成的劳动内容，完成一项劳动内容则累计加分，在学期末达到要求分数 10 分则被评为"勤俭少年"和"勤劳少年"。

通过此种过程性评价方式，能够最大限度地鼓励学生积极参与到"START 勤俭促劳，向美出发"课程当中，学生在评价中成长，并自我肯定。

三、以美促劳成果展现

劳动是中华民族的传统美德，具有独特的育人价值。劳动教育具有育德、启智、审美、健体等作用，在学校美育高质量发展愿景的指引下，我们的以美促劳课程取得了丰硕的成果。

（一）学生展技艺，劳动促和谐

宅家抗疫，居家学习的开学季，正是进行劳动教育的契机。在上级"停课不停学"的要求下，我校从劳动教育的角度出发，要求学生在家中为家人做一些力所能及的事情，为家人服务。服务内容主要有以下三大板块：烹饪——美食小厨神、收纳——小小整理员、清洁——家务小能手。我校杨雅晴同学发表了这样的感言：我们在居家防控疫情的日子里，在劳动中习得本领，养成习惯，用丰富的劳动方式为烦闷的日子增加一丝"甜"味，同时也让父母倍感欣慰。学生有的在班级每日朗读群中分享自己的服务手记，有的用文字记录服务心得，有的用照片留下了特殊的回忆。

1. 烹饪——美食小厨神

在美食小厨神活动中，我校学生以自己的独特烹饪手法，做了一道道美食，看着可真有食欲呢！有些小朋友还把自己做菜的过程录制成"小视频"，无论是哪一种画风，也无论是哪一种"菜系"，只要是你亲手制作的美食，一蔬一饭，皆是温暖，为家人制作美食的时间也成为家庭一天中快乐的亲子时光。

在通往厨神的道路上，学生在不断的实践中，对平时看似简单的饭菜有了不同的认知，有的了解到了妈妈、奶奶的辛苦，有的不再浪费饭菜了，有的不再挑食了，知道了做出美味饭菜的不易。

2. 收纳——小小整理员

学生还学会了怎样整理自己的房间，变成了一个个小小整理员。每天把家里的每个角落收拾得干干净净，自己看着都很舒服，做做劳动，锻炼身体，真好！

3. 清洁——家务小能手

当然，学生们也是一个个家务小能手，能帮助爸爸妈妈做自己力所能及的清洁家务，比如洗碗、扫地、拖地、擦桌子、丢垃圾等。当遇到困难时，爸爸妈妈会及时地告诉我们该怎么去做。当我不会洗碗时，爸爸妈妈会告诉我，首先用洗洁精刷洗碗筷，然后用清水冲洗干净，最后把碗筷放到对应位置上。当我看着那些被我刷洗干净的碗筷时，虽然手被水泡的发白，但是我还是感觉很有成就感。

家庭服务让我明白了父母的辛苦，同时也让我学习到了一些基本的劳动技能，我也非常喜欢在服务家人的过程中与爸爸妈妈们产生的互动。

（二）教师有发展，劳动促提升

我校甘学梅老师深耕于学校劳动教育一线探索，在抗疫保学宅家期间，带领年级教师一同研讨，最终撰写的《童心抗疫，劳动最美》获成都市中小学综合实践活动教学设计一等奖；此外，我校彭雅玺老师被四川劳动教育研究中心特聘为四川劳动教育研究中心兼职研究员。

（三）学校立品牌，劳动促发展

在学校两年的劳动教育探索道路上，我校的劳动教育体系初步建成，同时也受到业界认可，被评为"四川劳动教育研究中心协同创新示范基地"。

第五章 以美蕴艺

第一节 理念与目标

"传承民族优秀文化，弘扬中华美育精神"是学校"以美蕴艺"的着力点。早在西周时期，我国就形成了属于自己的教育体系，《周礼·地官司徒·师氏／媒氏》中写道："养国子以道，乃教之六艺：一曰五礼，二曰六乐，三曰五射，四曰五御，五曰六书，六曰九数。"六种不同的教学内容融合并展现出独特的中华美学：诗教、乐教、礼教等。现今，美育是国家精神文明建设的重要路径，习近平总书记在中央美术学院百年校庆之际曾提到："做好美育工作，要坚持立德树人，扎根时代生活，遵循美育特点，弘扬中华美育精神。"十九大以来，人民日益增长的美好生活需要越来越多的表现在对美好教育的需求上。2017年1月，中共中央办公厅、国务院办公厅印发《关于实施中华优秀传统文化传承发展工程的意见》，其中重点指出要传承发展中华优秀传统文化。2020年，《十四五规划》明确了"建设高质量教育体系"的政策导向，要求坚持以人民为中心发展教育事业，使教育事业为提高人民思想道德素质、科学文化素质和身心健康素质提供可靠保证（教育部长陈宝生《建设高质量教育体系》）。

众所周知，民族文化是各民族在其历史发展过程中创造和发展起来的具有本民族特点的文化，包括物质文化和精神文化。中华民族文化是多民族文化，各个民族相互包容、相互渗透形成了内涵丰富的中华文化。中华美育精神，是通过不断丰富个体审美经验，积累美感元素，在新时代文化和传统血脉文化撞击下产生的审美共鸣。民族文化的传承必须要站在民族发展的高度上，中华美育精神以培养具有时代精神的、适应社会发展的、具有民族审美能力和民族情怀的人文目标，承载着培育有信仰、有担当、有美好心灵、人格健全的中华民族文化传承人的重要使命。

科大实验附小致力于贯彻"纯美教育"办学思想，以民族精神文化为指导、物质文化传承为抓手，以中华审美为基准，以培养校本化"五育"——"善""智""艺""健""勤"的学生为目标，构建民族特色艺术教育体系，传承民族优秀文化，弘扬中华美育精神，用纯美教育滋养学生，培育学生"艺趣"品质（对艺术的兴趣，热爱，追求，热情，爱好，信仰等）和"艺创"（学生审美感知，艺术实践，创意表达的技术、方法、能力等）能力，建立和谐人格，陶冶学生性情，为促进教育高质量发展，实现中华民族伟大复兴的中国梦不断努力。

第二节　内容与举措

民族文化是人们在长期社会劳动、交往中产生的一种具有一定群体特点的文明共识。中华文明源远流长，具有连续性、继承性、交融性的特点，民族文化的渗透必须在起源文化的基础上才能找到归属和源泉，传承优秀的文化一定要具有一致的审美情趣和精神追求才能得到民族文化的认同。

中国人生美育研究会副秘书长丁旭东博士说过："美育应是一种不教而教的教育"。所谓"不教而教"，最早见于《吕氏春秋·君守》中的"不教之教，无言之诏"，意指师者通过日常言行对学生进行浸润、熏陶，潜移默化地影响学生；后逐渐延伸为教师不仅要重视知识和技能，更要重视方法与能力。美育不仅仅是艺术教育，但艺术教育是学校美育的主渠道。学校在艺术教育中大力开展传承中华优秀传统文化的实践，用民族文化之美滋养学生，培育学生审美情感，提升学生审美修养。

（一）学科课程群建设
1. "纯美交响曲"音乐与舞蹈学科课程群建设

"纯美交响曲"音乐与舞蹈学科课程群建设以《2011小学音乐课程标准》为指导，以学校"纯美教育"办学思想为目标，以民族文化为切入点，结合学校音乐教师专业能力开展。课程群建设有利于提高学生艺术修养与艺术综合实践能力，激发学生从小热爱艺术、学习艺术、表现艺术的兴趣，推动学校"以美蕴艺"课程的蓬勃开展，营造浓郁的艺术氛围，让学生在艺术实践活动中充分体会到艺术的魅力。

课程结构图：

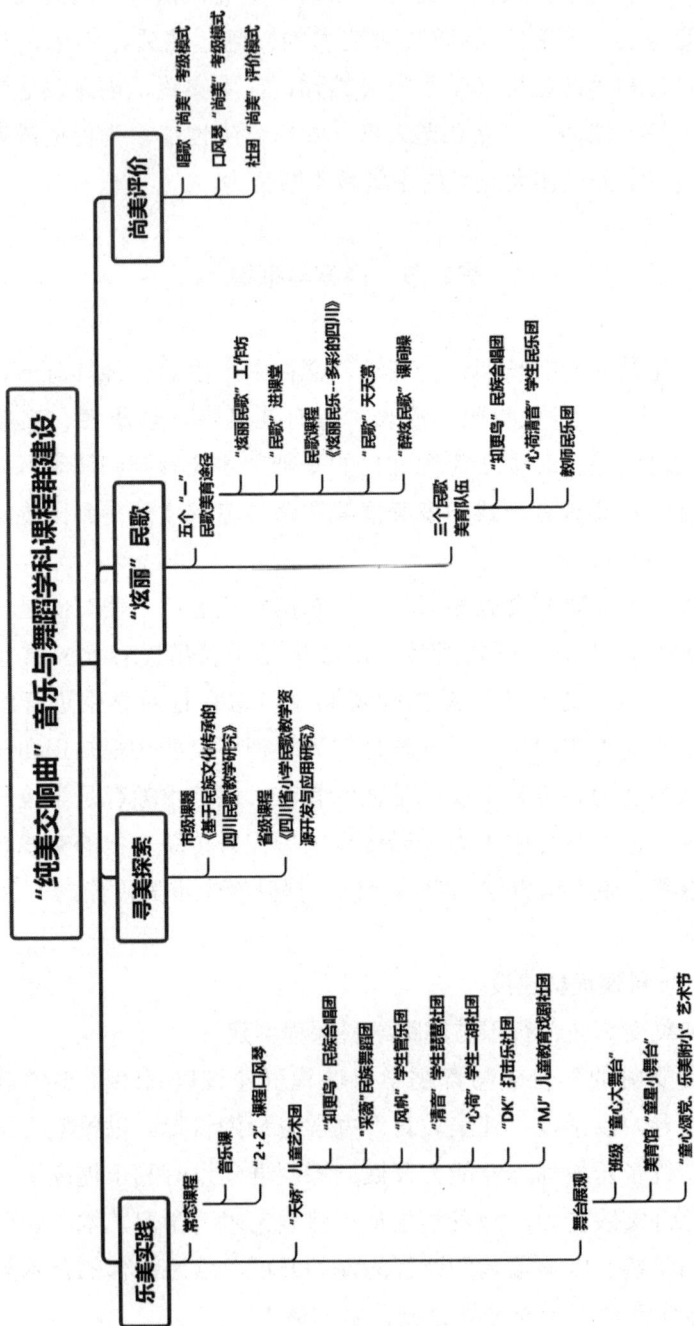

2. "纯美绘心"美术学科课程群建设

根据《义务教育美术课程标准》要求，基于学校"纯美教育"的办学思想，结合学校美术老师的专业特长，我校美术组开展"纯美绘心"美术学科课程群建设。课程群充分挖掘传统文化内涵，把民间文化、地域文化、传统绘画技巧、题材、绘画工具结合起来，应用到绘本中，如：扎染、国画与四川文化、二十四节气相结合等。我们将美术的学科视觉性、儿童视觉敏感的特质与绘本的故事性、情感性结合起来，根据美术学科课程的四个知识领域，围绕"移情绘美""灵动创美""悦心赏美""意趣探美"四个主题构建了"纯美绘心"课程群体系。

课程结构图：

（二）民族文化进课堂

民族文化进课堂是学校"以美蕴艺"的重要方法之一，它以丰富的课堂内容和教学形式滋养儿童心灵，传承优秀民族文化，落实习总书记"以美育人，以文化人"的要求。教师通过在课堂中融入中华传统文化的理念和智慧，以美育人，润物细无声地提高学生的道德素养，引导学生形成正确的价值观，提高学生的综合素质和人文素养。

1. 开设"民歌课堂"

民歌是每个民族带有自己风格特点的歌曲，通过歌唱日常生活来表达自己的情感和愿望，常通过"口传心授"的方式传承，具有很高的艺术价值。学校每月每班安排一节民歌学习课，组织学生唱、演民歌，体验民族音乐文化，了解民族文化习俗。

＊具体做法：

①前期搜集适合儿童演唱学习的民歌，特别是四川民歌素材，并认真梳理、改编或二次创作，形成民歌教学素材。

②在低段主要以"童谣"为教学内容，中、高段以四川民歌为主要教学内容开展教学，让学生体验民歌、了解民歌，喜欢民歌从而开展教学，传承优秀民族文化。

③每学期每位教师上一节民歌展示课，将自己的民歌教学方法与他人分享。

课例展示：《南瓜藤》

教学分析	教材学情分析	《南瓜藤》是一首活泼欢快的四川童谣，歌曲极具生活情趣，歌词朗朗上口。整首歌曲节奏规整，活泼有趣。四川方言的运用使歌曲更富地方特色。念唱结合的歌曲结构符合低中段儿童审美，能够充分解放儿童的天性，激发学生的学习兴趣。
	美育元素	二拍子韵律美、方言、地方文化色彩美、童谣活泼欢快的情感美。

教学目标	基础目标	能充满童真童趣的熟练演唱童谣《南瓜藤》。感受童谣《南瓜藤》所表达的地方文化色彩。
	审美指向	美好生活情趣的体验、童谣地域文化的感知。
	教学重点难点	教学重点：能用四川方言熟练演唱童谣《南瓜藤》。教学难点：把握童谣节奏，在节奏游戏中体验《南瓜藤》活泼欢快的韵律感。
教学准备		南瓜道具、钢琴、多媒体、锣、响板
教学流程		审美体验
一、节奏游戏，创境激趣。 要素：节奏 1.认识南瓜，明白学习主题。 2.南瓜游戏，感受童谣的韵律，为歌词学习铺垫。 3.聆听听音乐特点。 4.跟音乐完整传递南瓜。 5.听着节奏做南瓜传递游戏，教师在旋律部分加入律动。 二、趣学歌词，文化感知。 要素：节奏、节拍、方言 1.观看南瓜生长视频，说一说南瓜的特点。 2.教师范读学生聆听，聆听模仿中学习念白部分。 3.教师指导四川方言的发音，学习念白，律动伴奏。 4.演着学习念白，指导整理动作。 5.完整聆听，加上律动和动作表现。		运用"声趣"中的节奏、节拍要素，训练音乐感知能力。引用生活中传递南瓜的场景，设计节奏游戏，引出课题，创境激趣。 运用语趣教学，感受生活与文化。在反复聆听中学习念白部分，让学生在传递南瓜的节奏游戏中进一步感受童谣二拍子的韵律感。 运用情趣教学，审美情趣培育。在反复的无谱聆听中引导学生高效聆听，记忆歌词和旋律，让学生在听、唱、演、奏中体会歌曲活泼欢快的情绪。 认识民间传统打击"锣"，了解其基本演奏方式，将锣和响板演奏加入演唱中，丰富整体表现，加深学生对民族文化的感知。 点明主题，升华民族文化的浸润。

续上表

三、学唱童谣，感受情绪。 要素：节奏、曲调、力度 1.聆听全曲，感受情绪。 2.再次聆听，记忆歌词。 3.出示歌谱跟琴学唱童谣演唱部分。 4.完整演唱童谣，尝试背唱。 5.有感情的演唱歌曲。 四、深入体验，创造表现。 要素：创造、表现 1.认识锣，在前奏和演唱中加入锣和响板的敲击。 2.分组表现，学生自主讨论设计。 3.全体学生围成圆圈在演唱中律动表现，感受童谣《南瓜藤》欢快的情绪。 五、文化升华，课堂小结。 1.教师小结，德育浸润。 2.演唱离场，弥漫音乐。	
教学反思	
作为一首四川童谣的学习，在设计本课的过程中，我从教材分析出发，紧紧抓住童谣的声趣、语趣、情趣"三趣"特点，合理地设计了体现"三趣"特点的学习活动。	

通过教材的分析，充分运用这首童谣儿歌在"声趣"上的节奏、节拍特点，"语趣"上的方言方音特点、内容上的"南瓜藤"认识，采用游戏、方言诵读、听演结合的学习方式，来表现童谣儿歌"欢快、活泼"的情感特点，引导儿童深入地体验《南瓜藤》这首童谣儿歌审美情趣，有效达成了教学目标，帮助学生积累了审美经验。

2. 创建"炫丽民歌"工作坊

工作坊以学习四川民歌为宗旨，研究民歌课堂教学方法，继续开展省级民歌资源重点课题——《以四川省为例，小学民歌教学资源开发与运用研究》的研究。

＊具体做法：

①在民歌课堂中研究民歌课堂教学方法，汇集并形成相关论文，开展相关课题。

②打磨孕育优秀民歌展示课，培养优秀青年教师。

③将研究成果向社会展示，促进交流沟通，扩大民族文化在社会的影响。

3. 建构一门民歌课程：《炫丽民乐：多彩的四川》

具体做法：

选择反映汉、藏、彝、羌、土家族传统文化生活的民歌、童谣编撰四川地区民族音乐文化学习读本，让学生唱家乡，爱家乡。

4. 开设"民间美术小课堂"

民间美术是组成各民族美术传统的重要因素，是一切美术形式的源泉。流行于普通人民之中的剪纸、农民画、刺绣、印染、服装缝制、风筝等，劳动人民用朴素的艺术形式表达自己美好得愿望、祝福和对美化生活和向往，世代相传不断创新和发展。它生动有趣的艺术形式有利于学全面了解中华文化形成的脉络，开拓学生的视野和眼界，感受民族艺术的丰富性与多样性。

＊具体做法

①整合教材资源，按低、中、高、三个年段设计课程，相关课程进行适当的拓展，做成相对比较深入的纵向的系列课程。

比如：《剪纸》课程，我们会根据年段，低段讲用剪刀的基本技巧，课程可以是《剪团花》；中段，深入了解剪纸的历史与由来，感受剪纸与民族文化的关系《赏剪纸》主要是感受临摹地方剪纸，学会基本剪纸的技法，课程主要设置《剪民间故事》；高段，了解剪纸与我们的生活的关系，学会基本技法的前提下，创作剪纸作品，对传统剪纸进行创新和发展，课程主要设置《剪自己的故事》。

②教师通过教研活动，学习民间美术知识，提升专业素养，树立"民间美术是传统美术的重要组成元素"重要的思想。

③开展民间美术"知识小课堂"，请学生通过网络或书本查阅资料，利用美术课堂讲解书本不涉及、老师未补充到的民间美术知识。

（三）民族文化进社团

艺术社团是学校美育提升课程，为热爱民族艺术并有一定艺术基础的孩子们提供良好的学习环境。民族文化进社团，能让学生了解民族艺术的发源与历史，学习相关知识和技能，感受民族文化与社会和环境的关系。在体验艺术实践的过程中，培养学生展示自我、提升自我的能力，促进学生学习能力、表达能力、演奏能力、歌唱能力和舞蹈能力、绘画创作能力的发展，提高学生民族自信心，传承中华优秀民族文化。

1. "天娇"艺术团

"天娇"艺术团共由"知更鸟"民族合唱团、"采薇"舞蹈团等 7 个社团组成，以下着重介绍两个。

①"知更鸟"民族合唱团

科大实验附小知更鸟民族合唱团成立于 2018 年，合唱团专门学习演唱四川民歌，用富有民族特色的歌曲滋养儿童心灵，传承优秀民族文化。我们着力培养学生正确的歌唱方法，学习乐理知识，提升音乐素养；培养学生集体主义精神，提高团结合作能力；培养学生热爱民族文化，达到传承中华民族优秀传统文化的目的。

②"采薇"民族舞蹈团

艺术源于生活且高于生活。采薇乃古人劳作之法，舞蹈学习着眼于传承古人优美的肢体形态，体验中华民族勤劳的优美品格，通过舞蹈训练纠正学生的体态问题，使孩子们的身姿发生美的变化，增强身体各部位的协调能力，让学生形体更加优美，锻炼学生乐感及舞感，并让学生了解到不同民族的舞蹈文化和风俗，感受民族舞蹈艺术的魅力。在挑战自我的过程中找到一个放松身心、舒展自我的方式，用形体表达美，用形体创造美，用形体传递美。

2. 尚美童心书画院

画社由"水墨童年""墨香书画""蓝染坊""素心若扎染社"等8个社团组成，主要介绍以下三个社团。

①"水墨童年"国画社团

"水墨童年"社团成立于2017年，现有社团成员20余名。社团教学把中国传统国画技法和现代儿童水墨相融合，社团课程主要学习基本的笔墨技法的基础上，强调笔墨情趣的表现。

②"蓝染坊"扎染社团

感受蓝染魅力，传承非遗文化，蓝染坊是我校艺术社团之一，由31个孩子组成的充满活力的社团。蓝染是一种古老的印染工艺，工艺中有蜡染、扎染、夹染等印染方法。蓝染作品色调素雅，风格独特，极富艺术特色，在民间艺术的了解和技法的学习之上，就有了艺术品的产生，不仅是审美的提高，更可以用于制作各类生活实用品和文创产品，自然大方，清新悦目。蓝染由于手工的重要性，所以花纹独特，也就产生了独特的蓝染魅力。

③"墨香书画"书画社团

该选修课在于引导学生感受、领略我国书法艺术的独特魅力。认识书法功能作用，了解书法史的主要脉络和书体流变，懂得传统书法文具（文房四宝）的相关知识，逐步深入地感知书体的独特魅力，掌握一种书体特征和书写常识。从中体会到传统书画的古典韵味，陶冶情操，弘扬中华美育精神，传承汉字文化和书画艺术，促进当代书画教育发展，提高"立德树人、以美育人"的综合素质教育水平。

（四）民族文化进校园

在传承中华美育精神的指导下，激励学生从小热爱民族文化艺术、营造浓郁的民族文化认同氛围，并全面推进我校民族文化艺术教育的深入发展，学校大力支持民族文化进校园，为学生学习营造良好的民族文化学习环境，在每个孩子的心里播下美的种子。

1. "醉炫民歌"课间操

* 具体做法：

我校音乐组和体育组教师合作完成。将音乐与体育结合，选择不同风格、情绪的民歌，编创独具特色的"醉炫民歌"课间操，让学生每日沉醉在民歌体育活动中。

2. 民族专场"童星小舞台"

* 具体做法：

在学校"七彩梦美育馆"设立"童星小舞台"民族专场。由德育处牵头，大队部和音乐组合作实施，每月开展一次学生民歌、民乐、民舞展演活动，营造全校师生学习民族音乐文化的氛围。

3. 炫丽民歌"天天赏"

* 具体做法：

每周在中午音乐欣赏一首民歌，在欣赏前介绍民歌历史来源、写作背景、音乐风格、使用乐器等。

与知更鸟民族合唱团合作，将合唱团演唱民歌作品录制后作为午间音乐欣赏在全校播放。

4. "一歌二奏"民歌美育特色队伍

①"一歌"："知更鸟"民族合唱团。专门学习演唱民歌，力争三年内将其建设成省内知名民歌童声合唱团。

②"二奏"：教师民乐团。由各学科教师近40人组成，器乐编制齐

全，现已学习了民歌作品《茉莉花》《步步高》《金蛇狂舞》。2018 年 12 月参加高新区新年晚会演出，获得好评。"心荷清音"学生民乐团。现有专业琵琶、二胡教师开展低段民族乐器入门教学，为打造校级学生民乐团不断努力。

5. 传统戏曲艺术熏陶

*具体做法：

川剧是四川非物质文化遗产的精髓之一，学校每学期邀请四川省川剧院及成都市川剧研究院的专业演员为孩子们带来了川剧非遗表演。让学生在潜移默化的熏陶中认知、欣赏、热爱本土优秀民族文化结晶。

6. 七彩梦美术馆

七彩梦艺术馆，是电子科技大学实验中学附属小学专设的艺术展馆。分别展示了飘逸的中国传统水墨、书法作品、创意儿童画、非遗扎染坊、原创绘本故事、学校特色艺术社团、艺术社团明星学员，此外这里还特设童星小舞台，给我们提供了业余时展示自我的空间。场馆主要用于学生展览、美术教学、学生活动的场地，展示学生与教师风采，促进师生互动、生生互动，提升学生艺术鉴赏能力、审美能力。

扎染展示区

*具体做法：

①学校通过培训老师，学习非遗文化扎染技艺，把非遗传承带到校园。

②学校开设了两个扎染社团，参与学习掌握了扎染技艺的有上百名学生。

调动孩子学习热情和提供实践和展示的平台，在学校美术馆布置了扎染展示区，孩子们上课的扎染作品都展示在这里。

③老师利用课外时间组织学生参观和进行简单的扎染体验。让孩子们在实践中学习，在欣赏中得到民族文化的熏陶。

书画展示区

书画学习一直是学校比较重视的传统文化学习途径，书法和国画有着博大精深的传统文化内涵。

*具体做法：

①每周定时开展社团课，并把优秀作品展示在美术馆，并进行定时更换。

②美术馆专门设置了书画体验角，长期放置有绘画工具，供学生体验。

③美术课程中的国画、书法欣赏课，老师可以带到美术馆开展。

（五）民族文化进社区

学校积极响应国家对美育的各项方针政策，加大民族艺术文化教育的推行力度，打破传统教育的意识、时间、空间限制，让民族艺术实践教育"走出去"，积极开展家校、校企、校区民族艺术文化教育联动，让学生在艺术实践中体验民族文化独特魅力，不断地发现自我、展现自我，让民族艺术实践教育融入社区之中。

1. "知更"之声

学校知更鸟民族合唱团着力发掘民歌文化，将本土民族音乐作品传唱作为重点打造项目，2018年12月及2019年5月分别在演出和比赛中演唱本土民族音乐作品《美不过成都》，受到广泛好评。目前，合唱团蓄力打造包括《黄斯玛玛》《鸭儿哩哩》等在内的本土民族音乐套曲《蜀都童谣》，为传承民族音乐文化不断努力。

2. "创美"美术项目式学习活动

绘画创作从关注社会、社区和我们身边的环境开始，运用传统的水墨技法进行创作"清水河畔"生命之美体验主题项目活动和"有轨电车文明行"主题绘画创作活动。

"有轨电车"生活创美项目计划

我校地处高新区、郫县、温江三区交界处，周边有富士康、京东方、华为等大型企业和电子科大、西华大学等知名高等院校，有优秀的企业文化和优美的环境。为了让孩子们感受周边的文化与氛围，充分感受地域文化，社区文化，体现我校"以美育美"的校园文化。

参与方式：调查有轨电车的运行路线，感受乘车乐趣，并用水墨技法表现有轨电车的外形和感受。

3. 学生美术作品发表

优秀的美术作品也是一种语言表达，利用绘画语言传递社会正能量，鼓励学生用纯正的社会价值观影响他人。

4. 扎染艺术进社区

民族艺术促进各国人民交流，体验中国非遗，增进各国民族友谊。科科娃们为外国友人讲解了扎染的小知识，体验扎染的过程，制作出独一无二的扎染"艺术品"。

第三节　成果与成效

（一）成果

1. 出版了民歌教育专著：《小学民歌教学方法》《美的绽放》，确立了学校在省内小学民歌教育中的学术品牌。

2. 借助学校"四川省寇忠泉名师鼎兴工作室"，将学校民歌美育成果多次在全国各地展示，辐射省内外，深刻地影响了上万名音乐教师。

3. 学校青年教师成长显著：教师老师论文在"第二届全国音乐教育大会"展评并获成都市音乐论文评审第一名；有教师在区、市"川腔蜀韵"赛课中获一等奖；学校民歌课题阶段成果获市级二等奖；学校四川省重点研究课题《以四川省为例，小学民歌教学资源开发与运用研究》深入推进。

4. 为省内各地培育了众多民族音乐教育青年教师，多位老师在赛课和论文等比赛中获奖。

5. 2018 年 12 月，"知更鸟"民族合唱团受邀参加四川音乐学院"天使在歌唱"童声合唱专场音乐会，获得好评。

6. 2019 年 5 月，"知更鸟"民族合唱团参加高新区第十一届中小学生艺术节合唱专场获一等奖第二名。

7. 2019 年 5 月"采薇"民族舞蹈团参加高新区第十一届中小学生艺术节舞蹈专场获一等奖。

8. 2019 年 12 月"采薇"民族舞蹈团受邀参加四川电视台少儿春晚录制。

9. 2019 年 9 月 4 名学生作品《小猫一家》获成都市小学生定格动画作

品一等奖。

10. 2019 年 6 月 14 名同学的绘本作品获得"首届成都高新区国际少儿美术作品展"一等奖。

11. 2018—2020 年共 13 人获高新区学生艺术美术作品展品获一等奖。

12. 2019 年 12 月 3 名同学获"我是绘者"中法国际绘本比赛获"国际荣誉奖"。

（二）成效

1. 学生音乐聆听体验。我们将"知更鸟"民族合唱团演唱的 3 首民歌作品录制后作为午间音乐欣赏每日在全校播放，将民族音乐文化辐射到全校，让演唱的学生获得满足感、成就感，对民族音乐的学习更富有热情；让聆听的学生对民族音乐文化产生浓厚的兴趣。

学生留言摘录：

W 同学：在合唱团度过的每一分钟我都非常享受，排练的民歌曲目很好听，还能够让同学们听到我们的声音，简直太有意思了。

S 同学：每周最期待的就是合唱团排练，最开始听到自己的歌声时还有点不好意思，但看到周围同学都很羡慕地看着我，我还是很开心的！

2. 学生音乐创作体验。将热爱民族音乐并具有艺术特长的学生聚集起来，引导它们开展音乐作品创作，让学生能在音乐创作中感受到民族文化的魅力。

学生留言摘录：

P 同学：自己创作班歌后，感觉非常不可思议，原来的我只会演奏别人写的作品，现在全班同学都来演唱我写的作品，这样的感觉真的太好了，我为自己感到骄傲。

J 同学：音乐的力量是巨大的，我第一次尝试去接触这种力量，我感觉非常有趣。

3. 通过传统书画艺术、民俗文化的学习和开展项目式艺术创作学习，了解灿烂的民族历史和文化，培养学生对中国传统艺术的热爱，引导学生在创作中关注身边的生活、关注环境，并通过体验、观察写生，让学生深入体验感受地域文化，推进我校美育特色发展，把文化渗透到生活中去，并从中汲取营养，完善学生的成长与发展。

　　纯美教育理念与纯正的社会主义核心价值观中蕴含的中华美育元素高度统一。学校以"开发教育新动能，实现美育高质量"为指针，巧辟路径，积极探索学校"以美蕴艺"新方法、新路径、新课程、新活动，为落实"五育融合"找到了巧路径，为传承中华优秀传统文化找到了好策略。成效显著，影响、辐射面广。正如我国著名美育专家，原山东大学校长，终身荣誉教授曾繁仁评价所言："科大实验附小的学校美育探索，具有重大的理论和实践价值。"

第四部分

纯美融通：纯美课堂

在我校，"三悦五美纯美课堂"是落实美育校本化的国家课程的主阵地。

第一章　纯美课堂的理念与追求

中共中央办公厅、国务院办公厅于 2020 年 10 月 15 日印发的《关于全面加强和改进新时代学校美育工作的意见》强调"充分挖掘和运用各学科蕴含的丰富美育资源，有机整合相关学科的美育内容""全面深化教学改革。"

在我校的纯美教育课堂融合育美实践中，我们通过提升"三悦五美"纯美课堂品质，完成美育校本化的国家课程目标的。

我校的"三悦五美"纯美课堂，经历了"儿童学堂""美育儿童学堂""纯美儿童学堂"到"三悦五美"纯美课堂几个阶段。这几个阶段，也体现了我们对美育校本化的国家课程实施的认识过程。现在的"三悦五美"纯美课堂，既体现了我们对学生这个学习主体的生命尊重，体现了我们对美育的目标追求，更彰显了我们的"纯美教育"特色。

1."三悦五美纯美课堂"的内涵

科大实验附小的"三悦五美"纯美课堂，是以学科核心素养为目标，以培养学生的审美素养为宗旨，以"三悦五美"为具体要求，以学生美感经验积累为基础，落实"立德树人"根本任务，实现融合美育的载体。

2."三悦五美纯美课堂"的建构思路

"三悦五美"纯美课堂是一个体现人的交往价值育美，学习内容价值育美，教学艺术价值育美的学科融合美育空间。

"三悦"是纯美课堂的育人基础，是要求学科融合美育要以人的交往情感相融为学科融合育美为前提，通过师生课堂交往的和悦，生生交往的慧悦，师生共同创建的课堂情感场的愉悦，走向师生和悦交往的仁爱之美，生生畅达交往的友爱之美，师生共创的课堂愉悦的相亲相爱之美。从"三悦"走向"三爱"是纯美课堂融合美育的基础价值。

"五美"是纯美课堂的教育实践育美目标。课堂是育人的主阵地，融合美育的课堂中，学科美育目标的实现，要通过科学、严谨、有效、艺术的教学过程来实现。"五美"的内容，既体现了教学过程的要求，又提出了美育的要求，体现了通过"五美"过程，在"五美"过程，达致"五美"的学科融合美育理念。

3."三悦五美纯美课堂"的内容

（1）"三悦"：和悦、慧悦、愉悦

"三悦"指在学科课堂美育中，通过人的交往关系，来实现学科融合美育目标的基本要求。这种要求内在的本质即人的情感美。具体体现在：

和悦：指师生关系，体现仁爱。爱是教育的灵魂，没有爱就没有教育。健康的师生关系是实现教育目标的保证，是培养高素质人才的基础。教师要用爱培育爱、激发爱、传播爱，通过真情、真心、真诚拉近同学生的距离，滋润学生的心田。

慧悦：指生生关系，体现友爱。课堂既是学生个性发展的地方，也是生命共生的地方。因此，只有学生达到合作互助、友善和谐，才能建立起生命育美的场所，并使学生的情感、智慧得到最大程度的提升。如此才能真正体现了我校"为纯美的童年而教育"的宗旨。

愉悦：指师生共同营造的课堂氛围，体现相亲相爱。课堂教学的效果不但取决于教师如何教、学生如何学，还取决于一定的教学环境。"愉悦"的课堂氛围，是严肃与认真、宽与严、热与冷、张与弛的有机统一。从而使教师教的主导作用和学生学的主体作用的发挥得到和谐统一，实现教学相长。

"三悦"以学生情感为基础，以唤醒人与人之间的情感需要，并合理充分运用情感，升华情感，最终实现学生整体人格的和谐。

（2）"五美"：目标美、内容美、结构美、方法美、效果美

目标美：具体指目标所指向的内容，它是一种融合美，是目标所反映出来的隐藏在其背后的内容和形象的美。在教学中，不但指向知识能力的提升，更注重素养的导向及美感经验的积累。

内容美：从教学的角度，直观反映形式的内容，教学内容能抓住学科美感要素，彰显学科特性。

结构美：指教学环节在设计上注重动静交替、起承转合，使整个教学是一个静态和动态和谐统一、内在逻辑美和外在形式美高度和谐统一的过程。

方法美：指教学方法富有艺术性、审美性，如形象性、情感性、审美性、创造性等。

效果美：指人的成长。在教学中，注重学生审美经验的积累和审美能力的提高，培养富有自由精神、和创新意识的全面发展的学生。

"三悦五美"是纯美课堂教学的理念和追求。"三悦"体现了美育的追求，其核心是情感性特征，培养整体人格的和谐。"五美"反映了美育

的过程性特征。因为美育是一种感性的教育，只有在感觉和体验中才能实现。而美是一种价值，只有在情境中才能判断其作用。因此，"五美"是实现美育的一个过程。而这五个方面无主次之分，彼此并列，缺一不可，体现了教学的全过程。

4. "三悦五美纯美课堂"的实施要求

（1）四个原则：尊重学科本体、彰显美育融合、强调以学定教、注重实践体验

"尊重学科本体"：教师要时刻关注学生的学习状态，明确一切教学设计都要以能激活学生的思维、丰富学生的情感、调动学生的学习积极性为前提。总之，要重视儿童的生命状态与生命成长在教育教学中的价值。

"彰显美育融合"：在教育教学中，充分挖掘学科美育资源并进行内在融合，通过学科＋学科的方式实现深度关联，课内课外的融合实现教学方式与空间的转换，线上与线下学科之间的交互作用，最终实现学科美育深度融合。

"强调以学定教"：纯美课堂与传统的课堂在教学行为上具有不同特质，我们在课堂中更强调学生"学"的价值，如何学是如何教的前提条件，要实现学生主动学习、思考、发展，必须研究如何教，儿童的学应当以教师科学、合理、有效的教为基础。

"重视学习体验"：玩是儿童的天性，是儿童成长的主要方式。为此，要通过对儿童"好奇、好问、好玩"特征的把握，设计出情趣盎然的教学实践活动，让学生主动参与学习，在动手动脑中获得知识，升华情感，提高实践能力，进而提升综合素质。

（2）体现三好儿童特性：好奇、好问、好玩

"好奇"：好奇是儿童的心理特征。表现为对事物的新奇性、神秘性、未知性的主动探求、发现的欲望与行为。儿童学堂教学中，就是要通过情境创设、设疑激趣，运用、培育、保护儿童好奇的心理品质。

"好问"：好问是儿童好奇心理特征的外显行为表现。表现为儿童对

一切新鲜、未知、感兴趣的事物的怀疑、思考、言说。儿童好问的教学价值就是要引导儿童乐问、善问、会问，引导儿童爱思、善思、会思。

"好玩"：好玩是儿童成长的生活方式，是儿童生命蓬勃发展的呈现状态。好玩的教学价值在于教师要在开放性、生活化、游戏化的场景中，让学生生动活泼地学。

（3）体现五生课堂特质

生本的课堂：尊重。教学环节尊重儿童主体认知规律，以学定教，重视学习体验，结构合理，层次清楚，主次分明，具有结构之美。

生活的课堂：开放。课堂时空开放，让学习与生活有机融合，具有气势之美。

生态的课堂：和谐。师生关系融洽，互相激发，教学相长；关注全体，让每个孩子都能参与和体验，得到不同发展，充满差异之美。

生动的课堂：情趣。课堂氛围以审美为核心，通过现代信息技术等多元化手段，创设有效情境，方法灵活，充分激发、组织、指导学生参与教学活动，富有情趣之美。

生成的课堂：价值。教学过程既精心预设，又能准确捕捉临时生成的教学价值，及时反馈，针对性强，具有灵动之美。

5. "三悦五美纯美课堂"的课堂标准

内容育美：开发各学科美感元素，形成各学科单元美育元素表。

方法育美：通过构建"三悦五美"纯美课堂，即构建"纯美课堂"中"师生关系的和悦、生生关系的慧悦、师生共同营造的课堂氛围的愉悦"的课堂"三悦"和"目标美、内容美、结构美、方法美、效果美"的"五美"，打造"尊重、开放、和谐、情趣、价值"的"五生"特征的艺术化课堂。

"三态"育美：通过培育教师"语态美""教态美""神态美"，提升教师美育素养和育美能力，培养具有丰厚的人文素养和审美情趣的学科教师。

第二章 "三悦五美"纯美课堂的实践模型

在我校，"三悦五美"纯美课堂的实施是通过"三环五维"教学实践模型达成的。

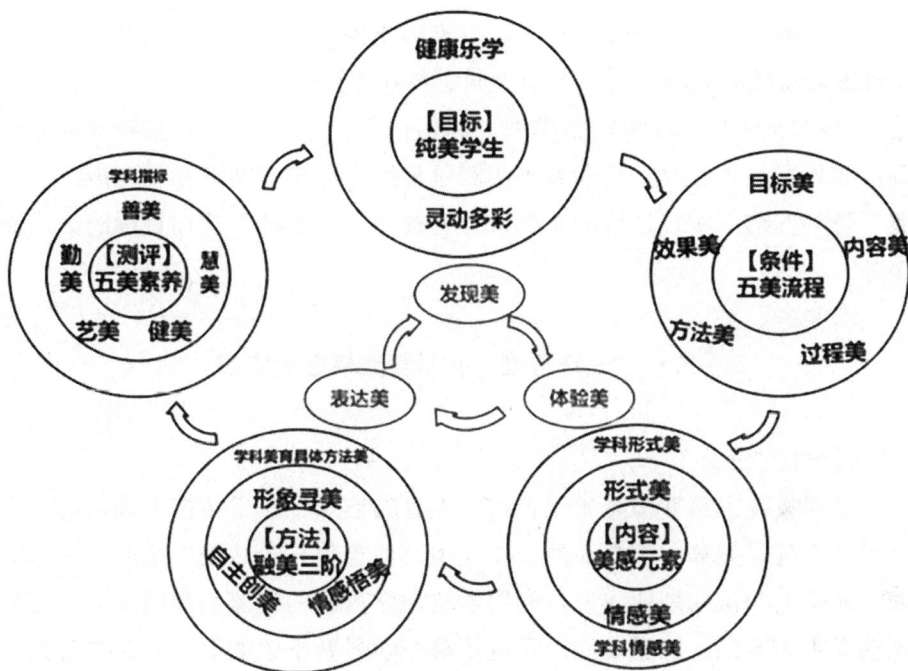

一、"三环五维"教学实践模型的内涵

"三环"即内环，由"发现美—体验美—表达美"构成，体现了学科美育中学生对学科美育内容之美、情感之美的认知过程，即从发现开始，过程体验融通，最后实现具有创意表达、创造实践的表达美德感知体验层次。

"五维"为外环，由"学生培养目标""教学条件""教学内容""教学方法""教学测评"构成。

学生培养目标——"健康乐学，灵动多彩"。

教学条件——"五美流程"，即目标美、内容美、过程美、方法美、效果美。

教学内容——"美感元素"。通过内容育美，开发各学科美感元素，达成形式美与情感美的统一。

教学方法——"融美三阶"，即形象寻美—情感悟美—自主创美，在课堂教学中，要遵循发现美、体验美、欣赏美和创造美的原则。

教学测评——"五美素养"，一方面指向"善、慧、健、艺、勤"五项纯美教育核心素养，另一方面指向学科具体指标。

"三环五维"教学实践模型，即由内层的"三环"学生美育认知过程，和外层的"五维"教学育美实践过程组合而成，两者相辅相成，"三环"是"五维"实践过程的基础，"五维"为"三环"认知目标的达成而服务。

二、"三环五维"教学实践模型的实施

（一）"三环"

德国教育家第斯多惠曾说过："教育的艺术不在于传授本领，而在于激励、唤醒、鼓舞。"内环的"发现美—体验美—表达美"是以学生为对象，从学生的认知规律出发，利用学科教学内容的形象美和情感美，充分调动学生的感知、感觉功能，发现蕴藏在学科教学中的美，并在体验的过程中，激发、增强并升华学生对学科内容之美、人际交往之美的感受，鼓励学生能够充分地自由表达、创意的表达、创造性的表达。因此，内环是学生自我认知激励创造的过程。

"美感起于形象的直觉"，如果没有形象，直觉就失去了对象，美感也就不复存在。儿童对世界的认知，是通过形象以心理感知为基础，逐步形成从形象到抽象、从感性到理性的过渡。"发现美"，即在学科教学中，以尊重儿童的认知规律为前提，通过深入教学分析，立足于学科"知识与技能"的学习，在学科知识与技能的学习中，去发现学科知识的文化美（内容美）、形式美。这与"五维"中"内容—美感元素"紧密联系。

"体验美"，体验是过程，是一种亲历与经历。在学科教学中，要重视"过程与方法"的审美价值。从教学方法论的角度思考，学生既有对教学内容的体验，也有对学习活动与课堂结构的审美感受。在学科教学中，既要重视教法和学法的审美化设计，还要注重教学结构的艺术性。即"体验美"重点在两个方面：一是体验学习内容所蕴含的情感美，二是体验学习过程中教法和学法活动的形式美。这恰恰体现了"五维"中"方法—融美三阶"的要素。

"表达美"，在教学过程中，"表达美"是在"发现与体验美"的基础上实现的。其重点在于以"知识与技能"的运用为载体，以审美情感为指向，在学科学习中，锻造个体的审美表达方法与能力。这一环节能全面反映学科教学目标的完成及"五美素养"的达成效果。

（二）"五维"

"五维"体现的是构成一节完整课堂应必备的全部工作。心中有目标——"纯美学生"，实践有要求——"五美流程"，过程有路径——"美感元素、融美三阶、五美测评"。

1. 学生培养目标——"健康乐学，灵动多彩"，这是我校一切教育教学活动的宗旨。只有基于此的教学实践活动，才有真正的价值和意义。

2. 教学条件——"五美流程"。此"五美流程"即"三悦五美纯美课堂"中"五美"的直接体现，是对整个课堂教学流程的总体要求。首先，教师必须要认真研究教材，设定教学目标，发现教材内容中的形式之美、内容之美和情感之美。并注重单元间的连接、大单元的整合、课程群的开发以及跨学科间的联系等。在此基础上，教师要通过不断优化自己的语态、教态、神态，采用动静交替、起承转合的方法，能够在教学中突显儿童好奇、好玩、好问的"三好"特质，实现教学过程的审美化。以达成培养富有自由精神、和创新意识的全面发展的学生的审美化教学效果。

3. 教学内容——"美感元素"。我校通过开展学科美育视点与教材分析，来突出学科美育价值，强化教师的学科美育意识，并引导课堂教学在"知识与技能"的学习中开始审美发现（发现美），在"过程与方法"的掌握中深化美感体验（体验美），在"情感态度价值观"中升华审美欣赏

（欣赏美），在"探究与运用"中实现审美表达（表达美），以此落实学科融合。

4. 教学方法——"融美三阶"。这既是对"五美流程"的具体要求，也是"三环"认知过程在教学中的直观体现。在整个教学环节中，"形象寻美""情感悟美""自主创美"并不是割裂断层的，而是在各个环节中，虽有侧重，但互相融合。因此，我们不能用独立的、片面的方式来设计教学，而是既要关注到整个教学过程中"三阶"的呈现，也要注重各环节"三阶"的融合渗透。

5. 教学测评——"五美素养"。在纯美课堂实施过程中，我们以培育"善美、慧美、健美、艺美、勤美"的"纯美学生"为目标，各素养目标之间相互交融、互为依托，充分体现了学校"美是真和善的统一"的美学观，体现了美育的融合价值。同时，也有对学生学习中的基础学科素养融合发展的测评。

"三环五维"教学实践模型的具体要求

五维	具体要求
教学目标	教师既制定科学、明确、合理的知识目标，体现尊重儿童，以生为本，实现审美的理念，还要更注重素养的导向及美感经验的积累。
教学内容	教师充分挖掘并呈现学习材料的各种美育元素，如语文教学中人格美、生活美、景物美、语言美，即文章的内容美。形式美，如结构形式、表现手法。可结合内容进行模拟朗读、配乐诗朗诵、诗配画等活动。在呈现学习材料时可采用多种直观方法，如电教手段的运用等，增强其审美情趣。
教学方法	通过培育教师"三态"，提升教师美育素养和育美能力，营造师生之间尊重、开放、和谐、愉快、合作的师生互动的课堂气氛，即营造成一种审美化的课堂教育场，由此激发学生学习兴趣，活跃学生思路。要建立审美化的教学情境，特别强调教师在教学过程中的情感投入。只有教师以愉快、欢乐、期待，热情的情感投入教学，才能唤起学生的积极情感，使其智力活动达到最佳状态，产生"亲其师而信其道""情通而达理"的效果。
教学测评	强调教师对学生的测评必须以表扬、赞同、激励为主，不能或较少使用训斥、指责的方式对待学生。这样有助于学生在学习活动中体验到积极的情感，激发学生的自信心。

（三）"三环"与"五维"的关系

"三环"即"内环"，所体现的认知过程，是课堂教学发生的条件，只有唤醒学生的感觉和认知功能，"五维"（"外环"）才能顺利进行。可以说，"内环"是教育心理学儿童认知基本理论的运用，又是学科课堂育美"五维"的基本原理所在。而"外环"是"内环"实现学科育美的具体目标、要求和路径。只有内外环结合，才能真正使学科融合美育目标达成。

同时，"内环"也蕴含在课堂教学的各个环节当中。某一环节中，既可能有"发现美"的环节，也可能有"体验美"的环节，甚至还有"表达美"的环节，只是侧重点不同而已，但不可否定的是在每一个教学环节里都包含了"内环"的这个认知过程。因此，"内环"和"外环"之间，紧密相连，"内环"既自成一个完整过程，同时它不仅融入于"外环"的整体流程之中，还融入于"外环"的每一个教学环节之中，内外环之间相辅相成。

第三章　"三悦五美"纯美课堂成效

一、"三悦五美纯美课堂"教学案例

学科		数学	执教者	杨琳玲
课题		A4纸的秘密	年级	三年级
教学分析	教材学情分析	教材分析：本节课是在三年级下期学生学习完《面积》这一单元后的整理回顾提升课，是在将教材内容和学生困难进行学习材料二次开发。由于"周长"和"面积"这两个概念比较抽象，学生掌握比较困难，尤其容易混淆。因此本课是通过"A4纸"的情境承载三年级上册"周长"和三下"面积"两个学习单元，将学习重点和难点与单元教学内容的起、承、转、合聚焦，让学生在四次体验活动中将知识结构化、方法结构化，提升学生数学思维品质和解决问题的综合能力。		

续上表

教学分析	教材学情分析	学情分析：三年级学生对大小（面积）的把握比较准，但是对周长的把握难度要大一些，主要原因是对周长与面积概念的建立是不深刻的。同时他们受形象思维经验高于抽象思维经验的影响，在探究图形变化的一般现象和规律时也带来难度。因此，充分挖掘学习内容长方形、正方形图形本身具有审美元素（图形形象和变化规律），并借助适切的学具可以帮助学生正确区分，明晰概念。
	美育元素提炼	变化：图形在一定条件下，有规律地由一种形式或内容转化成另一种形式或内容。可以给人以直观、形象而内涵丰富的美感体验。 审美视点：原形、现形、转化、条件、规律。 审美体验：直观、形象、简明、规则、不规则、变化规律。
教学目标	基础目标	1.经历看一看、折一折等体验活动，进一步明晰周长、面积概念，熟练掌握长方形、正方形周长、面积计算方法。 2.经历剪一剪、变一变等体验活动，进一步探究长方形、正方形图形变化与周长、面积变化之间的规律。
	审美指向	1.欣赏长方形、正方形的图形特征和图形变化，探究因图形变形带来的周长和面积的变化规律，体验与此相关的数学知识与生活现象的所有审美活动，诠释美是科学的，科学的一定是美的。 2.直觉的智慧、入理的分析和对规律的把握，既从感官起步，但又超越了感性的体验，达至理性的世界，让美的世界里有了感性和理性的共舞。
	教学重点难点	教学重点：正确计算图形的周长和面积。 教学难点：深刻辨析周长和面积，积累数学思想和方法。
教学准备		课件、A4纸若干

教学流程	审美体验
活动一：看A4纸——数学眼光看问题 师：用数学眼光去观察这张A4纸，你能想到什么平面图形？ 生：长方形。 师：观察这张A4纸时，你能提出什么数学问题？ 生：这张A4纸表面的周长是多少？ 生：这张A4纸表面的面积是多少？ ……（说出算法，并计算） 师：从这张A4纸，你还能想到什么平面图形？ 生：正方形。 活动二：折A4纸——数学头脑想问题 折一折：利用A4纸折最大的正方形。 师：你能用这张A4纸折出一个最大的正方形吗？ 生：动手操作，并说出折法。 师：对于折出来的正方形，你又可以提出什么数学问题？ 生：正方形的周长和面积分别是多少？（说出算法，并计算） **对折我发现：** 	1.通过审视图形原形，从生活实物抽象图形特征，去发现和感受图形的简洁美。 长方形、正方形属于轴对称图形，轴对称图形的对称特征本身就能带来美的感受，这就是数学内容形象美。活动中利用A4纸这个非常简单的学习素材，把这张纸可用的能挖掘的学习内容尽可能地挖掘出来。数学就是追求这样的简洁与朴素，数学学科的简洁美淋漓展现。

续上表

折一折：对折A4纸。 师：这张A4纸，如果让你对折，你可以怎样对折？ 生：展示不同对折后的图形，并说说自己的发现。 师：把A4纸沿着不同的边对折后，得到的两个不同的长方形，你有什么新的问题提出吗？ 生：它们的周长分别是多少？它们的面积分别是多少？ 师：如果不计算，你们猜这两个对折后的长方形面积有什么关系？ 生：面积不相等。 生：面积相等。 师：学情了解，反馈器统计学生真实学情。 及时小结：面积相等的长方形周长不一定相等。 提出猜想并验证"周长相等的长方形面积不一定相等"。 活动三：剪A4纸——数学方法积累（转化） 1.从A4纸中沿一角剪下边长为10厘米的正方形，积累不规则图形的周长与面积推导方法。 师：如果把这张A4纸像这样剪下一个边长是10厘米的正方形后，得到一个新的不规则图形，你又能提出什么问题？ 生：这个不规则图形的面积和周长分别是多少？ 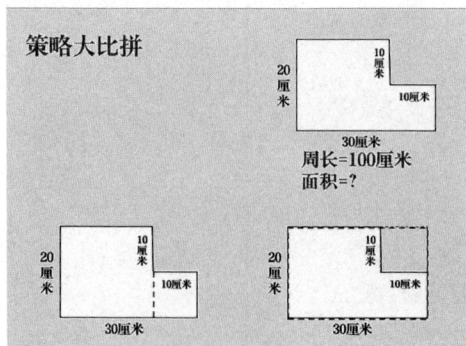	2.经历图形变化，探究因图形变形带来的周长和面积的变化规律，体验与此相关的数学知识与生活现象的所有审美活动。

2.用不同的方法探究剩下图形的周长和面积。

3.小结：

探究周长时用到的方法有哪些？（计算、转化）

探究面积时用到的方法有哪些？（分割、补缺—转化）

活动四：图形变变变——数学知识勾连（变与不变）

1.图形变身，汉字勾连，从"凹"——"凸"，探究图形变化时周长、面积变化规律。

师：刚刚被剪的A4纸还会变身呢，你知道它会怎么变吗？

生：哦！（由衷地发出了惊叹声）

师：原来图形的变身居然和汉字"凹凸"有关。以后学习语文汉字的时候说不定又引发你的数学思考呢！那它在变身的过程中，你又有什么发现？

生：面积不变，周长发生变化。

2.自主勾连，应用拓展。从"凹"—"凸"—"回"。渗透变与不变数学思想方法。

师：那你猜一猜，它还有其他变身法吗？

生：回……

师：图形变身过程中，它的周长与面积如何变化？

超级变变变：

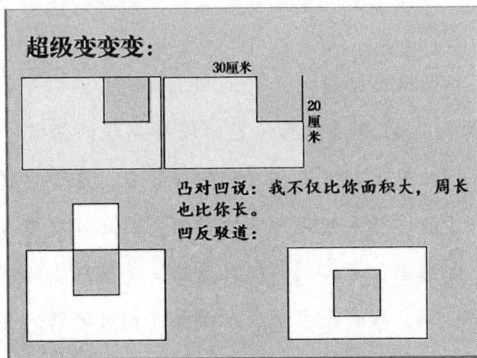

凸对凹说：我不仅比你面积大，周长也比你长。

凹反驳道：

3.在和谐的师生交往氛围中收获美的情感体验。课堂中平等、尊重的师生关系，欣赏与悦纳、智慧碰撞与自我完善的生生关系，都是美的体验，也是审美经验的积累。

动静交替的思维活动，让学习活动充满持久的趣味，还让学生经历由易到难的问题挑战，更是促进学生由浅入深地思考。在这样持续惊喜、趣味的活动过程中，学生既有学习方法的习得和掌握，也有求真、求简、求优的学习态度的历练，这是数学审美经验在积累，也是审美方法在积累。

续上表

活动五：课堂回头看——知识方法结构化	
1.本节课你收获了什么？ 2.本节课你还有什么问题？ 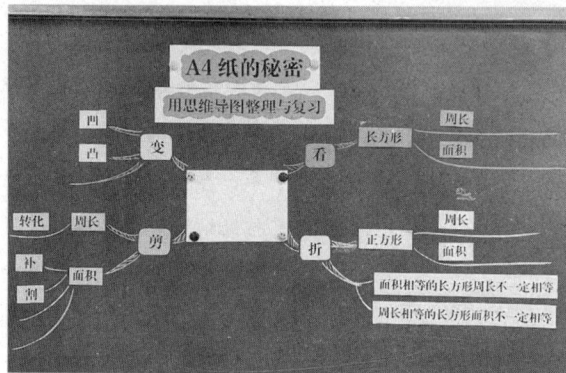	

学科	语文	执教者	王雪	班级	五年级	上课时间	2019.9.14
课题	《品笑话 悟智慧》					听课人	
学情分析	五年级的学生喜欢阅读笑话，但对笑话的认知多停留在"搞笑""解乏"层面，所选书籍多为《爆笑校园》《阿衰》之类的粗劣笑话。然而，五年级正是学生快速成长、价值观逐渐成熟的关键时期，也是培养人文素养，提高语文能力的重要阶段，学生具备一定的文言基础，能够读懂简单的小古文，但对文言笑话还缺少具体的阅读方法。						
教材分析	部编版教材五下第八单元口语交际话题为：我们都来讲笑话。引导学生收集、讲述内容健康、积极向上的笑话，感知笑话风趣幽默的语言。教材对学生讲笑话提出了要求，但五上却没有相应的衔接学习，基于这样的教学困惑，我认为有必要对笑话进行系列化的资源挖掘，因此开发了《品笑话 悟智慧》《我们都来讲笑话》《我们一起写笑话》《辨别生活中的笑话书》等课程，从读、讲、写、辨四个层面帮助学生建构对笑话的全面认知。本课为前置课程。						

议题分析	"品笑话 悟智慧"是本课的中心议题，直指笑话的阅读策略。本课选取六则文言笑话，其中《打半死》《固执》《悭客》在结构形式上有相同之处，便于学生发现笑话的基本特点：核心是笑点，幽默好笑，结尾出人意料又顺理成章。后三篇为《性缓》《不吃亏》《圆谎》。与前三篇分别指向处事、贪小便宜、撒谎、就医、交往、贫富，与学生的生活紧密相关，学生能围绕自己的生活感悟其中的智慧，并用于自己的生活，让所学与所做相结合。
教学目标及重难点	1.引导学生运用勾画、批注等方式阅读，通过求同、对比、验证等策略，认识了解笑话的基本特点，激发学生阅读笑话的兴趣，提升学生阅读笑话的品位，掌握阅读笑话的基本方法。 2.通过文本之间的连接、整合、延伸，感悟笑话源于生活，创作者用艺术的手法呈现笑话蕴藏的智慧，探究笑话的阅读价值及现实意义，帮助学生建构对笑话的整体认知，引导学生做一个幽默、智慧、快乐的人。（难点）
教学过程	课前交流（板书：笑话） 一、讲笑话 1.抽生讲笑话。 2.初谈什么是笑话。（板书：幽默好笑） 【设计意图：通过了解已知，让学生发现和感受笑话的幽默好笑。】 二、品笑话 （一）笑话幽默好笑的关键是笑点 1.阅读第一组笑话：《打半死》《固执》《悭客》，勾画、批注自己觉得最好笑的地方。 2.全班交流。 3.小结笑点。（板书：笑点） （二）笑话的结尾出人意料又顺理成章 1.再读三则笑话，对比笑点的位置，发现共性：笑点就在结尾。 2.出示学生续写的结尾，与原文对比，学生点评哪一个结尾更好？发现笑话的结尾出人意料又顺理成章的特点。 （板书：结尾出人意料又顺理成章）

续上表

教学过程	3.学生再谈什么是笑话。 【设计意图：了解笑话的基本特点，不断丰富学生对笑话的认识。】 三、悟智慧 1.阅读老师对笑话的研究，提取信息。 （板书：内容源于生活、价值给人启发） 2.阅读6则笑话，概括整合，运用材料验证笑话源于生活。 3.以《打半死》为例，引导学生通过人物感悟笑话的智慧，指导朗读。 （板书：作品的智慧） 4.连接6则材料，形成对笑话中人物的整体认识。提问："这些笑话中的人物，你喜欢他们吗？为什么？" （板书：创作者的智慧） 5.再谈什么是笑话。 【设计意图：帮助学生找到笑话的阅读价值，建构学生对笑话的整体认知。】 四、用智慧 1.提问：品读笑话，感悟智慧，于我们的生活有什么用？ 2.学生结合自身生活经验交流想法。 （板书：用于生活的智慧） 【设计意图：引导学生将悟到的智慧用于生活，形成课后的延伸。】 五、总结 1.学会阅读笑话的方法：能品，会悟。 2.学会辨别笑话质量的优劣，提升阅读品味。 3.做一个幽默、智慧、快乐的人。
板书设计	笑点：幽默风趣 结尾：出人意料 　　　顺理成章 内容：源于生活 价值：给人启发 品笑话　＋　悟智慧 创作者的智慧 作品的智慧 用于生活的智慧

二、教师教学美育反思

走过四季

电子科技大学实验中学附属小学　黄明霞

大约是年龄渐长，岁月渐逝，对时间有一种莫名的恐慌。正如来到科大附小的六年，看校门口操场上的银杏树，绿了又黄，黄了又绿，已有六次。即使闭上眼，银杏树在秋阳下纷披的金黄叶子，还历历在目；池子里喷泉的汩汩声，也犹盈耳。春夏秋冬，寒来暑往，我生命中的又一个六年，在科大附小这座精致又大气的园子里悄然溜走。

六年，是什么概念呢？是刚好送走的一届小学毕业生；是一个懵懂稚气的娃娃成长为英气勃勃的少年；是一所学校成长发展得更加成熟和更具品质……是的，都是，那就依着春夏秋冬的时序，去找寻一些点滴，重温这六年的时光吧！

春之声

春天的清晨，空气里浸满了花的香，一丝一缕，争先恐后地往教室里钻，心里莫名地明亮起来。

美好的季节，适宜诵读，刚好学纪伯伦的《花之咏》，全班齐诵配以个别同学领诵。集体与个人，整齐与单一，就像万顷碧波上的一点白帆，对比鲜明，在交替往复中，期待把纪伯伦笔下花儿的咏叹，让孩子们用声音演绎得声情并茂。

大家自然很喜欢，都想争当领诵。因为预期着整体诵读效果，选了几名平时音色与朗读都不错的孩子，还依了他们建议，配了背景音乐。一切就绪，孩子们真乖，全神贯注，心无旁骛。他们也和我一样，期许着一场的浩大的声音盛宴——由自己全情投入而创造的。

教室里，有和花的芬芳一样，美妙又隆重的情绪在悄悄流淌。

开篇，任毓菲领读。"花之咏"。小姑娘的声音，脆、亮，似钢嘣儿掉落磨石地面，字字带着金属的质感。我们的心，被她牢牢地攥着，情不自禁屏住呼吸，听到的每一个字，都像一枚浑圆的果实，直往心底坠。

接下来，是朗读国家和作者——黎巴嫩，纪伯伦。然而，穿耳而过，我们听到的却是——"嫩巴黎，纪伯伦。"字字铿锵悦耳。

什么？巴黎？法国巴黎？嫩巴黎？还有老巴黎？再看任毓菲，一脸正经，完全还没意识到。笑点瞬间被戳中，我先大笑。紧接着反应过来的孩子们也哈哈大笑，一时间笑声此起彼伏。开始，我还用书蒙着半张脸，见孩子们开心，索性取下书，笑个痛快。孩子们先是笑"嫩巴黎"，后来大约是笑停不下来的我吧。

笑过，气氛格外的轻松，大家发挥得更加流畅自如，行云流水般，一气贯通。作为唯一听众的我，被天籁一样的童声深深打动。

情趣盎然的一节语文课，在这个春天的清晨，呼应着季节的韵律，在蓬勃地生长……

夏之舞

如果沿着教学楼走廊，一间间教室看过去，最爱的是书包柜上的一盆盆绿植。白掌、绿萝、文竹、虎皮兰……即使蜗居在小小的白色花盆里，也一样的舒枝展叶。油亮的叶片，衬着教室里活泼泼的四十来个小学生，是满眼的生机，满心的喜悦。

当然这离不开家委会的功劳。每到开学，家长们总是会精心挑选搭配好绿植，为孩子们创造最美的学习环境。岂止这些？六年，如果科大附小也是一个成长中的孩子，还成长得特别健康茁壮，怎能少了家长们的陪伴呢？

想起班里的一件往事。那是一年级时，轮到我们班承办童心大舞台，是金色的九月。可家长们却考虑开学时间紧迫，除开上课，能用来排练的时间少之又少，不如利用暑假提前编排。

于是，那个暑假，炎炎夏日，顶着酷热，家长与孩子们天天来校排练。作为老师，除了感谢，还能说什么呢？组织、协调，与家长们齐心协力，我们像最强大的盟友，克服了许多困难，解决了许多问题。

天热难当，有家长自发买来矿泉水，绿皮红瓤的冰镇大西瓜。有些节目需要剪辑音乐，没有专业的设备，张文若爸爸自告奋勇，在没找到合适的软件时，真不知他花费了多少精力。

谢诗雨妈妈，二胎出生刚三个月，每天抱着奶娃准时到场。由她训练舞蹈《向快乐出发》。产后还没复原的她，身材胖胖的，稍微一动就汗如雨下。"一、二、三、四，二、二、三、四"她一丝不苟地指挥着，每一个动作都精益求精。奶娃在另一家长的怀里，坚持不了多长时间，就哇哇大哭。啼哭声伴着音乐，声声入耳，诗雨妈妈不得不停下，接过孩子哄"宝贝，不哭哦，妈妈要排节目，做个乖宝宝嘛……"

结果自在意料之中，那年的童心大舞台表演，精彩纷呈的节目，赢得了全校师生的一致好评。只有我知道，幕后那群默默舞动的家长，才是真正的主角，是他们的愿舞、善舞、全心全意的舞，才成就了孩子的精彩。

秋之思

许多次，和老师们在三楼学术大厅，陷在深红的软面座椅上，分享美育故事。那时，灯光轻柔，舒缓的音乐似水，淡淡的，凝成一种圣洁高雅的背景。心瞬间安静下来，莫名期待相遇一段美好的故事，让躁动的灵魂复归平静。

台上的白玉老师，颀长的身材，光洁的面庞，娓娓道来的是她的美育故事：一个大雨天，她催促着同学们赶紧完成练习，大家急，有个小女孩更急，作为老师，她安慰道，"别急，慢慢来，我等你。"得到老师的鼓励和抚慰，小女孩静下心，算出了题且答案正确。反而是先完成的，错误多，字迹也潦草。放学，她们一起回家，共撑一把伞，雨依然下，心却甜蜜。此情此景给了她深刻的启示，慢，有时也是一种美，教育不是工业，不是流水线上的快速复制；更像是农业，应天顺时，慢下来，等一等，也许就能看见意想不到的繁花盛开。

记忆中还有一次，也是在学术厅，由唐谦老师分享她的读书感悟。作为英语老师，此刻站在台上的她格外挺拔，雪白的舞台灯光洒下来，即使还没开口，也已有了光芒。

她展示了自己最爱的一本小说《冰与火之歌》，史塔克家族的传奇故事，后来改编成美剧《权力的游戏》深受年轻人的喜爱。她会如何谈呢？我期待着。

她以史塔克家族的几个孩子出落成一代青年才俊的故事为由，引出关于孩子成长，家庭教育的重要作用：不可忽视童年的爱与陪伴，自由与边界，家族优良作风的传承。其间，对"爱的原则，如其所是"我感触最深。对孩子，有爱是前提，但怎么爱，却检验着师者的智慧与艺术。唐谦老师的思考则是：尊重天性，爱你所爱，如其所是。

阅读与思考，再融会贯通职业与角色，教育人便能像山一样厚重，海一样深沉——深深地为这些年轻老师们骄傲！我满含敬意，细细倾听，秋日的几缕斜阳透过学术厅高高的窗户，跳跃着，舞蹈着，台上台下都无比明亮。

冬之韵

喜欢在初冬的午后，沿着校园的小道散步。两旁枝繁叶茂的香樟树，正是果实成熟的时候。黑色的小浆果，珍珠般大小，纷纷掉落，放眼望去，小道上稀稀疏疏都是这样的果子。偶尔一脚踩上去，"卟"的一声，爆裂开来，有一种奇妙的感觉自脚底传出。于是，一颗，又一颗，踩下去，用脚去复制这种难以言喻的美妙。

远远地，看见寇校长在食堂边香樟树下，弯着腰，弓着背，埋头认真地捡拾着什么。走近，原来他捡的正是这一粒粒圆圆的小浆果。很是好奇，"寇校，让保洁大姐打扫吧。"

"这种果子，踩破了汁水，留在地面，印上痕迹有颜色，不好打扫的。"他亲切地回答着，手上却并没有停下，自顾自地转身，弯腰，又继续捡。

想起两年前，在一次读书分享会上，寇校为全校老师做讲座，谈他的读书心得。所读的书，叫《用细节把日子过成诗》。他朗读了其中的四篇美文，浑厚悦耳的声音，极富感染力。再从这本书说开去，有针对某一段的，也有感慨全篇的。他侃侃而谈，时不时展示书上密密麻麻的批注，随文感想。

记得那天是刚开学不久，冬天已接近尾声，寒意却丝毫未减，可是，分明有融融的暖意，似初阳挂在林梢，每个聆听的老师都眼神清亮，灵魂安静。日常的教学，是一大堆的零散琐屑和鸡毛蒜皮，如何从中发现教育的美好和的丰蕴，需要功力和境界。至于寇校阐释怎么去发现，其中的细节已记不太清了，仍没忘记的是他的讲座题目——做一个有韵味的人。

想到这儿，刚才校长弯腰捡拾的情景，我似乎也心有所悟。抬眼，一群刚上完体育课的孩子，正嬉笑打闹着从香樟树下跑过，洁净的小道上，铺满了一串串明媚的笑声。

总是感叹时间过得太快，四季更迭，轮回往复。总也忘不了那个阳光朝气的小伙子——陈正阳老师。他曾经讲述，有学生问他，在科大附小这座园子里，一幢幢教学楼、一间间教室、足球场、篮球场等等，它们有生命吗？记得正阳老师的回答是：它们没有生命，甚至校园里那些有生命的一草一木都不会说话，但时间会，是我们老师，是可爱的科科娃们，不断赋予它意义，让它有了生命。

是啊，流走是光阴，变化的却有很多，那么，走过四季，也就从容一些吧。

以美启真，待一树花开
电子科技大学实验中学附属小学　孙玉婷

时光荏苒，这已是我在电子科技大学实验中学附属小学工作的第三个年头。刚走入这所学校时，看到"童心点亮梦想"这几个大字，我内心是触动的，保有孩童般的纯真、质朴、好奇是梦想实现的重要因素；当看到我校的教育理想是"为纯美的童年而教育"时，我是激动的。纯美的童年是什么？是孩子就是孩子，有一颗好奇世界的童心、有一个总爱问问题的小脑袋和停不下来好玩的双手。教育是什么？是一个人离开学校后还能记住的东西。教育理念的契合，让我对自己教师生涯的第一课开始莫名期待起来。

（一）花开有期

初初站上讲台，面对着一双双求知的纯真眼睛和一张张纯美的笑容，我却是兴奋而忐忑的。兴奋的是，我可以将自己的所学传递给更多的孩子，忐忑的是经验不足容易导致疏漏。在日常的接触中，我越发感受到班上每个孩子的独特，有些性子活泼，软萌可爱；有些性子沉稳，像个小大人；有些怯怯懦懦，眼神游离；有些逻辑清楚，自信大方。这个时候，我才更加真切地体会到"每个孩子都是一种花，但是他们的花期不同"这句话。

纵使孩子的成长有着相似的规律，但是有些仿佛迎春花，在早春便开出花来，迎接整个生机盎然的春天，而有些迟迟不开花，度过了夏天，迎过了秋天，甚至冬天也快要过去了，才缓缓开出花来，只是因为它是梅花而已。不要用相同的标准去要求每一位孩子，要关注班级里每个孩子的情况，才能让他们有不同的长足的良好发展。这个时候，我就想到了前不久上过的一堂示范课《用数对确定位置》。

（二）好奇启思

本堂课节选自四年级上册数学课本，讲述的是借助数对确定物体的位置，与孩子们的生活息息相关。此时孩子们已经积累了丰富的用"第几个""第几组第几个""第几层第几个"等直观、具体的方式确定一维空间、二维空间中物体位置的经验。对于自学能力强的孩子，可能早已经知道数对的规则和结果了，但对有些孩子来说，学习太流于表面。那如何让每个孩子都能理解数对存在的价值和必要性，感悟确定位置的基本要素和其中蕴含的坐标思想则成了我设计本节课的考量之处。

有时候我会很苦恼，苦恼什么呢？一部分学生沉浸于教学中，另一部分学生则逐渐游离于课堂之外。究其主要原因大多归结于以下两种：一是已经了解结果后不求甚解，二是对学习感觉充满压力，没有好奇心而抵触抗拒。为了让全体学生能融入课堂学习，我以宝石消失的卡牌小游戏贯穿课堂始终。开课伊始，我并没有立马告知孩子们今天的学习主题，而是出示一个空空的宝盒，抛出贯穿本节课的一个问题：请同学们帮助老师找到消失的红宝石？孩子们积极而踊跃，连班上最调皮的孩子也侧过头睁大眼镜仔细瞧着。一张卡牌盖住了红宝石，却紧接着变成了四张卡牌，孩子们惊讶于它的变化，并在数字"2"的提示下，纷纷给出了自己的猜测，此时姚宇轩同学也悄悄举起又放下了自己的小手。他可是班上最不愿举手、最沉默的同学之一呀，我可不能放过这个机会，遂邀请他给出了自己的猜想。上台后的他声音小小的，始终背对着同学们，却有序而完整地给出了所有的结果，在他的演示圈画下，越来越多的同学发现确定位置的要素之一是方向。一个明确的方向，才能指引我们找到正确的宝石。回到座位后的他，身子坐得笔直，眼睛紧紧看着前方，不愿遗漏一丝能找到宝石的机会。在那一刻，我知道了：一定要关注孩子的好奇心，他们好奇所有新鲜的未知事物，因为它们神秘且具有吸引力，而自我探索的过程便是不断学习和成长的过程。

（三）好问启真

随后孩子们摩拳擦掌，等待着后续卡牌变化，发现 4 张卡牌变成了 16 张卡牌时，孩子们顿时发出一声声惊叹。可在问到：谁能确定红宝石的正确位置？教室里顿时变得鸦雀无声。过了几十秒，才有同学默默举手并问：孙老师，能给我们一个小小的提示吗？我微笑着说：同学们，孙老师相信只要你们多去探索和尝试，一定可以找到宝石的正确位置。我虽然不会直接告诉你们结果，但是也可以给你更多的提示，帮助你们寻找到红宝石。此时我出示了三个用数对表示的错误位置点：（1，3）（3，3）（4，2），并在全班的目光中标记在对应的方阵点子图中。同学们的目光由失望变为欣喜，转而变成疑惑和茫然，进而变成深深的思索。

有同学开始问，那这次观察的方向是什么？数对中的第一个数字表示什么意思，第二个数字呢？同样是数字 3，它们表示的意义是一样的吗？用数对能确定出唯一的位置吗？种种疑惑盘绕在孩子们的脑海中，此时我并不急着为他们解答，因为我看到一个接一个的同学在思考后渐渐露出一副了然的表情。同学们开始组织了讨论，孩子们提出自己的问题和疑惑，把组内每一个人的问题都收集起来，在不断的辩与证中，小组成员开始统一意见并安排好上场和阐述顺序，并争相开始准备展示和分享。

这次率先给同学们汇报成果的是第四小组的李擎宇同学，他根据其中一个错误点（1，3），提出自己的猜测，数字 1 表示在第 1 列，数字 3 表示在第 1 列第 3 个，随后以后面两个错误点进行验证，同学们肯定了他的推测，并提出可以进一步提炼出一般规则：在数对的表示中，第一个数字表示列，第二个数字表示行。谭馨雨作为最为沉默的学生，这次也和小组成员一起分享了自己的学习成果并在同学们的帮助下，成功找到红宝石的正确位置（2，4）。一个个问题在辨与析中，越来越明了。那一刻，同学们自发响起了热烈的掌声，展示的同学脸上带着羞涩而腼腆的笑容。我想，那时候的笑容是多么真切而幸福呀。

（四）好玩求真

当听到红宝石悄悄藏在了教室里某位同学的身上，大家都迫不及待地想要找到宝石的持有者，跃跃欲试并嚷着要努力闯过最后的关卡。同学们用数对描述自己所在的位置，在描述的过程中，开始发现数对与直线的联系，当问到超出屏幕范围的数对时，同学们也能逐渐用自己的语言进行表述和总结，并开始概括位于同一直线上的数对的一般特征。当闯到最后一关时，我依次给出几组数对，同学们在描点连线的过程中，发现了隐藏的藏宝图，借助箭头的指示找到了持有重要线索的同学，一个平日里显得文静而寡言的女同学摸了摸自己的口袋，发现了口袋里突然多出来的红宝石，脸色变得通红，眼里却闪着欣喜而激动的光。伴随着全班同学发出的一声声惊叹，这节课也接近了尾声。

同学们在一步步的探索和解密中，动手、动脑、动口，在好奇心的驱使下，积极参与真实的课堂学习，在不断地追问与辨析中，把知识的来龙去脉理解的越来越深刻，让学习真实发生着。关注孩子好奇、好问、好玩的天性，以美启真，以美求真，让孩子拥有一个纯美的童年教育，精心培育，才能让每一位孩子能在正确的花期自然而美丽的绽放。

用美育呼唤儿童心底的爱意
—— 以Spring Festival一课为例
电子科技大学实验中学附属小学　沈茜

美，是真和善的统一；美，是众生不休的追寻；美，是翩跹于心的爱意。和眼睛闪着点点星光的孩子们一起，欣赏美，创造美，让心灵在温润、多彩的世界中徜徉、翱翔，这大概是一名老师最幸福的事情吧！美没有边界，它绝不受学科的限制，甚至是国家、种族、地域的限制，美育则必然是跨学科的，深植于每个学科之中。

英语是一门外语学科，兼具工具性和人文性的双重功能，承担培养学生学会使用外语进行交流、发展思维、学习和传播文化的任务以及学习、理解并践行人类共同的、最基本的、最优美的价值观念，发展学生人文思想、培育人文精神和提升人文素养的任务。在我校"美育思想"的引领下，我们开始探索英语学科的美育路径，不再只是关注英语学科的工具性，一点点地尝试在英语课堂之中，激发儿童心底的爱意，琢玉树人，让孩子们的眼里闪烁出爱的光。

以下以买苗老师执教的 Spring Festival 一课为例，分享我们在美育探索道路上的小小心得。Spring Festival 一课以自编绘本 Red 为教学材料，引导学生关注新年中红色的民族文化代表物，如鞭炮、对联、红包、家人团聚的笑脸等，凸显"红色"这个文化元素，并通过前置微课，告诉孩子们问什么：年兽害怕红色，用红色驱赶年兽。并且引导孩子们关注过年阖家团聚，大家红彤彤的笑脸，感受过年温馨和谐的氛围。

（一）融入艺术元素，陶冶情操

在英语课堂中融入音乐、美术、戏剧、书法、影视等艺术元素，让孩子们在学习语言的同时，沉醉于艺术的瑰丽世界，用音乐、戏剧等感染每个孩子，激发他们对美的向往，提升审美素养，陶冶情操，带来感官上的享受和内心的喜悦与满足。具体而言，可以通过唱英语歌谣、阅读英语故事并画出最喜欢的画面、表演英语戏剧、练习英语书法、欣赏英语影视作品等方式来实现。

在 Spring Festival 一课中，教学内容围绕主题"red"展开，以新年当中能够遇到的红色实物为材料，引导孩子能够借助图片，文字和教师的讲解，读懂小绘本，并尝试在教师的指导下唱出绘本改编的小歌谣：

Lanterns are red, red, red, red.

Couplets are red, red, red, red.

Firecrackers are red, red, red, red.

Packets are red, red, red, red.

Candies are red, red, red, red.

Faces are red, red, red, red.

孩子们一边学习绘本，一边通过拍手、跺脚打出欢快的节奏，唱出歌谣，最后配上节奏明快的背景音乐，融合英语与音乐，在演唱中学习知识，激发孩子们对礼乐美、语言美的爱，带给孩子们愉快的学习体验。

（二）关注人文内涵，温润心灵

语言不仅仅是工具，它还承载着语言背后的思维、文化、人文内涵。在学校美育价值的引领下，我们更加注重英语学科的育人价值，深入挖掘语言学习材料的主题意义，体会其中蕴含的美的情感、态度、价值观，感悟人文之美，塑造人文底蕴，焕发人文之光，温润每个孩子的心灵，让孩子们成为温柔、温暖的人。具体而言，可以通过评价人物角色、分享学习心得、对角色说几句话等方式来实现。

在 Spring Festival 一课中，孩子们先学习了 lantern, couplet, firecracker, packet, candy 等新年常见的红色物品，从视觉上营造了新年红红火火的场面。但新年的"红"不止于此。它不仅是目所能及的"红"，更是家人团聚时分，大家脸上笑意的"红"，心上温暖的"红"。利用绘本插画，引导孩子们关注图中一家人红彤彤的笑脸，并询问孩子们为什么。让孩子们在思考中体会过年家人团聚，相亲相爱的内涵价值，强化对家人之爱。

（三）联系生活经验，创新创造

孩子们的所学所感都要和自己的生活实践产生联系才能实现其真正的价值，帮助孩子们在原有的知识结构上构建新的知识。联系自身的生活经验，是从教材材料的情境中跳脱出来，在与自身相关的新情境中灵活应用所学，并在此基础上有所创新创造。具体而言，可以通过分享自己的相似经验、补充生活中相似例子并通过绘图、戏剧表演等方式来实现。

在 Spring Festival 一课中，孩子们在学习绘本之后，教师提出问题 What else are red? 孩子们通过小组讨论绘制出其他的红色的物品。回家后通过查阅词典，绘制新的一页绘本内容并配上文字。不少孩子画出了自己的家庭和家人，提到了梅花、心、衣服等物品，拓展了绘本内容，联系了生活经验，呼唤儿童对生活、对创造的爱。

（四）领略传统精髓，传承文化

美育是立德树人的重要载体，必须坚持弘扬社会主义核心价值观，强化中华优秀传统文化、革命文化、社会主义先进文化教育，引领学生树立正确的历史观、民族观、国家观、文化观。在英语教学中，传统文化的失语现象是亟待解决的问题，我们尝试将中国传统节日文化引入英语课堂，用对比的眼光，世界的眼光来认识中国传统节日文化，感受中华文化的精髓，树立文化自信，并能满怀中国情怀，传承、传播传统节日文化。具体而言，可以通过学习相关绘本感受节日元素和氛围、戏剧表演节日起源、中外对比或今昔对比体会节日习俗的本质特征和发展变化等方式来实现。

在 Spring Festival 一课中，通过前置微课简单介绍了年的传说，初步感知年的来源，明白"红色"是传统文化中的幸运色，因为它能驱赶年兽，让人民过上安稳幸福的生活。并通过绘本学习，体会新年文化中的精髓即家人团聚，相亲相爱，其乐融融，呼唤儿童对传统节日文化的爱和认同。

（五）营造美的环境，感染熏陶

优美的环境布置会给人带来美的享受，让人心生向往，不自觉地沉浸其中，心情愉悦。优美的教室环境、美观清晰的板书、教师亲切婉转的语气语调、优美和蔼的教姿教态等都能给孩子们带来美的感受，吸引孩子们更加投入。

在 Spring Festival 一课中，通过具有年味的板书设计和小组评价，营造出了新年的氛围。板书以红色为主色，张贴了一副红色的对联，对链 couplet 这个单词也是本课的生词之一。对链中间是一个气泡图，以图片的形式列出了本课所学的所有红色的物品。小组评价则是在黑板上贴了四个红包，每个小组获得一分时，教师则在红包中装入一颗红色的新年糖，孩子们课后可以领走红包和新年糖。在这样的氛围下，孩子们课堂参与十分积极，唤起了孩子们对学习的热爱。

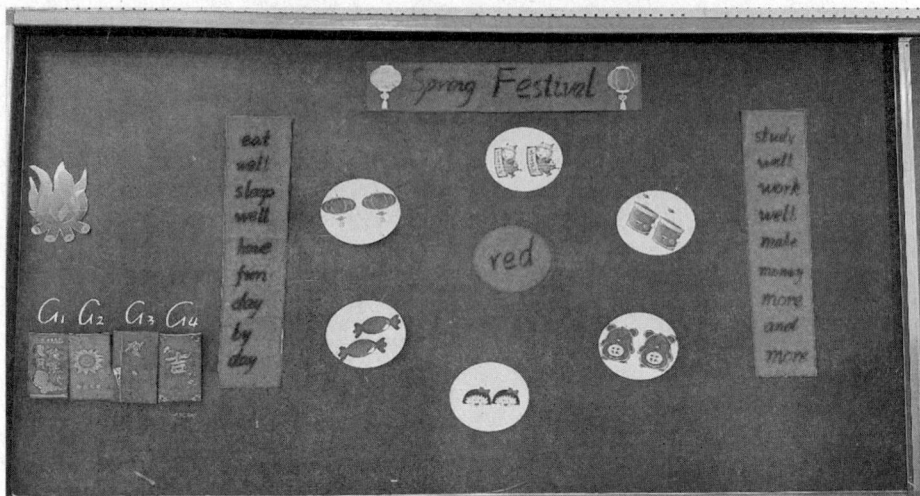

美育是审美教育、情操教育、心灵教育，也是丰富想象力和培养创新意识的教育，能提升审美素养、陶冶情操、温润心灵、激发创新创造活力。美是众生不休的追寻，美育应是我们教师不休的追寻，追寻更美的教育境界。

三、学生学习感受

我们不仅在校园里传出朗朗笑声，也在课堂上插上知识的翅膀。老师是最爱我们的朋友，陪伴我们一点点长大。课前老师的一声"同学们好"，教会我们彼此尊重，也感受到了老师对课堂、对我们的亲切的爱。课堂是我们学习的场所，是我们增长知识的园地，老师用春雨般优美语言，温柔眼神，指引着我们学会思考，学会感受，教会我们热爱生命，热爱生活。作业上每一处鲜红的笔触，每一句细心的指正，都让我们体会到老师将点点滴滴的时光汇成对我们恳切的盼望，热切的爱，让那知识翅膀更加丰盈，展翅飞翔。

——四（4）班杨君浩

今天，我们学习了《在牛肚子里旅行》这篇课文。一上课，庞老师就带领我们一起回顾了第一节课画的"红头在牛肚子里旅行"图，这样简单直观的线条图能让我们一下子就想起故事的大概内容，复述故事也很简单。接下来庞老师让我们女生读青头的话，男生读红头的话，读完以后又交换角色来读，没想到庞老师也想加入我们，她读红头的话，我们读青头的话，几遍读下来，从这些对话中我体会到了青头和红头之间动人的友谊。庞老师让我们找一找红头旅行的几个重要时刻，以及每一次状况下青头的言行。在庞老师的引导下，我们找到了关键的语句，同时，就是在寻找的过程中，我看到了红头的焦虑和担心，青头的临危不惧，和对红头的关心、鼓励，我想：这就是珍贵的友谊吧。课程的最后，庞老师问我们从这个故事中学到了哪些道理。我想我明白了很多，我们在遇到事情的时候要向青头学习不慌张，要想办法，也要学习红头坚强的毅力。另外，假如我的好朋友遇到危险我想我也会努力帮助他的。

我很喜欢这样的语文课堂，老师的语言亲切、幽默，我们都听得起劲，好像我们就是这次旅行的参与者，一会儿是牛肚里紧张的红头，一会儿又是牛肚子外沉着的青头。在这样轻松愉悦的氛围中，在老师一步步地引导下，我们不仅仅学到了课文中有新鲜感的好词佳句还收获了人生道理。

——三（4）班付郁然

第五部分

纯美融通：学校美育的"五位"路径

在我校"双环三融四径"融合美育策略体系中，学校、家庭、社区、高校、企业"五位"各自担负着自己的美育融合职责，发挥着各自的功能。我们通过美育这一要素打通"外环"开放而不平衡的学校美育环境；通过"五位"融合美育实现协同各方力量，整合各方资源，聚合各方人力，呈现优势互补的协同融合美育新格局。

第一章　理念与目标

围绕"立德树人"根本任务，2020 年 10 月，由中共中央办公厅、国务院办公厅印发的《关于全面加强和改进新时代学校美育工作的意见》（下文简称《意见》）指出，"全面深化学校美育综合改革……全员全过程全方位育人，形成充满活力、多方协作、开放高效的学校美育新格局。"近期成都高新区在区域十四五规划中也特别强调教育的高质量发展。无论是国家层面，还是地方区域发展，无不呼唤着教育的高品质。然而，在新时代背景下，仅仅依靠学校主体的人才培养模式相对单一，固有教育资源不充足，已无法满足学生的成长需求和国家对教育高质量的追求。习近平总书记在全国教育大会上指出："办好教育事业，家庭、学校、政府、社会都有责任。"因此，在新时代背景下，开放式办学，打通校内外美育路径，融合校内外美育资源，创建"多元育美"格局，促进学校课程走向丰富和多元，成为深化美育改革的新路径。

多元即多样，体现了教育主体的丰富性、协同性，彼此互相包容、融合、尊重。在我校"纯美教育"文化背景下，学校以现代化育人机制整合区域美育资源，探索出"五位"协同融合美育路径，一方面通过学校、家庭、社区、高校、企业"五位"主体的协同合作，实现融合育人的目的；另一方面又以"融合"为策略，促进"五位"协同的效果，提升育人共同体的美育协同力，以更好地培养具有"善、慧、健、艺、勤"审美素养的"五美"小学生。在"五位"协同融合美育体系中，家庭是基础，学校是主导，社区、高校、企业是支持，以"家、社、校（高校）、企"四级联动的形式突出"五位"协同融合美育的"开放性、审美性、综合性、趣味性"，让学生乐在其中。

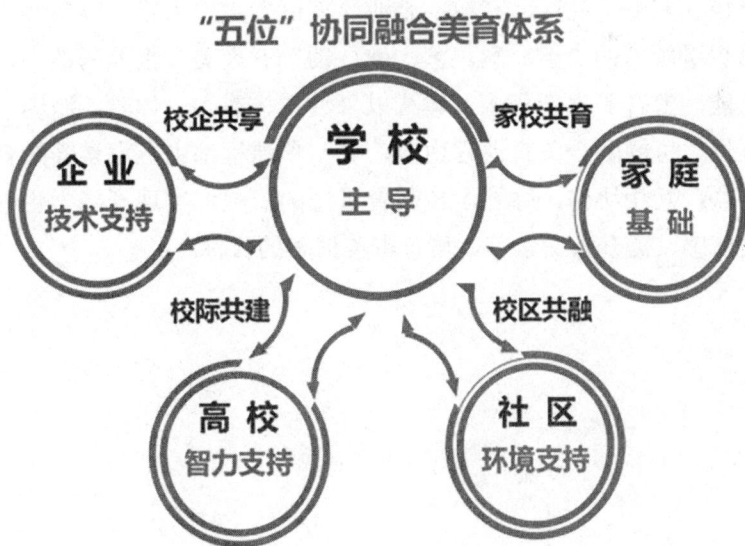

"五位"协同融合美育体系

229

第二章 "五位"协同融合美育课程群

在"聚合人力，整合资源，优势互补，多元育美"的理念指导下，依据学校、家校、校区、校校、校企"五位"关系，我校构建了"五位"协同融合美育课程群，主要包括家校共育、校区共融、校际共建、校企共享四大育人课程。

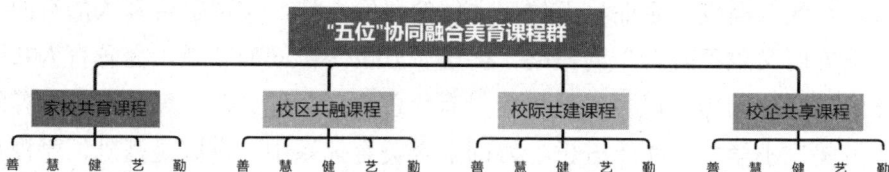

第一节 "五位"协同融合美育课程群价值与目标

"五位"协同融合美育课程群是学校"美育"特色校本课程群，旨在凝聚学校、家庭、社区、高校、企业"五位"主体力量，以我校"纯美教育"思想引领下的"善、慧、艺、健、勤"五大美育素养为核心，开发美育新动能，整合美育新资源，建构以"浸润、熏陶、体验、激趣"为目标的"五位"协同融合美育课程内容。每一项课程都由五大素养融合推进，彼此关联，互相协作，弥补学校教育资源的短缺，实现开阔学生视野、丰富学生情感、提升人文素养、培育审美情趣的目标。

第二节 "五位"协同融合美育课程群内容

"五位"协同融合美育课程群

课程名称	课程内涵	课程内容
家校共育课程	用"教育命运共同体"的理念，让家长充分理解学校文化、教育理想，与学校形成教育合力，整合家长资源，成立"校级——年级——班级"三级家长理事会，构建"家校共育"课程。	**一、善** 1.环保志愿：了解、学习人与社会、人与自然要和谐相处的必要性和方式，参加保护环境、志愿公益的学习实践，引导学生热心公益、服务社会，发展学生的责任感和同情心。 2.礼仪法制：学习日常的文明礼仪，开展体验式品格课程，如餐桌礼仪、竞技礼仪、参观礼仪、咳嗽礼仪等。学习古代的传统礼仪，如汉服礼仪、拜师礼仪等，让学生行为举止之间都透着美育的气质。学习与学生生活接近的法律知识，培养学生的法治意识，让学生学法懂法，知法守法。 3.特色活动：好家风育好孩子：在家庭中开展讲家风、立家风、传家风的活动，让良好的家风引导学生向善向美的成长。 **二、慧** 1.科学技术：学习前沿的科学技术，了解最新的科学成果，比如磁悬浮列车、3D打印、无人驾驶技术、机器人以及卫星搭载遥感传感器进行拍照、测温、地铁建设、宇宙的奥秘等，让学生感受、体验科技对生活的改变，发展学生的思维能力，提升学生的创新实践能力。 2.学科知识：专注力的培养，记忆力的训练，时间的管理，汉字人生，财商教育，摄影技能，好玩的围棋，保险知多少以及各国历史的发展与变迁等，是对国家课程的补充，让学生善于学习，勤于思考。

231

续上表

课程名称	课程内涵	课程内容
家校共育课程		三、艺 1.艺术欣赏：通过"建筑美学鉴赏"学习中外建筑中的美；以"走进梵高的世界"感受世界名画；通过"有一种历史叫泰坦尼克号"影视片段欣赏渗透电影美学；通过了解各国文化习俗，在浸润中提升学生感悟欣赏、国际理解的能力。 2.艺术体验：学习中国传统艺术，如剪纸、扎染、雕刻、折纸、书法、竹编技艺、衍纸书签、皮影戏等，发展学生的创意表达；组织学生、家长、教师开展童心大舞台文艺汇演，全面展示家校育人共同体的美育风貌。 四、健 1.身心健康：新生入学适应、人际交往、情绪管理、压力释放、青春期成长困惑、体能训练、趣味足球、实战咏春进校园等，让学生拥有健康的心理，强健的体魄。 2.安全生活：牙齿护理、脊柱健康、食品安全、电梯安全、消防安全、游泳安全、交通安全、燃气安全、国门生物安全学习；了解校园里常见的安全设施，认识电路和用电安全等，力在培养学生的安全意识和生存能力。 五、勤 1.生活技能：学习包饺子、包粽子、做汤圆、比萨、月饼、蛋糕、饼干等烹饪技术，了解水果拼盘技巧；学习整理收纳、服装搭配、化妆术、邮票收集、轨道交通的搭乘方式等，帮助学生发现生活的趣味性，培养学生的生活能力，激发学生对生活的热爱。 2.生活情趣：变废为宝、手工饰品、树叶画、创意蛋壳画、编制中国结等，顺应孩子热爱动手操作的天性，发展学生的创造性和动手操作能力。

课程名称	课程内涵	课程内容
校区共融课程	用"教育责任共同体"的理念，通过学校美育文化与社区文化相融，整合社区资源，为学生搭建生活实践平台，构建"校区共融"课程。	一、善 1.社会公益服务：到车站、公园等场所开展"小雷锋在行动"志愿服务，例如共享书吧、爱心义卖、爱心捐赠等活动；自觉成为环保志愿者，宣讲环保知识，制作环保书签，如保护清水河宣讲，助力治水行动；参加社区"公园城市·法治同行"模拟法庭展演活动，传播法律知识；邀请社区人员到校开展"法制""禁毒"宣讲；利用寒暑假、节假日，组织开展假日家庭小分队，慰问孤老，走访独居，培养学生的公益服务意识，引导学生尚善发展。 2.传承红色基因：参观附近的毛主席纪念馆、黄继光纪念馆、陈毅纪念馆、邛崃红军长征纪念馆、成都市规划馆，重温党史，传承红色基因，培养学生的爱国情怀。 二、慧 1.全民终身学习活动周：与社区联合开展一年一度的"全民终身学习活动周"，由学生讲述自己的阅读心得、经验，锻炼学生的表达能力。 2.亲子教育分享：举行家长交流会、区域亲子教育报告会、学校开放日，发挥校区育人功能。 三、艺 1.特色活动：美社区联美校园：以家庭成员为单位，组织学生、家长及教师积极参加社区文化展演、艺术节、歌唱比赛，向周边社区居民展示科大实验附小科科娃们的良好风貌。参加拜孔敬茶、朱砂启智、击鼓明志、开笔礼仪等国学活动；开展学中华传统礼仪、马术、寻找最美古镇等亲子实践活动，让学生在学校外的社会环境内体验生活，收获成长，深化学生公共素养教育。

续上表

课程名称	课程内涵	课程内容
校区共融课程		2.弘扬非遗文化：邀请社区非遗工作人员到校开课，如舞狮、川剧变脸、糖画等活动，或者组织学生走进社会，学习非遗文化，如扎染、古法造纸、采茶制茶、观看茶技表演等，让学生感受非遗的魅力，浸润学生美的心灵。 四、健 1.社区运动联赛：师生积极参加社区组织的排球联赛、篮球比赛、运动会等活动；学校开放文化体育设施，加强学校校务与辖区居民、社区政务与学校教师的双向交流。 2.健康新时尚：高新区合作街道到校开展"其实我很好心理健康团体辅导"项目，开展"拒绝垃圾食品，从我做起"主题活动，关注儿童的健康成长；以家庭为单位，走进温江应明军事基地，开展军事拓展；走进三道堰花田喜事，开展"飞跃丛林"活动，培养学生健康的体魄和敏锐的洞察力；组织学生走进社区消防站，学习安全常识，主动成为消防知识宣传员，扩充学生的知识面，提升学生的安全意识。 五、勤 1.我为社区换新颜：参加社区组织的植树活动、垃圾清扫劳动、除草劳动，主动宣讲垃圾分类，为社区增添一片绿色，在劳动中培养学生吃苦耐劳的精神。 2.一日城市生存挑战：以小组形式，通过自己的劳动（朗诵、唱歌、跳舞、乐器演奏、洗碗、发传单、带小朋友玩耍等）赚取午餐费，根据所得金额购买午餐，让学生发现劳动的意义及艰辛，培养学生勤劳勤俭的品质。

课程名称	课程内涵	课程内容
校际共建课程	用"共建优质教育生态"的理念，整合周边大学、中学、幼儿园的优质资源，成立高校博士工作站，培养学生的求真创新精神，构建"校际共建"课程。	一、善 1.开学第一课：邀请高校国旗班参加学校的开学典礼，在庄重的升旗仪式上培养学生的爱国热情。 2.入学适应：与科大附幼合作，共享教育经验，协助一年级新生做好幼小衔接，对儿童的成长注入仁爱之心。 二、慧 1.特色活动：大博士领小孩子：邀请社会各领域的专家学者加入学校的"高校博士工作站"，面向学生开展智慧型探索课程，引领教师开展课题研究，促进师生的"慧美"成长。比如电子科技大学为学生科普"虚拟现实技术"，认识AR、VR、MR；四川大学锦城学院的"创客空间"团队为学生介绍当今社会电子信息技术的发展成果和趋势，体验"超声波小车""机器人"。 2.国际理解教育：邀请高校教师到校开设国际理解教育课程，拓展学生的国际视野，提升教师的育人能力。 三、艺 1.纯美艺术绽放：邀请高校教师指导学校音乐教师，开设"知更鸟"合唱社团，儿童教育戏剧社团，满足儿童好奇、好问、好玩的天性，提升学生的审美素养，促进教师美育能力的提升。 2.中国优秀文化：邀请四川大学锦城学院到校开展"汉文化推广沙龙"活动，为学生展示汉服文化、拳法、剑术、棍法、古风歌曲演唱、民乐合奏。 四、健 1.全名健身活动：参加电子科技大学的环湖健身运动，在锻炼中强健体魄。

续上表

课程名称	课程内涵	课程内容
校际共建课程		2.趣味游戏运动会：锦城学院的团队到学校开展"趣味游戏运动会"，在各种快乐的游戏中锻炼学生的体能，激发学生团结协作、拼搏向上的精神。 五、勤 1.毕业体验：与科大实中合作，走进实验中学，体验中学的生活，了解中学生的勤奋刻苦。 2.高校文旅：参观电子科技大学的图书馆、科技博物馆、羽毛球机器人中心，感受高校学子勤劳、勤思的奋斗精神。
校企共享课程	用"共享科技园"的理念，整合周边企业优质资源，开发精品研学旅行路线，构建"校企共享"课程。	一、善 1.人文关怀探索：参观企业的员工活动室，了解企业为员工开设的家庭活动，感受企业的人文关怀。 2.品牌故事追忆：了解企业品牌的创建路程，学习优质企业文化中的责任与担当，培养学生的社会责任感。 二、慧 1.特色活动：名企业助小学校：让学生踏出校门，走进周边高科技企业，深入企业内部参观学习企业先进技术，了解日新月异的科技发展，如观摩"京东方"的曲屏技术，"英特尔"的电路设计，"大众"的安全技术；把周边高科技企业的科技新产品、新技术、发展理念与文化引入学校，如"富士康"的智慧课堂，"京东"的AI人工智能解密，"丰田"模拟碰撞试验，开阔学生眼界，带动师生的创新精神。 2.创意空间：了解企业品牌推广方式及文创产品，学会创意表达，提升审美素养。 三、艺 1.校企联欢会：组织教师队伍与周边企业员工开展联欢活动，进行才艺表演，展现教师的美育素养。

续上表

课程名称	课程内涵	课程内容
校企共享课程		2.企业管理服务：了解企业的管理模式与社会服务形式，感受企业的发展艺术，提升学生的审美格局。 四、健 1.健康安全：走进企业一线，了解企业的安全生产。如学生走进"旺旺食品工厂"，参观旺旺食品生产线，听企业员工讲解食品的制作流程和规范，让学生"零距离"了解食品的生产过程，体会食品生产的不容易，学会珍惜，懂得感恩，同时也在一定程度上增强食品生产企业质量安全社会责任意识。 2.团建运动：了解企业开展的团建活动，感受企业对员工身心健康的重视，引导学生健康学习、健康生活。 五、勤 1.劳动知识：走进企业或企业到校宣讲，听懂生产中简单的劳技知识，学会简单的操作。 2.工匠精神：在企业研学之旅中感受企业员工敬业、专注，不断创新、精益求精的工匠精神，培养学生追求卓越的劳动意识。

第三节 "五位"协同融合美育课程群实施

在我校"442"治理体系下，学校基于家庭生活之美、社会人文之美、高校科学之美、企业劳动创造之美等协同要素，建立了系统的"五位"协同融合美育组织架构，包含三级家长理事会、社区联络站、博士工作站、企业研学中心，下设多个部门，在这些部门的共同作用下，形成"五位"协同融合美育网络。实施过程中坚持四个原则：坚持党的领导，坚持立德树人，坚持五育融合，坚持多元共治。通过美育微课、社团活动、童心大舞台、育童论坛、育童讲堂、社会实践、亲子活动、企业研学等途径融合实施。

"五位"协同融合美育组织架构

三级家长理事会
- 美育微课助教部
- 育童论坛征集部
- 家校和谐共育部
- 学生安全督导部
- 后勤志愿服务部

社区联络站
- 社区联络基地
- 寻美体验中心

博士工作站
- 科创育美规划部
- 高校专家指导部
- 校际活动策划部

企业研学中心
- 企业文化研学部
- 企业活动实践部

围绕"善、慧、健、艺、勤"的"五美"学生发展目标，"五位"协同融合美育以学校为核心，融合家庭、社区、高校、企业多方资源，分别开展家校"好家风育好孩子"、校区"美社区联美校园"、校际"大博士领小孩子"、校企"名企业助小学校"特色活动。

"五位"协同融合美育运行机制

一、学校与家庭——开展"好家风育好孩子"特色活动

学校成立"校级——年级——班级"三级家长理事会，由校级家委会会长统筹负责，针对家校和谐共育课程的实施设置美育微课助教部和育童论坛征集部，课程主要通过美育微课、童心大舞台（班级文艺汇演）、育童论坛（专家讲给家长、学生听）、育童讲堂（家长讲给家长听）、亲子活动实施。美育微课分家长美育微课和学生美育微课，每学期初由家长或学生自愿申报，美育微课助教部汇总，并依据申报人意愿及学生发展需求排课，分社团微课、班级微课、年级循环微课和校级循环微课四种形式，以实现学校的美育价值为出发点，以"浸润、熏陶、体验、激趣"为策略，以"开阔学生视野，培育学生审美情趣"为目的。2015 年以来，学校已开展生活技能类、科学创新类、艺术文化类等美育微课数百节，深受学生欢迎。其运作流程如下：

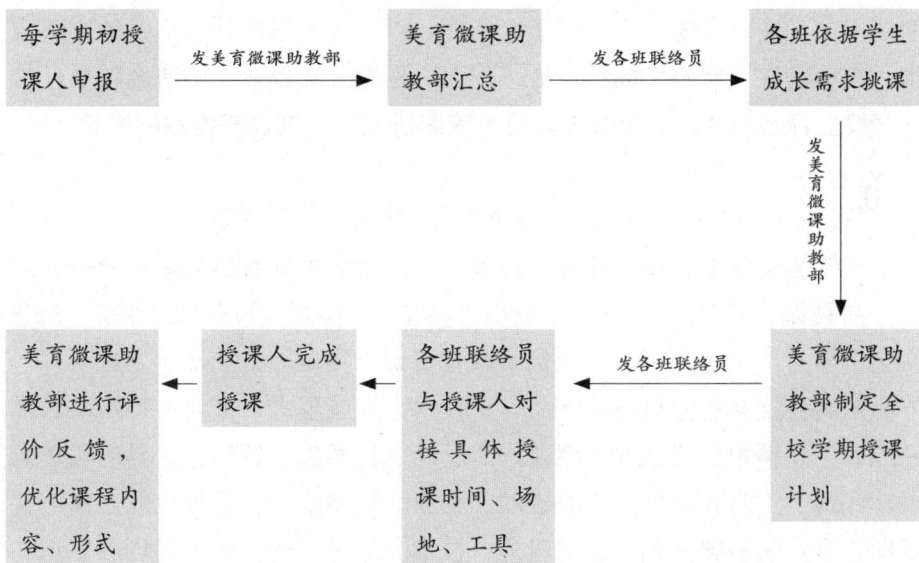

每学期初授课人申报 → 发美育微课助教部 → 美育微课助教部汇总 → 发各班联络员 → 各班依据学生成长需求挑课 ↓ 发美育微课助教部

美育微课助教部进行评价反馈，优化课程内容、形式 ← 授课人完成授课 ← 各班联络员与授课人对接具体授课时间、场地、工具 ← 发各班联络员 ← 美育微课助教部制定全校学期授课计划

二、学校与社区——开展"美社区联美校园"特色活动

学校借助社区联络站，将学校美育文化与社区文化相融合，一方面让"美"走进校园，如引入社区的非遗文化，健康法制、环保公益宣讲，从更广的社会环境中为学生创造良好的美育体验环境，发挥社区的育人价值。另一方面，让"美"走出校园，利用社区经常举办的如走进养老院探访老人、街道清洁大扫除、社区节日会演等各类活动，为学生搭建寻美实践平台，让儿童走出家庭，参与志愿者活动和社会体验活动，促成学生的"寻美体验之行"，培养自立、自主能力，培养社会责任感和使命感，力所能及地履行社会小公民的义务，形成正确的世界观、人生观、价值观。

三、学校与高校——开展"大博士领小孩子"特色活动

学校长期与电子科技大学、四川大学锦城学院、西华大学、四川音乐学院等高校紧密合作，并邀请社会各个领域的专家学者加入学校的"高校博士工作站"。一方面，通过高校专家指导部面向学生提供探究型、智慧型课程，开展"大博士领小孩子"活动，以育童论坛或社会实践的方式实施，推动学生"慧美"成长。另一方面，也充分发挥博士的研究特质，带领全校上百名教师，开展教育最前沿课题研究，促进研究型教师成长。

四、学校与企业——开展"名企业助小学校"特色活动

学校地处成都高新西部"科技园区"，辖区内拥有华为研发中心、京东方科技园区等优质资源，学校用"共享科技园"的理念，通过"企业文化研学部"整合辖区内企业优质教育资源，实施"企业研学之旅"。一方面把高科技企业的科技新产品、新技术、发展理念与文化，特别是名优企业的工匠精神引入学校，用课程的思路，让学生了解日新月异的科技发展，开阔学生眼界；另一方面借助"企业活动实践部"走进企业内部，参观探索企业的品牌文化、管理服务、技术产品等，培养学生的创新意识，提升学生的审美格局。

五、课程实施经典案例展示

育童论坛："聚焦人工智能·探索未来教育"科普讲座活动简报

为了让学生接触前沿科技，感受"科技＋教育"的魅力，体验未来教育教学新模式，2019年11月20日和21日，电子科技大学计算机学院的谢宁教授及他的研究生团队罗适、杜云飞为科大实验附小的学生带来了"聚焦人工智能·探索未来教育"的科普讲座。

本次讲座中，罗老师先是通过视频介绍了什么是VR虚拟现实，后又引导孩子们想象AR应用到教育中的场景。当罗老师提问到："虚拟现实有什么用呢？"孩子们回答："可以用来学习，这样在家也可以和同班同学一起学习了。"真是爱学习的孩子呢！罗老师告诉孩子们，戴上VR眼镜，可以去一切不可能去到的地方。

那AR增强现实和VR又有何不同呢？杜老师讲到AR是在真实世界叠加虚拟信息，在不久的将来，AR技术可以辅助更多学生做练习题等，让枯燥的学习增添更多乐趣。除了在教育上，AR还可广泛应用于艺术、美妆、医疗、娱乐、建筑等方面。二年级四班杜雨心听完讲座后说："如果我有一台AR机器，我会让妈妈先来试好喜欢的衣服，我再买给妈妈。"

什么是AI人工智能？首先杜老师提出人工智能不等于机器人，人工智能是让机器人通过学习和训练，帮助人类去做过去只有人才能做的智能工作。再通过图灵测试让大家进一步了解智能，引发大家对人工智能的兴趣。最后，杜老师鼓励大家努力学习，所有的人工智能技术都是建立在数学的基础上，只有学好基础课才有机会进入高新技术的殿堂。

讲座的末尾进入互动体验环节，在本环节中同学们表现极其踊跃，现场气氛达到高潮。伴随着一些喜悦和不舍，此次讲

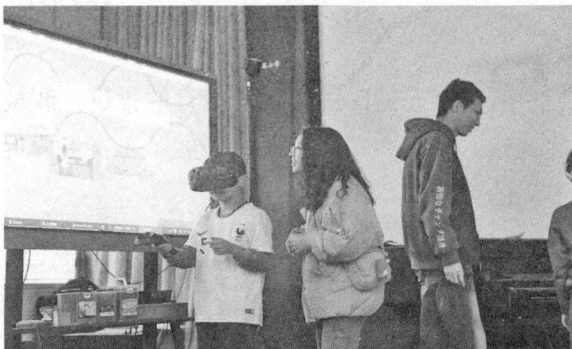

座圆满结束，通过本次科普讲座，同学们不仅增进了对人工智能技术的认识，还激发了同学们的学习动力和学习热情。

第四节 "五位"协同融合美育课程群组织与保障

一、资源保障

家长、社区、高校、企业为动态发展资源，从区域发展看相对稳定，且不断更新，能够为课程提供源源不断的新动能。

二、课程保障

学校从"善、慧、健、艺、勤"五大美育素养层面整合周边资源，开发了丰富的课程：家校共育课程、校区共融课程、校际共建课程、校企共享课程，确保"五位"协同融合美育课程的持续实施。

三、人员、时间、场地保障

我校成立了以德育副校长为组长，德育处人员、校级理事会会长、高校科研中心负责人、社区教育联络员、企业负责人为成员的融合美育领导小组。在延时服务或者午自习、实践日、周末等时间段，在班级教室、学校功能室或户外空间，通过班主任、家长、信科组教师、社区工作者、高校团队、企业员工等实施，确保课程有效开展。

第三章 "五位"协同融合美育活动

随着"五位"协同融合美育的推进，我校在家校共育、校区共融、校际共建、校企共享四个板块开展了丰富多彩的活动，为学生的成长提供了多元的美育资源。

第一节　家校共育课程活动

驰骋蓝天——中国歼击机介绍

"驰骋蓝天，守护空域，保家卫国。"2019年3月27日下午，一句简洁有力的话，科大附小2016级2班范瑾怡爸爸开始了为同学们精心准备的美育微课——中国歼击机介绍。

"同学们有没有长大想当飞行员的？为什么梦想是当飞行员呢？"开课的第一个问题就得到了同学们的积极响应。"军人很帅、飞行员可以开战斗机、飞行员可以打击敌人、保卫祖国……"在稚嫩的童声中，同学们表现出了强烈的爱国情怀。

听完同学们的回答，范瑾怡爸爸就开始给大家介绍什么是战斗机，战斗机的特点是什么，并用飞机模型配以视频资料给同学们演示了"眼镜蛇动作"和"落叶飘动作"。

随后，向同学们介绍了中国歼击机的发展历史，从新中国成立没有自主研发和生产歼击机的能力，到抗美援朝买别的国家的飞机，再到我们自主研发的领先世界的歼击机。然后分别讲了第一代亚音速时代、第二代超音速时代、第三代超视距时代、第四代多用途隐身时代的代表机型和特点，图文并茂，同学们听得如痴如醉，深感祖国的强大，特别是听到部分机型是在咱们成都设计、生产的，同学们给予了最热烈的掌声，看得出，这种自豪感是由心而发。

最后，在回答问题环节，对于同学们想了解的其他问题，范瑾怡爸爸都一一做了详细的解答。比如：飞行员会头晕吗？歼击机会带什么样的导弹？歼击机能倒着飞吗？等等。

短短的40分钟，很快就结束了。通过此次美育微课，同学们不仅了解了

中国歼击机的发展历史，为祖国的强大而感到自豪，也培养了同学们努力学习报效祖国的理念。

第二节　校际共建课程活动

体验外国多元文化，做新时代少年儿童

2017 年 12 月 14 日下午 15:30 至 16:30，青少年数字化语言文化普及基地（以下简称"基地"）在电子科技大学实验中学附属小学（以下简称"科大实验科大实验附小"）举办了主题为"体验外国多元文化，做新时代少年儿童"的讲座。本次活动由基地黄进老师带队，两名留学生志愿者和两名英语专业志愿者进行配合讲解和展示，科大实验附小一年级的 200 多名学生参加了讲座。

首先，来自巴基斯坦（Islamic Republic of Pakistan）的博士留学生 Saif 通过 PPT 和视频展示了其家乡信德省（Sindh）的历史文化、传统服饰、语言、美食、婚姻、运动和舞蹈等。信德省位于巴基斯坦东南部，地处印度河下游平原，有着 5000 多年的悠久历史，主要使用信德语（印欧语系印度语族）。当 Saif 展示当地美轮美奂的传统服饰、各色各样的美食以及独具特色的婚礼习俗时，同学们被深深吸引，发出一阵阵惊叹，渴望亲身

体验。最后，同学们还通过视频欣赏到了信德省著名的摔跤运动和精彩的舞蹈。Saif还现场邀请了几组小朋友上台跳起了特色舞蹈，在富有异域风情的音乐、轻快的舞步和欢笑声中，活动进入了高潮。

接着，来自孟加拉国（People's Republic of Bangladesh）的博士留学生Samdany以视频穿插讲解及表演的形式为大家展示了本国文化。被誉为"水泽之乡"的孟加拉国是世界上河流最稠密的国家之一，拥有丰富的自然资源和旅游资源。在讲解过程中，Samdany博士还展示了精心准备的各种乐器并进行现场演示。最后，他还邀请了多位同学上台，戴上漂亮的民族头巾，拿起各式各样的乐器一起学习演奏。

来自外国语学院英语专业的两名基地志愿者马曼菲、黄丹分别负责了现场翻译并协助展示，促进了活动的顺利进行。

本次巴基斯坦和孟加拉国的文化展示，不但让同学们近距离体验了外国的异域风情和文化，开阔了眼界，收获了欢乐，更使他们不再把眼光局限于欧美强势文化，培养从小树立多元平等的文化意识，更好地做新时代少年儿童。

第三节　校区共融课程活动

糖画进校园，非遗代代传

2018年10月29日下午，天骄西路社区联合电子科技大学实验中学附属小学共同开展以"服务国家重大战略，推动全民终身学习"为主题的传统文化进学校活动。

此次活动特别邀请了非遗传人陈培莉老师到三年级二班进行授课。首先，陈老师向孩子们讲述了传统民间手工艺糖画的历史由来，零距离向孩子展示了糖画绝活。

只见陈老师用小勺子从锅里舀起一勺糖，飞快地在石板上飞舞起来，只见一缕缕糖丝在石板上变出了一条腾空飞翔的巨龙，趁热黏上一根小木棒，最后用铲子轻轻一铲，一条糖做的飞龙就完成了。

此时现场一片掌声和欢呼声，"哇！太棒了！""太厉害了！""我想要——"孩子们的热情彻底被点燃了。随后，陈老师就根据孩子的愿望手把手地教孩子画糖画，当学生们拿着自己亲手画的糖画时，内心无比喜悦，课堂也在孩子们甜丝丝的笑容中缓缓结束了。

非物质文化进校园的活动，不仅增长了孩子了解非物质文化遗产知识，同时也在孩子们的心田播种了一颗热爱、传承和保护民间手工艺的种子，促使孩子们主动学习、传承、弘扬非物质文化，成长为一个具有传统文化根基的人。

第四节　校企共享课程活动

校企联谊谋发展——京东方研学活动

为落实学校"儿童第一"教育思想，充分挖掘区域内企业美育课程资源，构建社区美育融合课程，凸显学校"以美育美"办学特色，增强学生创新精神和实践能力，特开展"走进京东方企业，体验劳动创造美好生活"研学活动。

"小朋友们，你们知道为什么图片和动画能在屏幕上显示出来吗？"

"你知道为什么带上 VR 眼镜能让我们身临其境吗？"

"你知道'显示'到底是什么吗？"

2018 年 5 月 10 日，在成都京东方，三十八双好奇的眼睛紧紧盯着前方讲解的小哥哥小姐姐，生怕错过哪些精彩的内容。科大实验附小三年级二班的同学们，通过参观产品展厅、聆听筑梦课堂讲解、畅想未来显示等环节，普及科技创新知识、培养他们的科学素养和动手能力，在描述、绘制、设计、制作模型手机的过程中，充分展现自己非凡的想象力与创新意识。

品牌推广科的裴博超小哥哥带着同学们一起畅游知识的海洋，同学们了解了京东方的历史，看到了最新的柔性产品，也体验了科技给我们生活带来的便捷。

MO SBU 研发中心产品开发的郭永林小姐姐生动讲解了"什么是显示"。她为孩子们科普了什么是 OLED，OLED 是如何发光的，三原色是什么，如何显示图片和动画。整个显示屏生产过程都是全自动无人化操作，孩子们通过视频了解了显示屏制作的流程，一双双眼睛被全自动机器人的高效操作流程吸引，一个个小脑袋里都在感叹科技的神奇。

同学们认真聆听、积极发言，动动脑动动手，创作出脑海中的未来显示产品。

为了让孩子们深入了解显示世界，感受显示器件给社交带来的乐趣和便捷，未来，新东方科技体验活动将作为我校社区美育融合课程的固态形式之一，全校学生将定期轮流走进企业，深入开展研学活动。我校会有更多孩子了解、接触未来显示发展趋势，从而对显示技术产生兴趣。

第四章 "五位"协同融合美育成果

"五位"协同融合美育是我校全面落实党的教育方针，深化美育改革的新路径，是我们在习近平新时代中国特色社会主义思想指引下，落实国务院办公厅《关于全面加强和改进学校美育工作的意见》的校本举措，在实施的过程中，取得了丰硕的成果。

第一节　激发学生学习兴趣，促进全面发展

"五位"协同融合美育机制的实施，学生围绕"善、慧、健、艺、勤"五大美育素养在德、智、体、美、劳方面获得了全面发展。近四年来，学生获得区级及以上荣誉 463 项，其中国家级荣誉 5 项，省级荣誉 8 项，市级荣誉 399 项，区级荣誉 51 项，涉及学生近千余人。

从"善"的角度看，学生在日常的生活中不仅能保有一颗善良之心，还能积极参加校内外的公益服务，在潜移默化中将"善"融入自己的生命成长。F 同学以"地铁小暖男"荣登微博热搜第一；刘沁松被评为成都市榜样少年，在成都市各大媒体报道；马晟铭同学被评为成都市优秀少先队员。而且，学生也在作品中展现自己对社会的思考。比如 2019 年成都市定格动画拼比活动，我校学生作品《小猫一家》以其"环保 + 命运共同体"的理念荣获成都市一等奖，这是学生社会责任的善意体现。

从"慧"的角度看，我校机器人队荣获 2020 世界机器人大赛总决赛风采展示奖，贾璟濠、马晟铭、余嘉懿、李宇航同学获 2020 世界机器人大赛总决赛一等奖，在国家、省、市、区各级举办的科幻画、科技论文、Scratch 编程、3D 建模、Arduino、人工智能、电脑制作、机器人大赛中获得 300 多项荣誉，极大地展现了我校的科创育人成果，展示了学生"慧思、慧行"的科创精神。

从"健"的角度看，我校学生逐步养成锻炼的好习惯，学生能运动、爱运动，体测合格率和优秀率也在逐年上升。而且在啦啦操、足球、篮球、羽毛球、乒乓球、网球等各项比赛中收获佳绩。郭晓诺、胡涵玥、曾诗涵等 19 人在 2020 年中国（成都）少儿啦啦操精英赛中获得全国第三名的好成绩；成依璇、任毓菲、王雨宸等 34 人荣获 2017 年成都市校园健美操、啦啦操、排舞、街舞总决赛一等奖；王章吉、刘至和、王杨昕瑀等 9 人获得 2016 年高新区足球联赛一等奖；孙诺奇、张田馨等 7 人获得 2020 年高新区青少年乒乓球锦标赛一等奖；何雯迪、蔡荆越、赵梓峻等 26 人在 2020 年成都高新区中小学生篮球锦标赛中获得第一名。

从"艺"的角度看，我校成立了学生管乐队，全校大部分学生基本能掌握两项艺术技能。在 2017 年第十届成都高新区中小学生艺术节比赛中，荣获"校园剧"比赛一等奖，在 2019 年成都高新区第十一届中小学生艺术节比赛中，再获合唱比赛一等奖，舞蹈比赛一等奖，涉及学生近百人。2019 年学生《神奇的小猫》《小熊呆呆》等 12 项原创作品荣获首届高新区国际儿童美术展一等奖。唐耶琳、高滢雅、王宇函、唐汪依然的原创作品《想飞的狐狸》获中法绘本大赛世界优秀作品提名奖。

从"勤"的角度看，学生懂得劳动的价值和意义，能积极主动地参与校内外的各项劳动。比如疫情期间，学生主动承担家庭劳动，在劳动中渐渐掌握了烹饪、收纳、清洁等方面的技巧。

学生的综合发展也不断促进班级的发展，我校"向阳花中队"荣获"全国动感中队""高新区十佳少先队集体"荣誉称号；18 个班级获得高新区"先进班集体"称号。

从"五位"协同融合美育的形式上看，学生非常喜欢这种多元的育人方式，激发了学生的学习兴趣，促进了"五美"学生的培育。以美育微课为例，每一次美育微课授课后，学生课堂心声都能体现出孩子们的所获所得。部分学生课堂心声如下：

"在现场演示的时候，每每实验成功，所有的小伙伴们都发出哇呀的惊叹声，原来科学是来源于生活，又回归于生活，生活中科学无处不在，我们要善于观察、善于发现、善于提问，然后通过广泛阅读，最终才能学会和应用更多的科学知识。"

——2016级2班邵奕辰《有趣的物理实验》有感

"插花是一件很美的事，我感觉我的嘴角都笑来挂在耳朵上了呢！我的大白牙都笑酸了。连平时门牙漏风的孩子也情不自禁开怀大笑起来。又是一阵欢笑……插花课上有讨论、有分享、有笑声，好温馨和谐。"

——2016级1班李乐言《心怀感恩学插花，祝愿母亲快乐》有感

第二节　提升教师美育能力，优化教师队伍

教师活跃在"五位"协同融合美育的一线，也在美育路径的探索与实施中获得发展，教师获奖 154 项，我校雷静老师被评为 2018—2019 学年度高新区科技创新教育十佳教师；甘学梅、胡燕、胡琴、何黎设计的综合实践活动教学设计《童心抗疫，劳动最美》获成都市一等奖；杨琳玲副校长的论文《创新家校共育途径，提升美育课程质量》发表在国家级刊物《中小学校长》上，王雪老师关于五育融合的班级活动课程探究论文《美为引领，五育并举》以及甘学梅老师的论文《美育班本课程开发的实践思考》也纷纷发表。语文组、数学组、英语组在高新区 2020 教师小课题优秀研究成果中分别荣获一等奖。

第三节　打造学校纯美品牌，展美育高质量

"五位"协同融合美育课程群的开发，丰富了学校的美育课程资源；"五位"协同融合美育机制的建立，创新了美育实施的路径。总结育人经验，学校出版了美育微课工作集《见微知著，浸润育美》，美育专著《美育价值与路径》；多次交流美育经验，辐射省内外；荣获美育实践基地、成都市青少年科技活动基点学校、科技创新教育十佳学校、小作家培养基地学校、成都市艺术教育特色学校、市级童谣创作和传唱基地、劳动教育协同创新示范基地、成都高新区美术家协会理事单位、成都市健美操"推广先进单位"等 24 项荣誉，打造了学校的纯美教育品牌，推动了学校美育高质量发展。

学校是教育治理体系和治理能力现代化的基本立足点，新时代背景下，我们积极搭建"五位"协同融合美育平台，整合家庭、社区、高校、企业乃至更多的资源，创建一流的教育生态，营造利于教育改革和人才培养的育人环境。在协同共融视角下全方位培养学生的美育素养，促进学生德、智、体、美、劳全面发展，"灵动多彩"的个性化生命成长，实现"五美"小学生培育目标；也通过为社会主义现代化建设输送多层次、多规格人才，实现教育的优质均衡发展。

第六部分

纯美融合评价：走向美的达成

人的成长，特别是小学生的成长，应该呈现出一种"五育融合"发展的状态，并且各育的成长也应该是相互贯穿、相互渗透和相互滋养的。党的十八大、十九大分别提出教育要"五育并举"和"五育融合"，它们都在向我们传达新时代育人信息，即要通过"五育并举"与育人的整体性、完整性价值，让"五育融合"与育人的实践探索真正促进人的全面发展。科大实验附小美育融合各育的效果如何？我们通过美育融合评价来检测。

第一章 评价理念和目标

2020年10月中共中央国务院印发了《深化新时代教育评价改革总体方案》，中共中央办公厅国务院办公厅印发了《关于全面加强和改进新时代学校美育工作的意见》，这是继教育部2014年印发的《教育部关于推进中小学教育质量综合评价改革的意见》、国务院办公厅2015年印发的《国务院办公厅关于全面加强和改进学校美育工作的意见》之后，再一次对学校美育工作和评价工作提出国家层面的要求。因此，科大实验附小纯美融合评价，既是对"美育"文件的深度贯彻，也是对"评价"文件的深度实施。

纯美融合评价是建立在学校纯美教育融合育人理念基础上的评价方式，它是通过融合式的评价方法检验学生发展是否全面，五育素养发展是否完整，它是学校检测纯美教育是否达成"五美"学生目标的重要评价方法和手段。

纯美教育的融合评价的提出，一是源自学校"小学融合美育策略体系建构与实践"的需要，评价检验学校"五育并举"和"五育融合"的思想目标与实践策略的效果；二是在积极回应国务院、教育部对学校教育评价改革的要求；三是对当前国内教育评价现象的反思。

目前我国部分学校在教育评价某些方面仍然存在弊端。一是内容的欠缺，如在评价内容上，过于偏重智育评价，或只重视知识与技能的单项评价，忽视学生情感、态度和价值观的关注与考核。二是指标的单一，在评价主体上过于单一，多数以教师评价为主，自我评价与同伴评价缺失，学生处于被动地位，主观能动性不能得到很好发展。三是方法的片面，在评价方法上只重视纸笔测试和短期集中的终结性考试评价，对其他质性考核评价重视不够。

正是这些评价不足的存在，因此国务院、教育部等部门陆续用 10 多项政策文件来推动教育评价的理论和实践，其中国家教育中长期教育改革和发展十二五、十三五期间先后发布了《教育部关于推进中小学教育质量综合评价改革的意见》《关于全面深化课程改革　落实立德树人根本任务的意见》《国务院关于深化考试招生制度改革的实施意见》《教育部关于加强和改进普通高中学生综合素质评价的意见》，特别是在 2020 年 10 月中共中央、国务院联合印发的《深化新时代教育评价改革总体方案》明确要求完善立德树人机制，破除"五唯"顽瘴痼疾，引导树立科学教育发展观、人才成长观、选人用人观，构建服务全民终身学习的教育体系，培养德、智、体、美、劳全面发展的社会主义建设者和接班人，加快推进教育现代化、建设教育强国，办好人民满意的教育。

因此，教育评价改革势在必行。我们在做评价研究时，首先聚焦目标——学生发展，基于我校学生的发展目标来构建学校评价体系，进行顶层设计，厘清了课程、育人目标与学生核心素养之间的关系，设计了相关的评价改革的方案。

一、评价目的

科大实验附小"纯美融合评价"是以立德树人为根本任务，以"以美育人"为目标，以融合评价为特质，以社会主义核心价值观、中华美育精神、中国学生核心素养为内容的评价。它是关注人的人格、情感与价值观的评价，是关注教育对象整体性发展、融合式发展的评价。既可以检测学生德、智、体、美、劳全面发展的状态，也可检测教师教育行为和专业精进的效果，还能检测家长协同育人的效果。这里，更主要指向激活学生主体自主发展内生力的美育融合评价。

二、评价原则

1. 坚持以生为本。评价过程中以学生全面发展为终极目标，既要关注共同基础，又要关注个体差异；既要关注发展结果，又要关注过程和效益。

2. 坚持科学规范。遵循教育评价的基本要求，坚持全面发展的原则，杜绝学业发展至上的倾向。评价内容和评价方法科学合理，评价过程严谨有序，评价结果真实有效，不断提高评价的专业化水平。

3. 坚持融合导向。这里是指评价内容融合，在评价过程中不分离割裂德育、智育、体育、美育和劳育，用有机关联式、整体融通式、综合渗透式思维将五育整体融通，提高各育之间的关联度和衔接度。

4. 坚持统筹协调。这里指在整体规划评价的各个环节，整合和利用好相关评价力量和评价资源，充分发挥各方面优势。协同推进相关改革，使各项制度措施相互配套，形成合力。

5. 坚持特质发展。结合学校实际，针对"纯美教育"特质发展目标和实际存在问题和薄弱环节，完善融合评价指标体系，积极探索适宜的评价方式方法和工作机制，逐步形成具有美育特色的评价模式。

三、评价内容

科大实验附小纯美融合评价是从学科核心素养的美育融合评价和潜能发展美育成长评价两个方向对学生进行全面评价，以人的审美化成长过程中核心素养融合、促进学生既全面又个性发展的融合评价，达成融合评价的目标——即成为全面又个性发展，且具有纯美特质的小学生。前者主要对学生在国家基础课程学习中五育融合发展的评价，后者是对学生个性化成长，潜能激发状态的评价。

1. 基础性评价

这是针对学业发展的评价，通过《学科核心素养发展报告》对学生学科核心素养美育融合发展进行评价，也是基于学生自主发展内生力的学科核心素养的审美化评价，此类评价具有统一性。

2. 个性化评价

这是针对学生五育融合全面发展效果的评价，通过《学生潜能发展评价报告》对学生个性潜能发展的评价。主要从学生品德发展、身心发展、审美素养和劳动与实践等方面，结合我校学生"善、慧、健、艺、勤"五美十素养为内容对学生进行个性化评价，评价具有特殊性，也是具有我校特色的评价。

四、评价方法

1. 综合评价与特色评价相结合

如上所述，该评价分为学生的全面发展评价和学生潜能发展评价（特色）。如体育、音乐、美术等学科的定级制评价，选修课的等级评价，劳动教育与综合实践的参与评价等。

2. 自我评价与外部评价相结合

评价主体分为学生自我评价／家长评价、同伴评价和教师评价三种类别。因小学低段学生年龄小，自我评价由家长、孩子共同完成，学校不分类收集评价结果。三类评价中教师评价占主体作用，占终结性评价的60%；自我评价／家长评价体现自我认同作用，占终结性评价的30%；同伴评价占辅助作用，占终结性评价的10%；

3. 线上评价与线下评价相结合

除常态化的线下评价外，学校通过乐陪智慧校园开发学生线上评价平台，记录学生的常态化与过程性评价结果。学校、教师、家长、个人不同群体都能及时查看评价结果，便于教师、家长对自己的教育行为和对学生的学习行为的及时干预和调整，达到更好的效果。

4. 结果评价与增值评价相结合

我们在关注学生发展结果的同时，也关注学生发展水平的进步程度，将增值性评价作为评价的基本内容。

五、评价实施

1. 评价形式

科大实验附小的融合评价从评价形式上主要采用等级评价方式，我们常用"优秀""良好""合格""待合格"四类等级进行评价。每类等级的确定，是对过程性评价的结果反映。在过程性评价中，也有针对每一项内容（如行为习惯、学习习惯、学业水平、活动参与等）的等级评价。

2. 评价频次

根据学校实际，评价频次因实际需要存在差异。例如在习惯养成方面，每天、周、月、期都要进行评价；在学业水平评价中，一般是一学期一次；在活动参与中，一般是按活动主题（按美育四季文化节）每次都要进行评价；在个性发展评价中，一般是以期和年为时间阶段进行评价，如十类纯美少年、纯美大队委、纯美学生干部、纯美少先队员等。

六、结果运用

科大实验附小是用"融合评价"结果作为学生全面发展和个性发展状态的诊断依据，作为学生增值评价的对比数据基础。融合评价结果也用于研究学校课程改革全过程，将结果反馈于学校课程的开发、实施与调整，最终形成了从实施→评价→反馈→调整→实施的闭环，体现评价融合学校课程建设，评价融合教师课堂教学，评价融合学生发展。

第二章　学科美育融合评价

课程标准明确提出，培养学生的学科核心素养是课程实施的价值追求，是课程的基本目标。评价作为不可缺少的教学环节，自然也要以落实核心素养为宗旨，与落实学科核心素养的课程目标、教学目标保持统一，实现目标、教学、评估的一致性。

科大实验附小学科美育融合评价通过《学科核心素养发展报告》进行的，这是对学生学习中的基础学科（这里指国家基础课程，如语文、数学、英语、科学、音乐、体育、美术等学科）核心素养融合发展的评价，主要践行了"学科本体，夯实素养"学科育人理念，是要在突出学科本体的基础上，用融合的观念评价学生学科核心素养＋学生核心素养（五美素养）的融合发展程度。

一、评价目标

通过评价激励学生自主发展，释放学生主体活力，实现学科关键能力的达标，学科关键素养生成，产成自我认同和我要发展的审美化的内驱力（既肯定学生的学科学习，又肯定学生学习过程中审美素养发展，激发内生力）。

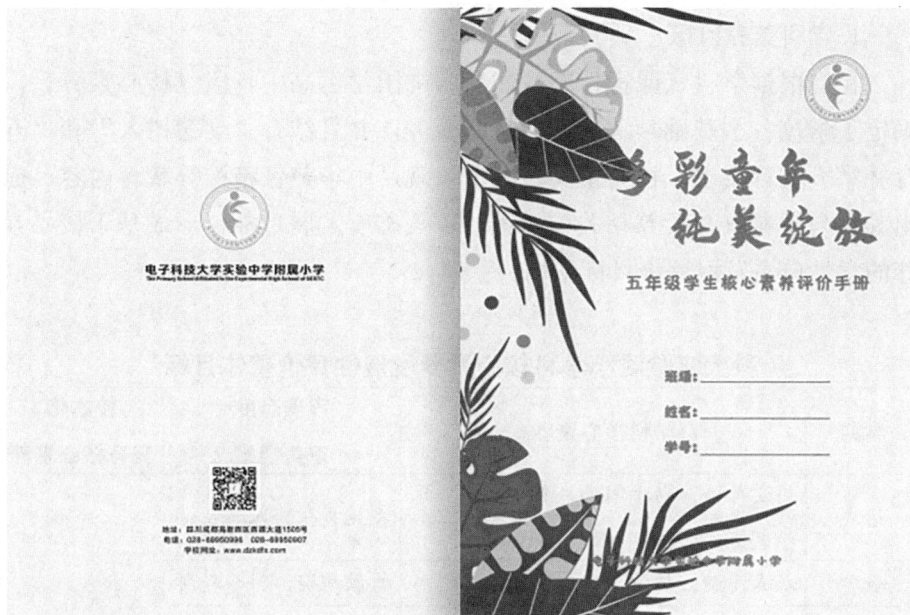

目 录

（上期）

我，风里成长 01

美的阅读 04

道德与法治核心素养发展性评价 05

语文核心素养发展性评价 07

数学核心素养发展性评价 09

英语核心素养发展性评价 11

音乐核心素养发展性评价 13

体育核心素养发展性评价 15

美术核心素养发展性评价 17

科学核心素养发展性评价 19

信息技术核心素养发展性评价 21

生命生态安全核心素养发展性评价 23

美育校本课程发展性评价 25

科大实验附小《学科核心素养发展性评价》

257

1. 学科素养目标

我们根据学科《课程标准》和参考中国学生高中阶段《核心素养》，确定了学校各个基础学科的学科核心素养，并且结合"立德树人"和"五育并举"教育要求，社会主义核心价值观，中华美育精神等教育内容，提出其中与学科核心素养相关、相融的审美态度发展目标，形成基于核心素养的学生自主发展评价目标结构。

科大实验附小学科核心素养发展性评价整体目标

学科	学科核心素养	审美态度 审美情感	校本化 美育核心素养
语文	热爱母语，勤于阅读，善于思考，乐于表达	文化自信，人文关怀	
数学	求真质疑，趣学活用，勤思善思	勇敢质疑，科学精神	
英语	自信交流，多元思维，世界眼光	民族情怀，世界眼光	
科学	质疑求真，探究交流，应用创造	质疑求真，乐于创造	善：善心善行
音乐	审美表达，艺术生活，个性表达，合作创新	审美态度，审美表达	慧：慧思慧学 健：健心健体
体育	自主健身，安全意识，体育道德，健康行为	阳光心理，健康行为	艺：艺趣艺创 勤：勤劳勤俭
美术	美术表现，审美判断，文化体验，创意实践	审美判断，创意实践	
道德法治	尚善求真，法治意识，公共参与	善心善行，公正待人	
信息技术	信息意识，逻辑思维，社会责任，数字化学习与创新	社会责任，敢于创新	

2. 学科素养具体目标

各个学科又在"学科核心素养+审美态度"整体目标下，细化出评价子目标，让评价目标具体可测，逻辑结构清晰，体现出学科本体化，学段差异化，逐层提高，整体融合。

我校各个基础学科的学科素养评价目标均从"美的态度""美的基

石""美的拓展"三大方面进行整体目标建构。每个学科又将"美的态度""美的基石""美的拓展"进行目标细化，建立起三级目标体系。如语文学科核心素养又将"美的基石"这一级目标具体分解为"美的书写""美的诵读""美的积累""美的表达"四个二级目标，每个二级目标再次细化，分别形成关于"美的书写""美的诵读""美的表达"的三个三级目标和"美的积累"的两个三级目标，建立起便于操作，结果可测的学科核心素养评价结构。

科大实验附小语文核心素养发展评价具体目标（五年级上）

二、评价原则

1.目标导向性原则

我校依据导向性原则，指向学科核心素养的落实与发展。通过有效评估促进学生核心素养水平的提升，促进学生全面发展。同时也作为教师课堂教学质量的评估依据，家长协同教育质量评估的依据。

2. 内容多元化原则

我校依据多元化评价原则，从课程目标、课程内容和学业质量标准等多个维度，采用不同的评价方式，对学生的学习过程、学习结果进行全景化的评价，具体操作方式如下：

依托《学科核心素养发展评价手册》，将形成性与终结性评价相结合，对学生进行综合素养评价；结合校本课程中的美育特色课程和学科项目式活动课程，在课程实践中，对学生进行综合素养评价；将教师评价、同伴评价与个人评价相结合，对学生进行综合素养评价；多元化评价相融合，进行全方面综合性评价。

3. 方式多样化原则

主要是联系日常生活，进行表现性评价；记录过程变化，进行成长性评价；考查学习水平，进行终结性评价。

4. 工具时代性原则

随着时代的进步，我们的评价工具，也随之在发生变革。既保持有传统的纸质档案袋，又有与现代教育技术相结合的电子档案袋。

传统纸质档案袋是通过两类评价手册（学科核心素养发展报告＋潜能发展评价报告）形成学生个体成长记录袋，可以翔实展示学生阶段发展效果，便于学生自己、教师和家长了解和对比。

与现代教育技术相结合的电子档案袋是通过乐培智慧校园＋班级优化大师等软件，即时记录展示每位学生在成长中所做的努力、取得的进步和反映发展成果的集合体。这些评价数据真实、过程变化清楚，并利用大数据分析优势，为检测学生全面发展状态、素养水平状态和教师教育教学能力诊断和调整提供真实有效的依据。

三、评价方法

教育部《基础教育课程改革指导纲要》指出："建立评价指标多元，评价方式多样，既关注结果，更加重视过程的评价体系，突出评价对改进改进教学实践，促进学生发展的功能，淡化评价选拔与甄别功能。"以下是我校学生发展性评价的常用方法。

1. 形成性评价

形成性评价又称过程性评价，是在教育过程中为调节和完善教学活动，引导教育过程正确又高效地前进而对学生学习结果和教师教育效果所采取的评价，能够正确引导学习活动的方向，能够强化学生的学习，能够及时发现问题并提供矫正方法。形成性评价占综合评价的 15/30。

融合形成性评价一是体现在学科核心素养＋审美情感的融合，即学科教师会通过联系日常生活，对学生进行表现性评价。主要通过发展性评价记录，对学生学习态度、学习习惯、学习效果等学科核心素养发展进行持续观察和记录，发现学生在短期、一定时期的变化，并将评价结果贯穿到日常的教学活动中，而不是孤立于学习活动之外。

融合形成性评价二是体现在学科学习活动＋学科活动的整体融合，即学科课程的拓展课程评价。主要评价学生知识运用能力，问题解决能力，数据处理能力和思维品质。如数学学科结合"数与代数、图形与几何、统计与概率、综合与实践"四大版块，将学科评价分为基础评价＋拓展评价。基础评价重点考察四大版块的知识掌握情况，技能形成情况；拓展评价重点考查学生运用能力和创新能力。

融合形成性评价三是体现在学科＋技术的深度融合。例如，语文、数学、英语学科教师通过"班级优化大师"APP 记录每天学生学习意志、学习力、自我意识、活跃性和团队合作能力等方面的真实表现。并把评价结果每周进行周小结，每月进行月总结，每学期进行学期总结，让学生能够反思自身的变化与成长，使学生主动参与评价，而不是消极适应，最终促进每位学生都能在已有知识的基础上获得积极的学习经历和丰富的情感体验。

2. 终结性评价

终结性评价又称结果性评价，是在某一相对完整的教育阶段结束后对整个教育目标实现的程度做出的评价。这是以预先设定的教育目标为标准，考查学生发展达成目标的程度。终结性评价的次数比较少，一般是一学期一到两次，可以考查学生群体或学生个体整体发展水平，也可以把握学生掌握知识、技能的程度和能力发展水平，为教师为学生确定后续学习起点提供依据。

我校的终结性融合评价分为基础学科总结性评价、校本课程总结性评价。其中国家课程对学生的评价一般是多方位考察查的，语文、数学、英语等学科主要通过学期期中、期末能力检测达成；音乐、美术、科学、信息技术等学科主要通过能力考核达成。终结性评价占综合评价的 15/30。

科大实验附小数学核心素养发展评价具体目标（四年级上）

校本课程学习评价对学生的评价一般不采用书面的考试或考查方式，主要采用从学习态度（上课出勤率、课堂表现、任务完成）和学习成果两个方面进行"星级制评价"和鼓励性评语评价的相互补充、相互结合的方式。评价过程中教师要充分尊重学生的自主权，让学生主动全面发展。学生成果可通过实践操作、作品鉴定、竞赛、评比、汇报演出等形式展示，成绩优秀者可将其成果记入学生学籍档案内。

3. 增值性评价

"增值"是一个经济学概念，指成本与最终产品销售价格之间的差，这里被引入到学校教育中。学生增值性评价是指学生在"学力""情感""社会性发展"等方面，在接受一定阶段教育后，在各自起点或基础上进步、发展、成长、转化的"幅度"，并依此对学生个体发展和学校效能进行价值判断的评价模式。

我校对学生在校期间的学习所得进行增值评价，它不是以学生的某次成绩对学生进行评价，而是跟踪学生一段时间（一学期或一年）学业成就、学科素养发展的增幅和进步情况，通过多元分析得到的。增值性评价是额外增加的两颗奖励星，不占整体评价的比例。

增值性评价	学科教师根据本学期学习总体进步情况，额外给学生加☆，加☆数量与学生进步程度相关。

四、结果运用

学科核心素养评价的结果，不作为学生评优评先的唯一标准和最重要的标准。它的价值就在于不仅注重了学业水平与核心素养的平衡，而且更多关注了学生在过程中一点一滴的变化，有效地对学生成长和教师教学行为，做出了健康引导。

第三章　学生美育潜能发展评价及活动

一、评价指导思想

根据中共中央、国务院印发的《深化新时代教育评价改革总体方案》要求："要改革学生评价，促进德智体美劳全面发展"。其中具体要求是："树立科学成才观念、完善德育评价、强化体育评价、改进美育评价、加强劳动教育评价"。我校全面贯彻党的教育方针，全面破解了"现行的大部分小学学生综合素质评价体系中，存在缺乏科学性和可操作性的问题"的难题，结合新时代对学生的要求、《中小学生守则》和参考《四川省普通高中学生综合素质评价实施办法》，从美和美育的价值角度出发进行五育融合，根据小学生的年龄特点和认知规律，制定了具有"美育特质"的学生综合素质评价——《学生美育潜能发展评价》的指标结构和实施办法。

从学校的角度，我们以"德、智、体、美、劳"五育融合的校本化落地为基点，结合"五美学生"发展目标和"五美素养（善、慧、艺、健、勤）"课程，用《学生美育潜能发展评价》学生"五美素养"发展效果。"五美学生"是"五美素养"课程的培养结果，"善"着力于思想品德培养，"健"着力于身心健康培养，"艺"着力于艺术特长发展，"慧"着力于学习方法养成，"勤"着力于劳动习惯培养。

科大实验附小潜能发展评价指导

中国学生核心素养	中小学生守则（2015版）	科大实验附小学生培养目标	
健康生活 责任担当	爱党爱国爱人民。了解党史国情，珍视国家荣誉，热爱祖国，热爱人民，热爱中国共产党。	善美	善心
	明礼守法讲美德。遵守国法校纪，自觉礼让排队，保持公共卫生，爱护公共财物。		
	孝亲尊师善待人。孝父母敬师长，爱集体助同学，虚心接受批评，学会合作共处。		善行
	诚实守信有担当。保持言行一致，不说谎不作弊，借东西及时还，做到知错就改。		

续上表

中国学生 核心素养	中小学生守则（2015版）		科大实验附小 学生培养目标
学会学习 科学精神 实践创新	好学多问肯钻研。上课专心听讲，积极发表见解，乐于科学探索，养成阅读习惯。	慧美	慧思
			慧学
健康生活	自强自律健身心。坚持锻炼身体，乐观开朗向上，不吸烟不喝酒，文明绿色上网。	健美	健心
	珍爱生命保安全。红灯停绿灯行，防溺水不玩火，会自护懂求救，坚决远离毒品。		健体
人文底蕴		艺美	艺趣
			艺创
责任担当	勤劳笃行乐奉献。自己事自己做，主动分担家务，参与劳动实践，热心志愿服务。	勤美	勤俭
	勤俭节约护家园。不比吃喝穿戴，爱惜花草树木，节粮节水节电，低碳环保生活。		勤劳

二、评价原则

1.诊断激励发展原则

建立评价体系时，要从学生的发展角度出发，帮助学生进行阶段性的自我诊断，激发学生自信成长的内在动能，促进学生德、智、体、美、劳多方面的整体和谐发展。

2. 评价主体多元原则

评价主体涉及学生、家长、老师、社区，此举能充分发挥学校、家庭、社会的协同育人作用，也能保证评价过程的公开、公正和公平。

3. 客观科学可操作原则

评价能如实客观反映学生成长过程中的突出表现和发展状况，评价指标维度的选择要符合国家相关政策文件的要求，符合学生身心发展规律，评价内容要具体可观测，便于评价主体观察操作。

4. 品行能力统一原则

坚持立德树人，牢记为党育人、为国育才使命，面向全体学生打劳五育基础，面向个别学生发展个性特长，筑基扬长并重。

三、评价思路

评价内容纵向按年段分为低、中、高三段，横向以时间为单位坚持过程性评价与终结性评价相结合，方式上以电子化乐陪系统积分累积，结合年终传统展示，主体上以内容为指标确定评价主体，指向科学、合理、有效、易操作的评价。

四、评价内容

在"以美育美"的办学思想引领下，我校全面推进学生德、智、体、美、劳发展的校本化解读，提出了我校学生发展的五大美育核心素养——善艺慧健勤，它是学生"五美"目标的素养内容，同时也是我校学生综合素质评价的一级指标。五大一级指标又再向下细分为十大二级指标，再落实到具体的分年段指标上，呈现为具体的评价内容，详见表格：

一级目标	二级目标	三级目标	低段（一、二年级）	中段（三、四年级）	高段（五、六年级）	评价主体	评价方式
善	善心	遵守校规 诚实守信	言行一致不撒谎，知错就改勇担责。	遵守公共秩序，爱护公共设施。	上学不迟不早退，文明礼貌尊师长。	班主任 家长	1.星级评价 采用星级积累。评价主体按优秀、良好、合格、不合格等级给评价对象级评价（优秀4—5星，良好3—4星，合格2星，不合格1星）。 2.自我评价+家长评价+教师评价
		关心他人 热爱集体	爱家人，爱老师，爱同学，爱班级，爱学校，孝亲尊师，能为父母做自己力所能及的事。	爱集体，爱社区，爱家乡。知礼谦让，乐于助人，能和别人友善相处和交往。	会控制自我情绪，对他人诚实公正。	班主任 家长	
	善行	知法懂法 爱国守法	能遵守基本的法规法则，知晓与自己息息相关的法律。	了解并能说出身边的交通法、未成年人保护法等。	爱国爱家爱学校，遵纪守法宣传法。	班主任 家长	
		热心公益 志愿服务	友好待人，能遵守学校各项常规要求和中小学生守则。	有为他人和集体服务的意愿，富有责任心。	会主动参加社会公益、社区志愿活动或红领巾志愿服务等。爱护有益动物，保护生态环境，珍爱地球护家园。	班主任 家长	

续上表

一级目标	二级目标	三级目标	低段（一、二年级）	中段（三、四年级）	高段（五、六年级）	评价主体	评价方式
艺	艺趣	艺术熏陶 感知美好	喜欢接受音乐、美术、戏剧、舞蹈等艺术的熏陶。	喜欢经典、高雅艺术，能说出自己喜欢的经典艺术作品。	提高自身的精神境界和审美品质，努力做到心灵美。	学科教师 班主任	
		热爱艺术 发现美好	向往与追求美好形象和美好事物，能够感知美、体验美。	有审美能力和一定的欣赏水平，能够发现美、理解美。	有较开阔的国际视野，能够理解、尊重、包容多元文化。	学科教师 班主任	
	艺创	艺术表达 展现自我	倾听名曲有感受，欣赏名画懂方法。	四川民歌我会唱，传承传统会扎染。积极参与学校童心小舞台，音乐美术相关比赛，乐于用艺术展现自我。	艺术特长有两项，展示自我最大方。积极参与校内外艺术活动，尝试创造艺术，创造美。	学科教师 社区 家长	
		艺术创造 改变生活	积极参与学校和课外艺术课程学习和创作，感受艺术带来的快乐。	自觉做到语言美、行为美，能积极学习美术绘画等，有丰富的艺术生活。	主动传播美、发展美，能与不同文化背景的人进行平等交流。	社区 家长	

续上表

一级目标	二级目标	三级目标	低段（一、二年级）	中段（三、四年级）	高段（五、六年级）	评价主体	评价方式
慧	慧思	自主学习 观察细致	善于观察，乐于模仿，好奇好问。有良好的学习兴趣和积极参与，愿意学习，在课堂上的积极思考，每节课踊跃发言，乐于表达。	勤于思考，乐于尝试，学会思，积极主动，善于总结学习方法，乐于预习，及时巩固。	敢于质疑，勇于创新，会学。有扎实的学习基础和广泛的学习活动的学习兴趣，有良好的学习动机和自觉的学习习惯。	学科教师 家长	
		逻辑清晰 勤思好问	整体全面看问题，细心观察，有帮助。	能独立思考，表达自己的感受和观点。积极思考取提问，遇到问题能解决。	分析问题讲依据，回答问题有条理。	学科教师 家长	
	慧行	热爱科技 乐于探究	对自然科学、科技等感兴趣，喜欢参观科技博物馆、航空航天博物馆等。	科创活动乐参与，积极参与学校校园科技节等各项科学创新活动等。	创造生活小发明，会发现，提出问题，并能尝试解决问题。能在科学实验中，逐渐形成创新实践能力。	家长 心理教师	
		灵活运用 勇于创新	能够基本完成各学科的课业要求，初步养成良好的学习习惯。	崇尚科学，自主探究，动手动脑，实验发现。	能知行合一，会独立思考，会合作分享，能够主动参与到小组学习中，并发挥自己的作用。	家长 心理教师 班主任	

269

续上表

一级目标	二级目标	三级目标	低段（一、二年级）	中段（三、四年级）	高段（五、六年级）	评价主体	评价方式
健心		健康生活 珍爱生命	具有良好的生活作息，早睡早起。不参与危险的游戏。	能够健康有效地规划自己的时间，让生命无实而丰满。	热爱生活，形成并发展积极的人生态度，乐于挑战自己，大胆尝试，不怕困难。	家长 校医 班主任	
		自信自强 心态阳光	欣赏他人，正视自己。能够说出自己和身边的人的优点。	能够与同学交往宽容不计较，遇到困难不沮丧不气馁，取得进步或荣誉不骄傲。	意志坚强不气馁，不怕挫折与困难；心理健康要关注，我是情绪主人翁。	班主任 学科教师	
健体		讲究卫生 注意安全	饭前便后勤洗手，爱干净讲卫生；课间做到三管好，生命安全无小事。	仪容仪表要注意，运动安全要牢记，全我知晓。	掌握必要的生活技能及面对危险逃生自救的技能如游泳，安全用火、用电等。	体育教师 班主任 家长	

270

续上表

一级目标	二级目标	三级目标	低段（一、二年级）	中段（三、四年级）	高段（五、六年级）	评价主体	评价方式
健	健体	热爱运动 体魄强健	身体健康，在体质健康检测中能够达到及格及以上等级。 能掌握基本体育技能，如跳绳、柔韧练习等。能够进行基本的足球练习。 至少有一项自己喜欢的体育运动，能够坚持练习。 有坚持锻炼的良好习惯，在校认真参与体育课及大课间，回家也运动，每天总运动时间超过一小时。	视力达标，体质健康，在体质健康检测中能够达到及格及以上等级。 能够掌握基本体育技能，如：乒乓球、啦啦操、篮球等。能够掌握足球基本比赛规则和技能。 至少有两项喜欢的体育运动，能够坚持练习，至少有一项自己擅长的体育项目。 有坚持锻炼的良好习惯，在校积极参与学校组织的运动会、比赛等，每天在家锻炼至少30分钟，每天运动时间超过一小时。	视力达标，体质强健，热爱运动，有体育精神和规则意识，在体质健康检测中能够达到良好及以上等级。 能够掌握基本体育技能，如：后抛实心球、侧手翻等。能够熟练进行足球训练。 至少有两项自己喜欢的体育运动和两项擅长的体育项目。 有坚持锻炼的良好习惯，积极参与学校运动会、班级足球联赛或乒乓球联赛等，同时也广泛参与校外社区等其他机构组织的运动健身活动等。	体育教师 班主任 家长	

续上表

一级目标	二级目标	三级目标	低段（一、二年级）	中段（三、四年级）	高段（五、六年级）	评价主体	评价方式
勤	勤俭	勤俭朴素崇尚节约	有勤俭的品德和习惯，在学校里能顿顿光盘。	尊重广大劳动者，有良好的劳动观念，认为劳动最光荣。有勤俭的品德和习惯，不与同学攀比吃喝穿戴，以勤俭节约为美德。	热爱劳动，有良好的劳动习惯；有勤俭的品德和习惯，不铺张不浪费，珍惜地球地球资源。	班主任家长学科教师	
		珍惜资源环保生活	在家能节粮节水节电，低碳环保生活。	地球资源很有限，外出倡导低碳行。	能主动参与班级和学校的各项劳动，有建设美好班级和校园的意识。	班主任家长学科教师	

续上表

一级目标	二级目标	三级目标	低段（一、二年级）	中段（三、四年级）	高段（五、六年级）	评价主体	评价方式
勤劳	勤劳	服务自我	有基本的生活自理和自我服务能力，如能有序收拾自己的书包书桌书柜等。	家里的事情都帮着做，在家庭中能承担一项所能及的劳动并坚持自己的劳动生活。	能在学校志愿服务劳动中发光发热，为低年级的学生提供榜样作用。	班主任 家长 学科教师	
		服务他人	在学校"人人有事做，事事有人做"的理念下，在班级岗位，并能承担了一项劳动岗位，并能够坚持在一学期履行职责。	能积极参与学校劳动实践基地"少年农学院"的学习，在农场中劳作丰收。			
		服务社会尊重劳动	对社会各从业人员保持尊重的态度，礼貌相待，尊重他人劳动成果。	积极参与校内和校外的各项社会实践活动，能够自主完成各项成果。	能根据社会需求学习，社会主义接班人。多参与社会服务活动，热心公益。	班主任 家长 学科教师	

案例 1："纯美少年"评价实施办法

1. 形成性评价——学期纯美科科娃

该评价通过形成性评价＋终结性评价二者相结合的方式进行评选，以学期评＋年度评为主要时间节点，每学期过程中评选十大纯美科科娃，每学年评选一次年度十大纯美少年代表人物，从而具体地了解学生每学期在善、艺、慧、健、勤五方面的发展情况。

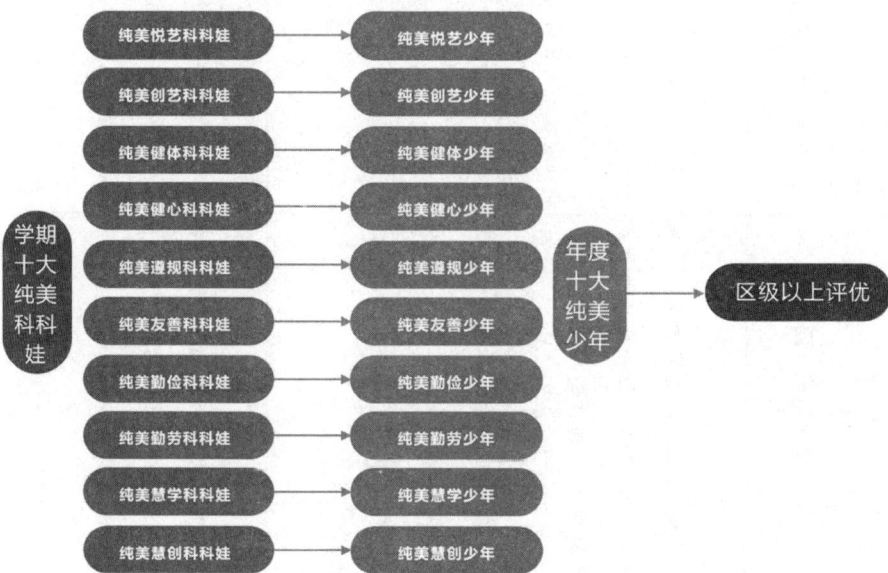

每学期每个学生在十大方面都会得到十个具体的分数，分数由自评分数及内容管理对应的评价主体评分相加得到，但自评分数与评价主体评分权重不同，自评占 20%，评价主体占 80%。

学期纯美慧创科科娃的评选，以纯美慧创科科娃为例，学生需在学期末完成以下表格，从而量化考核。首先，学生可为自己定一个自评分数，同时其评价主体科学教师会在综合平时在乐陪系统中累计的科学课分数，以及学生参加学校科学活动情况来对学生进行打分，若总分达到分数线 60 分，学生自动被评为纯美慧创科科娃称号。十大纯美科科娃评选达标可评，不限人数。

备注：

自评分数满分2分，科学老师评总分8分。（获得6分以上学生，可自动评为学期的纯美慧创科科娃）

我一共获得了（　　　）分。

恭喜你，获得了纯美慧创科科娃的称号！要继续把慧创的品质发扬光大哦！

我一共获得了（　　　）分。

没关系，认真学习科学，多参加科创活动，相信你下学期能够在慧创这一方面有更好的表现！

2. 终结性评价——年度十大纯美少年

每学年会针对获评十大纯美科科娃的同学再进行一次标兵选拔，十大类别的名额均限定为1名，年度十大纯美少年共十名，分为初选+复选两个环节。

初选：该选拔需要将某学生在某方面的两学期分数相加，相加后进行全校排名，排名前十的学生入围校级年度纯美少年候选人，可参与校级年度纯美少年的竞选。

复选：在某单项排名前十的候选人，通过表演、演讲等多形式向全校学生进行展示，由全校学生对候选人投票，决出最终在某方面的校级纯美少年。

学期纯美慧创科科娃评价表

纯美称号	具体要求	操作性目标	自评	科学老师评
纯美慧创科科娃	热爱科技，乐于探究	科创活动乐参与，创造生活小发明		
		纸上谈兵终觉浅，动手实践做一做		
	灵活运用，勇于创新	学以致用会迁移，根据实际来变通		
		敢于质疑有想法，试试创新和突破		

275

案例 2：年度纯美慧创少年的评选

每年，学校根据学生两学期在慧创方面的表现，选出 10 位纯美慧创少年校级候选人，具体纯美慧创少年评选步骤如下：

（1）第一阶段：宣传发动及自主报名

在师生、家长中进行广泛宣传发动，通过班会、广播站、学校官网、微信公众平台、校电子显示屏等方式，宣传评选细则，让每一位师生及学生家长都知晓此次评比活动，明确评选目的、对象、条件和步骤，并引导大家积极参与评选活动。

自愿报名，学生、家长需填写申报表，注意申报表内容的侧重，例如本人申报"纯美律动少年"就针对音乐舞蹈方面做阐述，申报表提交电子档交班主任处汇总。

（2）第二阶段：评选推荐

① 1—5 项"纯美少年"以"校级纯美少年候选人校级公众号展示—乐陪系统投票—公示期 3 天—公布最终结果"的方式决出。

校级公众号展示：候选人需进行视频资料和展示图片资料准备，最后提交给班主任，图片见 PPT 模板，视频要求内容围绕所申请的纯美少年称号进行展示，建议有才艺秀，形式不限，时长 3—5 分钟，横屏，mp4 格式，画质清晰。

乐陪系统投票：推送公众号后，请所有学生在父母的手机乐陪系统上进行投票，对每一类别纯美少年称号，每个学生 ID 最多可绑定 2 个手机，每个手机只能投一票，即每个家庭最多投 2 票。

② 6—10 项"纯美少年"以"班级初选—年级复选—校级公众号展示—乐陪系统投票—公示期 3 天—公布最终结果"的方式决出。

班级初选：班主任组织班级学生及科任老师以民主选举的方式，每名同学在班上演讲 3 分钟，具体阐述自己的单项事迹，对 6—10 项"纯美少年"均推选一名学生参与年级复选。

年级复选：各年级组长组织年级各班的语数外老师组成年级评选小组，以学生演讲 3 分钟，评选小组民主选举的方式推选校级"纯美少年"候选人。

校级公众号展示：最终入围校级评选的候选人请将电子版报名表、展示图片资料、3分钟视频发给班主任，由班主任发给各年级组长。视频要求如下：内容围绕所申请的纯美少年称号进行展示，形式不限，时长3—5分钟，横屏，mp4格式，画质清晰。

乐陪系统投票：全校学生在父母的手机乐陪系统上进行投票，对每一类别纯美少年称号，每个学生ID最多可绑定2个手机，每个手机只能投一票，即每个家庭最多投2票。

（3）第三阶段：审核表彰

①公示：校级评选结果公示3天，公示无异议后方可公布最终名单。

②最终名单公示在学校公示栏。

③上报学校党支部，学校党政联席会确认通过。

④表彰：在校电子显示屏公布、橱窗、校报、官网、公众平台等展示，并在下学期开学典礼上颁发荣誉证书及纪念品。

年度纯美少年评价既是终结性评价，也在树立学生榜样，激励全校学生发展自己的个性特长。

五、评价初步成效

学生个性潜能评价已经在我校试运行四年，每一年学校都在以往的评价经验上不断调整，现在已经形成了一个较为完整的学生评价框架。

在学生发展上，学生在自我潜能的发掘逐渐有了不同的侧重，学生不再是千篇一律地以应试分数为终极追求，而是根据自己的实际情况，有针对性地发展适合自己的个性特长。学生向往获得不同的纯美科科娃称号，彰显自己的个性，同时对获得纯美少年称号学生也生出钦佩和认可。

此外，家长对学校的纯美少年评选也有高度的认可。每一篇关于纯美少年评选的公众号推送稿，都有2000以上的阅读量和浏览量，一位家长在学校微信公众号中评价到，"儿童第一——五育融合育纯美少年"。

第四章 "三悦五美"纯美课堂教学评价

杜卫教授提出："教育的任务，在于使美育与其他各育相互协调，尽可能地避免各方的相互抑制和抵触，充分利用各方可以相互补充和促进的因素，推动它们充分又协调的发展。"纯美课堂就是美育与其他四育融合的主要实施路径，它是实现学生健康乐学、灵动多彩发展目标，发展学科核心素养和促进学生全面发展的根本保障。关于"纯美课堂"，本书在第三部分已经做出较为深入的说明，这里不再赘述。本章节重在阐述纯美课堂的教学评价。

一、理念与目标

"三悦五美"纯美课堂教学评价，是为了实现以美育融合其他四育的学校纯美教育评价目标，增强学科教学评价的动力，激发教师慧美成长的积极性、主动性和创造性的课堂教学评价；也是对教师的教学研究力和教学实践力的评价，重在破解落实学科核心素养的难题，探索学科育美的途径方法，推进课程改革到课堂的深入，更好地落实立德树人根本任务。

"三悦五美"纯美课堂教学评价，是根据"345"纯美课堂标准制定的，是检验课堂是否体现"三好特质"，是否遵从"四条原则"，是否彰显"五生"特征。

二、评价内容

课堂就是生命成长的地方，是学生审美情感得以丰厚的地方，是学生审美经验积累的主渠道。科大实验附小制定了"三悦五美"纯美课堂评价核心地指向两个方向：一是审美情感的培育，二是教学过程育美。为此，我们在纯美课堂评价结构中设计了体现"审美情感"培育的三悦指标，即"和悦的师生关系""慧悦的生生关系"和"愉悦的课堂氛围"。在评价结构中设计了实现过程育美的"五美"评价指标,即学为中心的美的目标、合理整合的美的内容、精心设计的美的环节、手段合宜的美的方法、目标高度达成的美的效果。

学科		授课人		时间			
课题				评价者			
评价角度		具体目标 优良合格				评价等级	
三悦 (情感)	和悦	教师营造自由、尊重、开放的学习空间,师生互动体现和谐、平等、尊重状态。					
	慧悦	学生愉悦、主动学习,乐于欣赏他人,在智慧碰撞中批判质疑、自我创新,体现合作、创造的状态。					
	愉悦	课堂氛围积极,师生情绪饱满。体现出学习的自由、情感的愉悦和人文的关怀。					
五美 (实践)	目标美	目标具体,坚持素养导向,重视学科关键能力培养。					
		重点明确,体现美感经验积累,重视审美素养提升。					
	内容美	彰显学科特性,能紧密联系生活,学习内容整合恰当。					
		美感要素准确,关注科学和人文领域的情感提升和价值引领。					
	结构美	教学流程紧扣目标,过程和谐,富有美感,体现创新。					
		符合美学要求,环节动静交替、起承转合,富有节奏。					

续上表

五美（实践）	方法美	教师三态优美，方法灵活生动，善于抓住课堂生成。		
		媒介运用合理，体现审美化，有效促进课堂目标达成。		
	效果美	知识学习、方法积累、能力提升与情感提升同时达成。		
		审美经验有效积累，学习中能发现、欣赏、创造美。		
		学生兴趣浓厚、情感投入，思维活跃。		
综合评价				

1."三悦——情感交往"

"三悦——情感交往"部分属于学科美育的情感内涵层面，主要包括学生的情感态度变化和师生之间的情感交往两个方面。三悦就是美育的审美情感在学科教育中的价值体现：从教师角度讲，是通过教师的仁爱之心、之情去影响、打动、感染学生，促使学生亲其师，信其道，乐其学。从学生的角度讲，是通过个体的情感参与，在审美化的情境氛围中，丰富自己的情感体验，经验自己的美感经验，发展自己的审美能力，成为一个具有审美能力的人。

之所以把课堂评价的"情感交往"元素作为一个独立的评价单元，是为了突出"情感"于学科美育的重要性。师生只有在"和谐愉悦"的氛围中互动，才能真正激发学生主动学习的意愿，才能激发学生深入思考的动力；生生只有在"智慧愉悦"的交往氛围中，才能虚心接纳他人的学习成果，才能享受在合作交流的过程中成功的喜悦；只有在"全程愉悦"的课堂氛围中，学生积累正确地审美态度，由此产生积极的审美情感才能真正地推进学生、教师的动态生长。

2."五美——课堂实践"

"五美——课堂实践"部分则是课堂表现的主要内容，主要是教师在课堂教学中体现出的内容形式美、课堂结构美、方法的艺术美等。如教学内容要体现美育的校本化，充分挖掘学科内容中的审美元素，尽量突出人文性；在教学环节的设计上体现动静交替、起承转合，使整个教学成为静态和动态的和谐统一，内在逻辑和外在形式上实现美的统一。

课堂评价中的"实践"，是为了突出教师对学科美育的重要性，这是引发审美，积累审美经验的起点与关键。尽管"以生为本、以学定教"的教学主体论不绝于耳，但教师的主导地位应该被充分肯定，尤其是审美的课堂更需要教师去设计和促成。因此，教师就要对学科目标和素养提升如何有效融合更加深入地思考，就要对学科内容中的审美视点（元素）更深入地挖掘；就要对教学环节精心设计，让每个环节彰显动静交替、起承转合的特点，让学生有审美的体验；就是要通过教师审美的方法、审美的手段组织实施课堂教学，让学生深刻感受美的形式，产生积极情感，促进审美经验的积累。

3.综合评价

表格中"综合评价"栏，是让评价者主观判断，实现纯美课堂的开放式评价。

三、结果运用

我们相信，课堂评价就是一种高杠杆率的实践。依据"三悦五美"纯美课堂教学评价结果，我们把收集到的信息作为检测学生学习效果的依据，作为教师教学行为诊断与调整的依据，最终成为支持教师教学决策、改进学习的工具。

第五章 成效与成果

学校实施评价改革以来，改革效果逐渐彰显。在融合评价导向下，学生发展呈现全面发展和个性彰显和谐共融的样态；在融合评价导向下，家长树立起正确的育人观、成才观；在融合评价导向下，教师育人行为更加科学高效，育人专业能力明显提升；在融合评价导向下，学校育人质量稳步提升，推动五育并举、融合育人的信息更加坚定，美育特色更加鲜明。

1.学生全面发展的状态

在学校融合评价的导向下，学生不仅品行端正，学业成绩优秀，还形成了"2+2"体育技能和艺术特长，促进了学生全面发展和个性发展。我们通常在"毕业季"让学生的发展状态在毕业时有一个高光展现，学校以"忆纯美童年"系列活动和"念深深情谊"毕业典礼显性呈现学生的全面发展。

在"忆纯美童年"系列活动中，学生自主设计自己的毕业相册、举办毕业美术作品展、设计毕业纪念品，创作毕业诗，学生在音乐教师的帮助下谱写毕业歌，学生在信科组教师的帮助下拍摄毕业视频……学生在美的环境、美的友情、亲情、师生情中，在参与度极高的审美体验中，定格纯美童年的美好时光，这也体现了六年的融合美育在学生身上所留下的痕迹。

在"念深深情谊"毕业典礼中，亲情、友情和师生情聚焦于附小舞台，完整的情感教育塑造了完整的"人"。毕业典礼一般分为三个篇章：美在花开、美在成长、美在未来。每个孩子都是一朵花，在附小美育的沃土上，他们从含苞到绽放。美在花开意指各班自主申报的两个学生节目的展示。情感的激扬，怀揣着儿童的美好的友情；自信的风帆，洋溢在每个孩子幸福的脸庞。美在成长即给学生设计的特别奖项，为学生的自信成长加码。学校为每一届毕业生设计了优秀毕业生、校长特别奖以及单项才能奖等奖项，这些奖项是学生成长路上的一种鼓励和陪伴。美在未来即优秀毕业生、家长代表及校长发言。这些发言中寄予着深深的祝福和满满的期待。

毕业活动也是学校课程目标"善、艺、慧、健、勤"的另一种体现，为学生的六年发展画下一个圆满的句号。

2.家长育人观念转变

近年来，学校通过育童讲堂、育童论坛、家长沙龙、亲子活动等形式传递学校文化和育人方法，家长的育人观、成才观有了很大转变。家长们不仅重视孩子学业成绩，更重视孩子的综合发展，积极帮助孩子个性特长发展。

一开始，部分家长"分数论"思想偏重，认为只有分数才是决定孩子成才的唯一因素，轻视学生个性特长的发展。因此，这一类家长在课余时间给了孩子更多的文化课学习任务，虽然孩子短时间内学业成绩优秀，但是学习的兴趣也随之磨灭。在学校开始实施个性潜能评价后，学校陆续向学生及家长告知了国家评价改革的趋势，A学生的家长开始认识到分数不是唯一的道理，于是鼓励孩子积极参加学校的各项活动，争取让学生能获得学校纯美创艺少年及纯美科创少年的称号，帮助孩子重新找回在这两方面的自信。于是在学校的科技节、艺术节等活动中，总能看到A同学的身影。A生坦言，现在最期待的就是学校的艺术节和科技节，以及学校的纯美少年评选，这些活动让他更喜欢学校。

第七部分
纯美保障：学校美育支撑体系

科大实验附小通过"教师美育专业成长课程"系统培养教师美育素养，提升教师的育美能力，精心打造学校育美环境，为学校的"纯美教育"提供了重要保障。

第一章　教师美育素质提升

2020 年中共中央办公厅、国务院办公厅颁发的《关于全面加强和改进学校美育工作的意见》中强调"各级教育部门和各级各类学校要把师资队伍建设作为美育工作的重中之重，努力建设一支高素质的美育教师队伍"。由此可见，重视教师队伍审美素养提升和育美能力的培养对科大实验附小通过美育"重塑学校美好"的实现非常重要。

一、价值与目标

传统的教育更强调教育的对象——学生，往往忽视教学活动中另一个非常重要的存在——教师，联合国教科文组织有关研究报告在总结教育改革成功经验时明确指出："教师是决定教育改革成功的三个关键因素之一"，"没有教师的协助及其积极参与"或"违背教师意愿"的教育改革从来没有成功过。可以说，提升教师审美素养和育美能力是学生审美素养发展的重要保障，也是全面发展学生核心素养不容忽视的推动力。

目前，教师审美素养和育美能力的提升仍是教师发展相对薄弱的环节和亟待补齐的短板。主要表现在：有些教师怀有狭隘的教学审美观，认为除了文学、音乐、美术等传统美育学科外，其他学科基本上与美育没有太大关系。怀有这种观点的教师难以发掘所教学科的美育素材，也难以意识到提升自身审美素养的重要性。也有一部分教师的课堂教学机械、刻板，缺少朝气、趣味和美感，究其原因，也与这些教师缺乏审美素养有关。这不仅会引发学生的厌学情绪，造成教学效率的低下，而且还可能导致教师自身缺乏成就感，引起职业倦怠。还有一些教师囿于教学功利性目的，以单一视角看待学生，过于注重学业成绩，而不能以欣赏和开放的视角对待学生的多样性，不利于学生审美素养的发展。

习总书记于第30个教师节在北京师范大学的讲话中要求全国广大教师做"有理想信念、有道德情操、有扎实学识、有仁爱之心"的"四有"好老师，为符合新时代的教育要求，我校以"仁爱、高雅、博学、大气"为教师培养目标，以美育、育美为工作追求，点燃教师教育激情，激发教师教育潜能，修炼教师教育艺术，形成个体教育风格，力求培育一批师德高尚、理念先进、业务精湛、素质全面、结构合理的高素质专业化教师队伍。

所谓"仁爱"，即宽仁慈爱，有高尚的职业操守，热爱教育，关爱儿童，始终践行我校"儿童第一"的教育思想。

习总书记强调："教育是一门'仁而爱人'的事业，爱是教育的灵魂，没有爱就没有教育"。他还说：好老师首先应该是仁师，没有爱心的人不可能成为好老师。科大实验附小自办学以来，一直重视教师师德修养，坚定师爱就是师魂。我们深信，好的教师就是要用爱培育爱，激发爱，传播爱。教师要将自己的爱播撒给孩子，让他们在爱的教育中茁壮成长，在爱的滋润中快乐地接收教育。在爱中成长的孩子，他们也必将滋生更多的爱，并传递给他人。

"高雅"，高尚雅正。教师除了有广博的知识，还要多才多艺，有广泛的兴趣爱好，有较高的艺术修养，努力用自己文雅的举止、优雅的气质和高雅的情趣去感染、引导每一个孩子追求知识，热爱生活，努力发展自己的才能。科大实验附小注重培养教师的艺术修养，力图使每一位教师都成长为具有高雅情趣和审美的教师，去培养出眼中装美、心中存爱、优雅生活的新时代的学生。

"博学"指学识渊博，具体表现为拥有扎实的专业功底，深厚的文化底蕴，能与时俱进，广纳博取，执着创新，从而形成博学的美好品质。

学术水平是教师从事教育事业的主要条件。习总书记认为：在过去，要给学生一碗水，教师要有一桶水；现在看，这个要求已经不够了，应该是要有一潭水。教育工作需要教师有渊博的知识，相当的文化修养和较强的业务能力。教师的文化修养越高，知识面越宽，业务能力越强，教育效果就越好。社会在发展，知识在更新，教师要适应教育事业的发展，就得不断学习科学文化知识，努力提高业务水平，用广博的知识、宽广的眼界、博大的胸怀去教育、接纳每一个学生。

"大气"是一种纳百川、怀日月的气概，一种从容大方、自然天成、胸有成竹的气量，一种成熟宽厚、宁静和谐、坦坦荡荡的气度。

在课堂上，教师的"三态"即语态、体态、神态都投射出对学生的教育和影响。富有艺术感染力的语态体现出教师优秀的职业语言素养美，优美高雅的体态展现出教师良好的职业形象气质美，再结合教师对孩子无私的爱和无微不至的关怀，最终内化为教师大气谦和的神态美，使教师成为内外兼修的仁爱之师。

为全面提升教师的审美素养，提高教师在教育教学中实施美育的能力，在科大实验附小《基于审美素养的校本课程建构与实践研究》的大课题指引下，围绕"博学、高雅、仁爱、大气"的教师形象培养目标，教师们积极开展了基于审美素养的教师美育专业成长课程建构与实践研究。

二、师美成长课程内容

科大实验附小的"教师美育专业成长课程"以全面提升教师的育美素

养、提高教师实施美育的能力为目标，开发了丰厚教师教育生命的"专业成长课程"，提升教师艺术素养的"艺术熏陶课程"，培育教师高雅气质的"形象提升课程"，提高教师育美能力的"美育实践课程"。

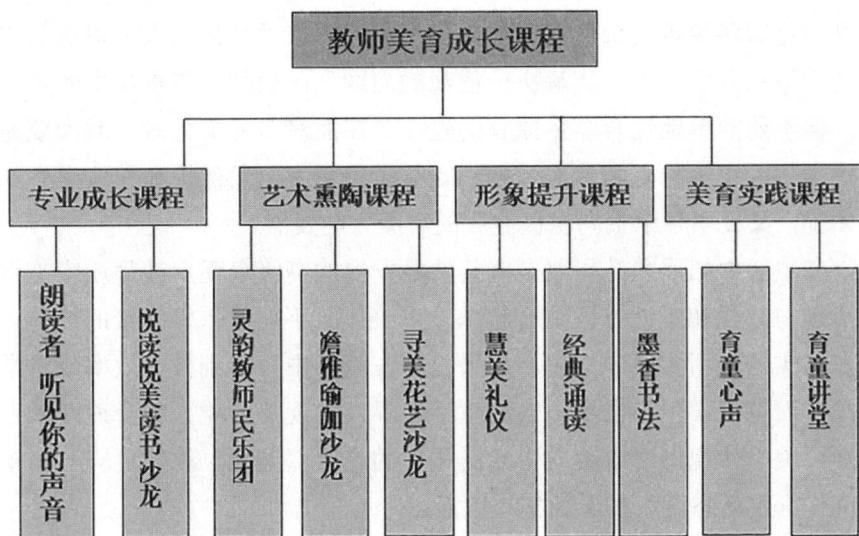

```
                    ┌─────────────────┐
                    │  教师美育成长课程  │
                    └─────────────────┘
        ┌───────────────┬───────────────┬───────────────┐
   ┌─────────┐    ┌─────────┐    ┌─────────┐    ┌─────────┐
   │专业成长课程│    │艺术熏陶课程│    │形象提升课程│    │美育实践课程│
   └─────────┘    └─────────┘    └─────────┘    └─────────┘
   ┌──┐ ┌──┐   ┌──┐ ┌──┐ ┌──┐  ┌──┐ ┌──┐ ┌──┐   ┌──┐ ┌──┐
   │朗│ │悦│   │灵│ │儒│ │寻│  │慧│ │经│ │墨│   │育│ │育│
   │读│ │读│   │韵│ │雅│ │美│  │美│ │典│ │香│   │童│ │童│
   │者│ │悦│   │教│ │瑜│ │花│  │礼│ │诵│ │书│   │心│ │讲│
   │听│ │美│   │师│ │伽│ │艺│  │仪│ │读│ │法│   │声│ │堂│
   │见│ │读│   │民│ │沙│ │沙│  │  │ │  │ │  │   │  │ │  │
   │你│ │书│   │乐│ │龙│ │龙│  │  │ │  │ │  │   │  │ │  │
   │的│ │沙│   │团│ │  │ │  │  │  │ │  │ │  │   │  │ │  │
   │声│ │龙│   │  │ │  │ │  │  │  │ │  │ │  │   │  │ │  │
   │音│ │  │   │  │ │  │ │  │  │  │ │  │ │  │   │  │ │  │
   └──┘ └──┘   └──┘ └──┘ └──┘  └──┘ └──┘ └──┘   └──┘ └──┘
```

（一）专业成长，蕴博学之美

教师审美素养的提升，美育专业的成长，美育能力的提高，必须以一定的美学知识作为文化底蕴。因为它不仅可以丰富教师自身的美学文化知识，改变长期以来缺乏美学文化的不完整的知识结构，也可以为教师教育过程中审美与立美提供必要的知识基础和应有的理性认识前提，使教师日常生活中的审美体验和艺术体验上升到美学文化修养的高层次。

为了丰富教师的美学素养，提升教师的育美能力，陶冶教师的高尚情操，科大实验附小组织教师学习了一系列"美学知识"的相关专著：习总书记关于学校美育工作的思想精神系列讲话，中国中央办公厅、国务院办公厅《关于全面加强和改进学校美育工作的意见》，黑格尔的《美学第二卷》，李泽厚的《美的历程》，朱光潜的《谈美》，李泽厚的《美学四讲》，席勒的《美育书简》，曾繁仁的《美育十五讲》，杜卫的《美育新论》等。

美学知识的学习，让科大实验附小的教师明白了什么是"美"，什么是"美育"，什么是审美心理结构的基本构成因素。这一切都有利于教师自我审美素养的提升，有利于教师自由自觉地开展育美实践活动。

目前，社会的转型带来的文化多元给教育带来了很大挑战，教师不仅要有系统的美学知识，还需要有积极的审美价值取向和审美趣味，要主动提升自身对各种审美价值取向的判断力。"国家教育部门大力提倡的美育正是希望从我们的下一代解决价值观的问题"。教师要尊重学生的审美倾向，但不能简单地迎合学生原有的趣味。在面对多元文化时，教师要充分考虑学生的审美特点和审美基础，既从学生角度出发保护和充实学生的审美体验，又要引导学生向积极健康的审美方向发展。

在生活中拓展和升华美是审美情趣发展的高级表现，教师还应当将审美情趣与教学和生活有机结合起来。审美体验不能只依靠间接的经验，还要在真实的生活实践中产生。如果教师在教学中只看到教学效率或者学业成绩，而忽视学生和自身丰富的生活世界，发现美的能力就会逐渐减退。如今，美学体现出"审美向生活泛化"的趋势，因此，教师更应当将审美态度作为生活态度，贯通教学与生活。

除此之外，美的教育环境对于教师审美素养的形成也具有潜移默化的作用。学校应当对美的物质载体予以重视，为教师创造美与舒适的校园环境。从人文环境来看，教师的审美素养发展状况"受到学校因素影响，学校的文化氛围、教师管理体制、教师评价机制、规章制度等都对教师的成长与发展都产生了不容小觑的影响"。当学校有意识地将审美教育作为学校特色来建设的时候，教师也可能会"把这种美学作为本身具有教育能力的一种因素来看待"，从而有助于教师主动提升自身审美素养，促进学校物质载体和人文环境相互渗透，共同形成以美育为特色的学校整体教育，其实质是构建学校的审美文化。科大实验附小深知美的教育环境对教师审美素养提升的重要性，大力打造了学校环境：丰富有趣的四季文化长廊，色彩缤纷的七彩梦美育馆，有浓厚文化气息的非遗文化"炫彩空间"，各具特色和生趣的功能教室，洋溢着青春与活力的绿之韵体育场……从进入校门，学校一处一景，处处动人，科大实验附小教师在这片美的沃土上岂能不快速成长。

总之，教师审美素养的发展需要教师自身的提升、学校的培训以及学校美育氛围营造的共同支持。

（二）艺术熏陶，浸高雅之美

《国务院办公厅关于全面加强和改进学校美育工作的意见》中明确要求义务教育阶段注重激发学生艺术兴趣和创新意识，培养学生健康向上的审美趣味、审美格调，帮助学生掌握 1 至 2 项艺术特长。因此，科大实验附小把教师的艺术素质提升纳入专业技能发展管理，引导教师欣赏高雅艺术（音乐会、画展、戏剧等），开设教师民乐团、书画研习班、瑜伽花艺沙龙等，以此陶冶我校教师的艺术情操，涵养人文品性。

从 2016 年 10 月开始，科大实验附小正式成立了民乐团，分成二胡、古筝、扬琴、琵琶、阮、笙六个器乐组。聘请专业的民乐老师，每月进行两次教学。民乐学习，有固定的学习时间和学习地点，由组长组织本组老师签到，充分保证教师在学习时间内学有所获。

自民乐团成立以来，在专业老师悉心指导下，教师们认识了简谱音符和唱名，掌握了常见拍号；在演奏技巧上，认识了乐器技巧的演奏符号，初步掌握了演奏方法，能够给乐器校音，规范自己的演奏姿势，节奏的准确度有了很大进步，并且拥有了一定的聆听能力，时刻保持耳朵敏感，听出自己演奏与其他乐器发音的和谐程度。期末根据各组学习情况，制定具体的考查方法，保障学习效果。

短短几年时间，教师们利用教学外的时间学习，从不识曲谱到熟练演奏，甚至将曲艺熏陶与课堂教学相结合，不仅教师个人艺术成长是惊人的，也在自我审美素养的提升中影响着学生的审美，并进一步引导学生审美情趣的养成。

（三）形象提升，炼气韵之美

正如苏霍姆林斯基所说的那样，教师的形象是儿童审美的第一窗口，是儿童心目中美的模特儿。学校美育是教师利用自己的魅力，通过课堂教学和课外活动教育学生自觉培养识别真假美丑善恶的能力。从某种角度说，学生是教师审美教育的对象，反过来，教师的品格仪表形象等，又成为学生的审美对象，并作为学生塑造自己的蓝本，特别是对小学生来说影响更大。因此，作为一名教师，不断加强自己的思想品格修养，努力塑造自我的形象，尽力释放出美的光泽，绝不是教师个人的私事，而是事业的需要，时代的需要。

为培养教师大气的职业形象，力求让教师既有幽兰的清雅、翠竹的气节、苍松的风格、寒梅的傲骨，又有大山的沉稳、大海的包容，科大实验附小曾多次邀请高校专业教师进校对教师进行职业礼仪培训，以期由外而内提升教师的审美素养。2016年12月，电子科技大学意大利东方大学公派汉语教师聂敏为全体教师讲授《魅力教师职业礼仪》，以图片展示当今中外教师着装，总结出魅力教师的特点：学识渊博、生动幽默、风度翩翩。2017年4月，川大锦城学院的邓军老师对全校老师进行了《教师日常工作礼仪》的培训。从电话礼仪、介绍礼仪、接待礼仪、与家长沟通礼仪等四个方面为大家讲解。通过专业培训，教师们明白了应该将自己的魅力展现在学生面前，这会对孩子的审美观与价值观产生积极作用。

礼仪课程的开设，对增强教师的礼仪意识，用礼仪沟通心灵，让文明成为习惯，进一步提升教师外在形象和内在气质，都有非常积极的意义，促使男教师、女教师，都逐渐形成一种大气豁达之姿，滋美校园！

（四）美育实践，合仁爱之美

审美实践作为教师审美素养和育美能力提升的一种重要途径，意味着教师需要主动参与、实行审美实践活动，才能从根本上练就一颗仁爱之心，提升自己的审美素养，提高实施美育的能力。科大实验附小的审美实践主要采取"读、教、写、讲"四种美育实践行动模式，即每位教师每一学年要读一本与美育相关的教育实践类著作；每一名教师，每一学期要上一节审美化教学的精品课例；每一名教师，每一学年要写五千字左右的"美育故事"教学随笔；每一名教师，每一学期要做一次美育专题小讲座或美育成长分享。

读，是教师美育素养的丰厚，是教育智慧的升华。美育素养是需要积累的，读书是用最朴素的形式坚持美育内功的修炼。我们主张在提升教师美育素养的过程中，读书可不受时间、空间限制，在形式上有个人阅读，也开展群体共读。而科大实验附小的"育童讲堂"中开展的"悦读越美"

读书分享活，恰是把个人阅读与共读相融的阅读分享活动。这个活动鼓励教师制定自我阅读计划，选定自我阅读书目，然后每期以主题的方式进行教师个体阅读分享，在此基础上开展对分享的再讨论，形成学校美育的多元结论或多维经验。活动中，每位讲述者与每位聆听者都成了阅读者，也都成了思考者。教师们读博大精深的历史，也读精辟睿智的哲学；读抽象缜密的理论，也读生动有趣的故事；读无私奉献的陶行知，也读心存大爱的张桂梅……通过阅读，教师们更加热爱教育，更加热爱教师这个职业，更加明白作为教师的意义和价值，也更加深入地理解"仁爱"的内涵；通过阅读，不仅加深了教师对"美育"文化的感受与体会，陶冶了性情，也通过主题演讲的形式诠释了教师心中的"爱"与"美"。

教，是理论的实践，是个人经验的验证。教师审美素养的提升，首先体现于教师审美化的教育教学实践。教，既是理论学习的实践验证，又是个体学术经验总结与提炼的途径。科大实验附小是一个成立才六年半的学校，"纯美教育"是学校办学思想，学校以"纯美课堂"为载体，开展学科中的美育实践研究，引导教师认识学科中的美，在学科中寻找育美的方法，有效地解决了如何把学校的价值倡导变成教育教学的实践的途径，有效地帮助教师们在实践中理解什么是"纯美课堂"。

在"纯美课堂"的教学实践中，学校要求教师在课前深度挖掘教材中丰富的美育元素；在课堂上利用抑扬顿挫的语言，温文尔雅的举止，大气平和的神态去吸引学生，以仁爱之心去关注学生，给学生以潜移默化的影响，启迪学生对美的向往和追求；在课后养成学术研究的思维习惯，善于总结自己的教学特点、特色，甚至风格，要学以致用地去实践，才会对学校美育有更深刻的认识。经过几年的实践，科大实验附小教师在学科审美化教学方面，已经摸索出了个体的学科育美方法与策略。

写，是美育成果的总结和美育成长的表达。在教师审美素养发展过程中，学校要求每个教师都要养成反思记录的习惯，写出对仁爱的体会和在教育实践中的感受，提升自己写作表达的能力。将个人的美育成长经历记录下来，展现自我的教育认识、态度、价值观；将教师们在追求美育素养提升过程中形成的经验记录下来，展示个体对学科审美化教学的深刻与理性认识。学校每学年都会开展"与美相遇"教育教学叙事征文比赛，要求教师把日常在纯美教育过程中那些打动、感染自己与学生的案例记录下来，从中去总结归纳教育教学的基本经验与方法，还会把老师们写的美育故事续集出版，送达每一位家长、学生、老师手中，共同阅读、分享。正是在不断的记录中，教师们开始有了对纯美教育的自我认识。

讲，是学术的思考与美育成长的分享。经验分享，团队发展，是学校教师美育专业发展的一个重要特点。科大实验附小更鼓励教师之间相互帮助，互助成长，鼓励合作、分享个人的美育成长经历，这是快速提高教师审美素养的重要方法。"育童论坛"是教师们开展美育专业思考，分享美育成长经验的重要阵地。每一个月，都会由教科室和教导处在固定的时间，以生动的形式，联合组织基于学科美育经验的"育童论坛"讲演讲座，讲出教师以仁爱之心育仁爱之生的经验、方法。"不忘初心 向美而行"主题演讲活动，引导教师们发现教育教学和生活中的美，以故事、案例等形式，每人 10—15 分钟时间，配背景音乐，插入视频，分享班级或个人在审美素养浸润下的教学成果或个人成长。

"读、教、写、讲"四字美育实践行动模式有效提升了教师的审美素养，提高了教师的育美能力，厚植了教师的仁爱之心。

长期以来，科大实验附小围绕"审美素养"这一关键词在教师美育专业成长实施策略方面不断地探索、实践，以期在"仁爱、高雅、博学、大气"的教师形象培养目标下寻找更恰当的教师专业成长路线，为学生"审美情趣"以及"人文情怀"等核心素养的培养搭建更好的平台，促进教育改革的全面发展！

三、师美成长活动

一切的活动都是教师美育素养提升课程付诸实践的具体过程。有了科学的课程体系，还需搭建各种活动平台，让教师们亲身去体验、尝试，最后提升自己的审美素养和美育能力。围绕"教师美育专业成长课程"，科大实验附小开展了以下活动：

活动一：青年教师三笔字比赛

汉字是祖国传统文化的组成部分，是我国古代劳动人民丰富的民族智慧和无限创造力的结晶。规范、端正、整洁的汉字书写是教师的业务基本技能。写好三笔字（粉笔字、钢笔字、毛笔字）具有非常重要的意义，它是教师传授知识信息、传播审美观念、传承民族文化、塑造自身形象的重要载体。为全面提升教师的专业素质，夯实教学内功，培养教师的美育技能，让教师体会传统之美，2016 年 9 月 12 日下午，科大实验附小组织全校青年教师进行了三笔字书写的现场比赛。比赛现场老师们全神贯注，一丝不苟，点横撇捺，工整美观。一幅幅作品从他们的笔尖流出，它们或苍润挺拔，或潇洒飘逸，或笔力遒健，或灵秀清丽，各具风格，彰显出我校教师积极向上的精神状态和过硬的基本功。通过这次三笔字的比赛，青年教师们深刻体会到了汉字的魅力，在一笔一画的书写中，享受着中国传统书法的熏陶，陶冶了情操，平和了心境，既提高育人能力，又浸润了教师的审美素养。

活动二：教师朗诵大赛

语言是人们交流思想的工具，是心灵之窗。教师的语言，既是一种带有书面语言色彩的口头语言，带有绘画语言色彩的白话语言，带有态势语言色彩的有声语言，还是一种富有感情色彩的庄重语言，因此教师的语言词语应文雅，语气应平和，音量要适中，节奏感要强，充满艺术美。这样不仅能激发学生的求知欲，而且能给学生以美的启迪和享受。为提升"纯美课堂"教师语言的表现力和感染力，丰富教师的教育情感，展示教师个人风采，营造纯美的校园文化气氛，2020 年 12 月 18 日下午，科大实验附小举行了教师朗诵大赛。为了保证活动的顺利开展，前期还邀请了四川大学锦城学院播音与主持艺术系景威栋老师到校指导。

这次比赛，教师们或个人，或团体，选择教材中的爱国篇章，配以音乐与影视材料，用包含情感的语言，精彩到位的表情，收放自如的动作以及穿越历史的激情，对历经淬炼的诗文进行了精彩的演绎，抒发了对党和祖国的热爱，对教育事业的热爱。

活动三："悦读越美"读书分享

读书，是时代对教师提出的必然要求，是教师自身成长的需要，是提高教学艺术的重要途径。教师只有不断读书，不断充实自己，提高自己，才能与时俱进。为全面提升教师的美育能力，开拓教师教育视野，收获新的净化与共鸣，科大实验附小每学期都会定期开展教师"悦读越美"读书分享活动，让教师在阅读中享受精神的愉悦，心灵的澄澈，在与作者的对话中，进行一次次纯美的旅程。这样的交流分享带动了更多教师读更多好书，在这样的沟通中拉近了彼此距离，在这样的活动中真正践行"以美育美"。

活动四：育童论坛

漫漫教育路，教师们在不断地摸索中前行，在不断地前行中总结。每一期参与"育童论坛"的老师们都从不同的视角带我们看到了儿童内心纯真多彩的世界。在教师们的讲演中，我们可以看到仁爱之下的美的智慧，看到真与善的统一，而这些独特的视角正是基于审美素养教师美育专业成长的成果展示，意义重大！

活动五：教师民乐团

心灵，如果没有了音乐，犹如浩瀚的夜空，失去了繁星的绽放；灵魂，如果没有了音乐，恰似幽静的山谷，失却了溪流的欢唱。让琴弦拨动，让笙箫奏响。让音乐的烛光，把老师们精神的底色照亮。要实现科大实验附小"以美育美"的办学特色，离不开科大实验附小的教师。教师的美育涵养、艺术素质往往决定着学校美育特色课程的品质高下。学校的教师民乐团，让老师们通过民族器乐的学习，以此陶冶艺术情操，涵养人文品性。2019年，在成都高新区"聚合力　敬未来"年末总结会上，伴着耀眼的灯光，数十位身着民族服装的乐团成员带着含蓄悠扬的二胡，清脆明亮的琵琶，丰富细腻的扬琴，柔和恬静的中阮，优美华丽的古筝，洋溢着自信的笑容走上舞台。司鼓奏琴，繁弦急管，她们以一首热情洋溢、铿锵有力的《金蛇狂舞》作为开场，赢得了观众的阵阵掌声。

在学习过程中，老师们不仅收获了掌声，也收获了成长。

齐秦老师说：于古筝而言，我总有种特别的情怀。修长的琴体，一字排开的雁柱，弦间轻舞飞扬的手指，再加上柔美明朗的声音，古筝，她完全可以说有着神圣醇美的天籁之音。每到心绪不宁，焦躁不安时，听一听这或行云流水，或婉转低沉，或缠绵悲切的曲调，总能让人忘却烦恼。我新到学校，刚刚接手新的班级，面对从未有过的压力和挑战，我常常感到力不从心，内心惶恐不安。感谢古筝的出现，她让我在烦闷苦恼时，觅得心灵的平静；让我在工作繁忙之际，磨炼了心性。希望以我的静感染学生，让学生能够真正潜心学习。

郑环老师说：第一次二胡课上，老师坐在那里静静地给我们拉了一曲《二泉映月》，我突然间被二胡展现出来的那迷人的忧郁和悲凉所吸引，悄然间，我仿佛看见了江南的青青杨柳，看见了随水飘荡的乌篷船，看见了古道西风瘦马，看到了小桥流水人家，随着那音乐不断散发出的凄凉，我跟着这把二胡走遍了柔情似水、如玻璃一般易碎的江南。就在那一刻，我突然间爱上了二胡，爱上了民乐。二胡的学习真的很难，第一个月，我们所发出的声音，极像电锯声，一个教室十几把电锯同时开工，那滋味，真是让人痛苦万分。二胡的音准也是极难控制的，看似差之毫厘的距离，可在声音发出之后却已然相差千里。但幸好，我有一群从不言败的好同事，大家都在坚持，都在努力，所以，现如今，我们也能拉出完整的曲子了。虽然拉得不熟练，虽然拉出来的声音依然不好听，但每个人的进步却是大家有目共睹的。未来，我会继续坚持学习二胡，不断提升自己的艺术修养，希望能够让自己身上拥有更多的"美"。

王雪老师说：我是学古代文学专业的，民乐学习让我思考能否将艰涩难懂的古文、诗词与民乐相结合，让孩子在感受音乐之美的同时潜移默化地吸收汉文化的精髓，这样既能培养孩子的音乐素养，也积淀了深厚的民族文化。我们总是在语文课本里不断地听到"高山流水觅知音"，听到"雨打芭蕉落闲庭"，听到"春江花月夜"，听到"明月几时有"等等回味无穷的古诗词，可体会古诗词中蕴含的无尽韵味以及千百年来时光沉淀的意境——音乐，无疑是最佳的传递方式。正是因为民乐的学习，让我找到了它。我试着找了找扬琴演绎的民乐曲《春江花月夜》，让孩子们闭上眼睛细细凝听，沉醉在音乐里，那江南春夜的景色，那月光下的万里江景，那游子思妇的离别之苦跃然纸上。古诗词的美，就这样通过音乐真正烙印在学生的心上。古人认为四技（琴棋书画）六艺（礼乐射御书数）为君子修身之本。虽为女子，我也希望通过民乐的学习，提高自身的音乐素养，以自己作为媒介，以美育美，向孩子传达具有深厚底蕴的国学文化，培养学生独有的民族气质。

......

除此之外，为构建和谐校园，陶冶教师情操，提高教师的美育素养，展示教师们"仁爱、高雅、博学、大气"的情怀，学校还相继开展了瑜伽、手工、插花、艺术欣赏等教师活动。

第二章 美漫校园，美育生命

美国诗人惠特曼在《有一个孩子，每天向前走去》中写道：有一个孩子，每天向前走去，他最初看到，并且以或赞叹、或怜悯、或热爱或恐惧的情感感受到了什么，他就会成为什么。他的所见成了他生命的一部分，在那一天，或那一天的某些时间，或者在很多年里，甚至延续终生。那早开的紫丁香，成了这个孩子的一部分……

儿童的学习分为随意学习和不随意学习，越是低龄的孩子，不随意学习的能力越强，但凡入眼、入耳、入心的，皆在学习。因此，美育儿童，身教胜于言传，而境教又胜于身教，把孩子置身的环境，作为课程的一部分，精心打造。美的环境既包括物化的视觉和听觉环境，也包括和谐人际关系结合所形成的心理环境。美化的校园是在美育的理念引领下，在每一个细节处触动学生的审美情感，做到色彩、文字、花草、雕塑等都入眼生美、摄美励志，让儿童听到的是雅音、雅乐，感受到的是尊重、信任和安全。这样的校园环境才具备育人的文化效能。

美漫校园，美育生命，校园环境典雅清新，师生之间充满爱的互动，家校之间真诚相处，同学之间友善交往，让童心在美好的境界里徜徉，让儿童在美丽的校园中成长。

一、纯美关系，纯美成长

"与善人交，如入兰芷之室，久而不闻其香，则与之化矣。"

纯美关系，就是体现着真、弥漫着善的人际交往关系，也是一种融合共生的关系。这种融合，是人与人之间情感的融合，因为共同的发展目标，相同的成长愿景，彼此尊重，彼此欣赏，相亲相爱，实现生命的交融。在这样的关系中，同伴之间友爱互助，师生之间仁爱宽容，教师之间悦纳欣赏，家校之间和谐共进，为儿童营造出充满着爱与自由的生机勃勃的成长环境。

儿童在学习中成长，也在人与人的交往关系中成长。学习铸就孩子精神的状态，交往环境则决定孩子心灵的模样。人之为人，此人非彼人，每一个人呈现出的个性与差异，在于他生活的环境和接受的教育，还有在什么样的关系中与什么样的人交往。

古有孟母三迁，今有学区房、择校热。自从教育进入工业化时代就有了班级授课制、课程标准统一、教材统一。在教育均衡化政策之下，大多数相同区域的公办学校，硬件设施，办学条件也相去无几，那么为什么选校择校热度不减？原因是在教材、教学条件等显性因素之下，与孩子相关的人与人之间的交往关系对孩子的成长具有举足轻重的影响。只有真诚、友善的纯美的人际关系，才能保证儿童纯美成长。

（一）提升"教师三态"，建设纯美师生关系

教师与学生相处过程中，要有美好的三态：仪态、语态、心态。用美好的言谈举止、情趣爱好、价值态度、精神人格，对学生的成长给予潜移默化的纯美影响。教育最重要的不是看教师教给学生什么，而是在教室的四壁之间的空气中流动着的情感和师生互动的方式。（《56号教室的奇迹》）纯美教师育纯美儿童，科大实验附小要求每一位教师不能只是冷冰冰的教书匠，即使做教书匠，也是要带入心和灵魂的"匠人"，要做有"匠心"，但无"匠气"的仁爱大气人类灵魂工程师，与学生建立和谐、亲密的互动关系，培养灵动多彩的儿童。

（二）开辟"家长美育工作坊"，营造纯美家校关系

学校建立校级、年级、班级三级家委会制度，家委会是学校纯美教育关系中学校和家长之间沟通的纽带和桥梁。各级家委会成员充分尊重家长的意愿，采用民主的方式产生。班级家委会由家长自荐、班主任统一协调形成，年级家委会选择采用自荐和班主任推荐相结合的方式从各班家委会成员中组建，校级家委会则由学校公开征募、竞选产生。学校开辟家长美育工作坊作为各级家委会聚会议事的专门场地及组织机构，成为家校共育纯美关系建设的主阵地。通过"育童论坛""童心大舞台"等系列活动，增进家校之间的互动与交往，达成教育共识，凝聚育人合力。

（三）关注、引导"同伴交往"，形成纯美伙伴关系

儿童进入学校，其成长不仅在于向老师学习，受老师影响，同学之间也会互相影响。健康积极的伙伴交往关系则互相促进，不好的伙伴交往关系也会相互效尤。老师不仅应该关注学生的学习，更要关注、引导孩子间的同伴交往。少先队大队部以纯美伙伴关系的建设为主题，开发系列活动课程，利用班队课和班队活动时间，进行统一引导。学校定期开展班主任沙龙，讨论、指导教师如何建设良好的班风学风，及时发现积极的交往活动，让孩子之间互相学习；敏感地捕捉不恰当的交往方式，避免同伴之间互相效尤。

二、入眼摄美，励志怡情

学校环境是学校文化的外在呈现，让校园里的每一朵花、每一棵树、每一个形象、每一种形式、每一个活动都充满儿童性、审美性、教育性，让每一样东西背后都藏着一个故事，充满大胆而智慧的想象。让教师在纯美的"儿童第一"文化中，"欣赏儿童，发展儿童"；让儿童在纯美的环境里"童心灿烂，童趣盎然，童真纯洁"，达致"童心触动世界"，童年快乐成长的境界！

（一）校徽：传递自由、快乐、向上的精神力量

学校的校徽，以绿色为主色调，象征着自然、生命以及希望。校徽的主体是学校校名首字母"K"衍变而来的儿童，儿童张开双臂，向上飞翔，昭示着儿童积极向上的形象；同时，在形象中植入五线，既象征音乐的五线谱，又象征运动的跑道，将艺术与体育融入其间，寓意着儿童灵动、健康成长，彰显着学校的美育特色。

（二）校园吉祥物百变科科娃，陪伴孩子们一起成长

儿童的心灵可以在现实和幻想中自由穿越，他们对虚拟的形象充满兴

大家好！我是科科娃
认识这么久了
我在你眼里是什么样子？
是探索知识海洋的学霸精英
还是有才有颜的宝藏男孩
亦或是可盐可甜的时尚达人~
……

趣，学校建校伊始，就精心设计校园专属吉祥物——科科娃。科科娃的造型既像一个葱绿的生机勃勃的小绿芽儿，又像一滴活泼灵动的小水滴，它是大自然的使者，是一个绿色的小精灵，是生命和谐的象征。为了增进孩子们与科科娃的亲近感，美术老师还带领学生开展百变科科娃创意绘画活动，让可爱的科科娃陪伴孩子们成长，为校园增添一抹童话色彩。

（三）校园景观，纯美相容

让校园里的每一朵花、每一棵树、每一个形象、每一种形式、每一个活动都充满儿童性、审美性、教育性，让每一样东西背后都藏着一个故事，充满大胆而智慧的想象。让教师在"儿童第一"的纯美文化中，"欣赏儿童、发展儿童"；让儿童在纯美的环境里：童心灿烂，童趣盎然，童真纯洁，达致"童心触动世界"，童年快乐成长的境界！

1. 校门

现代、大气的校门前，向上生长的绿色枝丫上，彩色的五线谱搭配活泼的音符，仿佛正在演奏着一曲纯美快乐的歌谣。向上的枝丫、多彩的五线谱以及灵动的校徽，是学校"为纯美的童年而教育"办学理念的形象表达。从儿童的视角来看，这样的设计也是在向孩子们传递自由、快乐、向

上的精神力量，为孩子们营造纯美的童年沃土。

2. 水景：童心触动世界

步入校园，首先映入眼底的是一幅"童心触动世界"水景画卷。水，是清澈透明的"纯洁"；是海纳百川的"包容"；也是滴水穿石的"坚持"，有水则灵动，有水则静怡，具有现代美感的水帘设计，既有声音的韵律，又有形式的流畅，动静结合，灵动且优美。

水景池中，一座"童心触动世界"雕塑作为水景中央的焦点：从水中生长而出绿色的根茎代表生命，蓝色的球代表宇宙，构成这个"宇宙"的是两个展开双臂合围而成的孩子，寓意孩子们在学校文化的润泽下，用童心触动世界。在这里，童年的美是与天地、世界真实互动的、相互悦纳的、不断生成的，而不是脱离孩童现实生活的虚空的口号或标签，鲜明地彰显出学校"儿童第一"的教育思想。

所谓"儿童第一"，就是学校一切教育都要尊重儿童、发现儿童、引领儿童。入口广场作为进入校园的第一站，是孩子们成长的起点。此处水景的巧妙设计，意在用水的灵动润泽童心，用美的形象触动童心，让孩子们心中那颗关于美的种子就此生根发芽！

3. 主题长廊：理念美育、艺术育美、文学育美、科学育美

儿童的成长应该像花朵一样快乐、蓬勃、生动、自由、多彩。学校教学楼公共空间的设计完美地诠释了这一点。

（1）一楼长廊：美育理念与课程之美

走进教学楼，富有童趣的文化大厅不禁让人眼前一亮。洁白的天花板上镶嵌着一张张孩子们多彩照片，记录着孩子们每一次的成长；以蓝天、白云、热气球为背景的趣味舞台，给予孩子们自由展现自我的平台，让孩子们能够乘坐着属于自己梦想的热气球，走进纯美的童年……办学理念主题墙系统地阐释了"儿童第一"的核心理念，尊重生命、呵护童真，"俯首甘为孺子牛"的教育情怀洋溢而出，虽无声而浸心。《童心宣言》则向全校师生、家长及所有来访者敞开一颗颗纯真而美好的心灵，用心阅读之际，仿佛看见一个个孩子，满眼期待地站在你面前，期待着"能在孩童的世界之心里，占一角清净之地（泰戈尔）"。

再往里走，宽敞明亮的长廊两侧，展现的是学校具有美学取向的"纯美课程"以及"纯美课堂"相关内容，童真融春、童趣约夏、童语韵秋、童心暖冬，以时间为轴、四季为题的主题文化墙上，孩子们笑容灿烂、童趣盎然。

在学校教育中，课程是育人的载体，课堂是育人的主阵地，纯美课程的意义就在于让儿童在不断的美感经验积累过程中发现美、欣赏美、创造美和传播美，进而引导孩子们主动融入生活、自然，社会，收获成长。

（2）二楼长廊：艺术之美

学校将黑白琴键、多彩乐符以及各类乐器元素相融合，行走其间，仿佛置身于世界音乐之林中，对于音乐、对于艺术的欣赏与感悟油然而生。此外，极具学校纯美教育特色的"百美墙"则充分展现了书法艺术之美以及中国传统文化的魅力，传达着学校"以美寓美"的育人思路，同时，在学校的育人视野中"每一名孩子都有其独一无二的美"，彰显出学校"和而不同、美美与共"的育人追求。

（3）三楼长廊：儿童文学育美

承载着的是孩子们的文学之梦。"大作家"和"小诗人"，二者并列，充分展现了学校"欣赏儿童、发展儿童"的教育理念。以中外著名儿童文学家简介和名著片段为呈现内容的"大作家"文化墙，用文学艺术浸润孩子们的心灵；以学校学生的诗歌作品为呈现内容的"小诗人"文化墙，用充满童真的诗句展现着孩子们纯真的心灵世界。"我边看油菜花边写诗，窗户外的一边是油菜花，窗户的另一边也是油菜花，像两张同样的照片""我踢着足球，足球像一个太阳，我把太阳踢进球门，妈妈看着天空，只有三朵云，她问，足球哪里去了？""我坐在草地上，像在坐沙发。我看着天上的白云，像看一排排靠枕"……在这里，诗意与童年，生活与学习，竟如此熨帖，如此纯美！

在教学楼的三楼还藏着一间孩子们的秘密基地——邱易东儿童文化教育工作坊，这是一个以"儿童文化教育"为内容，以提升"儿童审美情趣"为宗旨，落实学校"儿童第一"教育思想和"以美育美"办学特色，激励儿童向真、向善、向美的美育实践基地。说是工作坊实则就是一间孩子们自由畅想的乐园，在这里陈列着众多的儿童文学作品供孩子们自由翻阅；蒲团、桌椅，多元化的阅读体验，让孩子们爱上阅读；消防栓、无人的小角落里，还藏着儿童诗呢。

（4）四楼长廊：科技之美。

你知道影响世界的十大发明么？你知道关于科学的十个世界之么？你知道新中国科技史上的那些个"第一"么？你知道将使世界变得更好的发明清单么？四楼的长廊上，从过去到未来、从科学家到科技发明、从世界到中国、从高新区再到学校，从科技知识再到动手实践，多元化的体验，让孩子们徜徉于科技的海洋中，激扬起爱祖国、爱家乡、爱学校的美好情感，慧思创，美未来，让充满审美价值的科学创新精神弥漫校园。

4. 美育素养苑：善、健、慧、艺、勤

穿过一楼走廊，"美"的主题雕塑，映入视野。"美育"为主题的素养装置雕塑向我们展现着学校以"美"为特色，五育融合的新时代美育观。雕塑整体采用现代装饰艺术风格，时尚简约、虚实结合、灵动雅致。绿色的草坪中左右并排的"善""慧""健""勤"四字，共同构建成学校校本美育素养内容，展现出学校的育人思路：美育既融合在德、智、体、劳诸育之中，又具有独立性，以美启真、以美储善、以美促劳、以美健体。

5. 生态育美：绿树成荫、鲜花盛开的校园

学校花草树木众多，绿化率达 30% 以上，把校园的植物作为审美课程资源，让儿童在花花草草中，感受四季轮回之美，生物多样之美，让每一棵树，每一株草，都与儿童互动。将寻找校园中一棵最美的树当朋友作为一年级的始业课程之一，一年级小朋友入学，孩子们在老师、家长带领下，熟悉学校环境，寻找一棵自己认为最美的树作为朋友，与树朋友合影留念，并给树朋友取一个名字，画一幅画，或者写几句小诗，把照片、图画、小诗挂在相应的植物上边。孩子们还可以定期去看看，除了自己，还

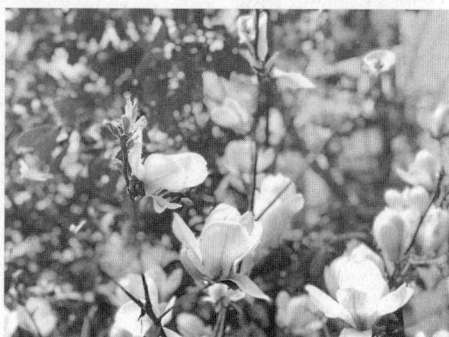

有哪位校友也把这棵树当作树朋友。每年或者每学期，孩子们都可以和自己的树朋友拍照留影，观察树朋友，与语文课结合，进行习作练习；与美术课结合，进行树木写生；与科学课结合，了解树的生物学知识。让校园里的树朋友与自己一起成长。六年毕业，将照片与其他资料汇总。让校园里葱茏的花草树木成为孩子成长的陪伴者，见证者，也成为孩子们学习的课程。

漫步在学校的庭院之中，银杏、皂角、樱花……二十余种树木在校园里相得益彰，让学生们呼吸清新的空气、感受大自然的美好。

6. 中华传统育美：炫彩空间

在教学楼文化大厅右侧的庭院中，有一个富有儿童味和艺术感的炫彩空间。炫彩空间的一侧是一条非遗文化长廊。长廊以"山水"为核心元素，通过流畅的山水线条辅以"白云""树木"等元素，错落有致地呈现"高山流水"的艺术之美。半封闭式的设计，使空间整体与周围绿植形成一个整体，是山水与自然的相互交融。在色彩上，我们以非遗蓝和科小绿为主色调，亦是对蓝天、青山、绿水的形象表达。空间共分为三个部分，分别为蜀风遗韵（四川音乐艺术类非遗展示区）、匠心传承（学生手工坊）以及悦美童心（学生非遗作品展示区），从学习、体验、创作三个层面引导儿童传承非遗文化。

三、入耳赏音，纯美净心

如果说，视觉环境的影响是被动的、温柔的，那么听觉环境对儿童的影响就是主动的、强势的，因为很多时候，人置身其中，可以视而不见，但是很难做到充耳不闻。科大实验附小美漫校园之环境打造，除了精心设计每一处空间，利用每一株花草，还对声音环境进行了精心设计。

自创校歌《童心之歌》：

清晨，孩子们随着《童心之歌》欢快的节奏踏入校园，开始一天愉快的学习生活。阳光大课间，孩子们随着校歌翩然起舞，在歌声中，孩子们懂得了"儿童是我，我就是儿童，我有怎样的童心，童心应该向哪里生长"。

科大实验附小，是一所没有铃声的学校。每天，孩子们听着老师亲切的下课三件事的谆谆教导整理学习用具，开始快乐的课间活动。每节课上课，听着学校根据孩子们不同时间段的身心状态精心挑选的音乐走进教室，开启新的学习之旅。

午餐时间，也是孩子们的音乐欣赏时间。结合学校"绚丽民歌"的课程特色，老师们选择古今中外不同时期、不同地域的经典民歌，统一播放给孩子们欣赏。孩子们一边听，一边欣赏老师们借助各班教室的多媒体播放介绍乐曲的PPT，让音乐美化校园生活，让音乐润养儿童心灵。

童心之歌
——科大实验附小校歌

1=D 2/4

中速 稍快 快乐天真

作词：邱易冬
作曲：寇忠泉 王文华

(3 3 4 5 5 | 6 5 | 2 2 3 4 4 | 5 4 | 0 1 2 3 | 5 3 5 6 | 7 5 | i 0)

3 3 4 5 5 | 6 5 | i 5 5 | 5 - | 3 3 4 5 5 5 | 6 5 | 4 2 2 | 2 - |
我们的课堂 充 满 阳光 每一颗童心都 闪 闪 发亮
我们的世界 无 比 宽广 每一颗童心都 充 满 梦想

5 6 0 | i 6 0 | 5 6 0 | 4 2 0 | 5.6 i 6 | 5 6 6 5 | 4 3 2 1 | 2 5 |
我们 好奇 好问 好玩 扎根在"美育"的 沃 土 上
我们 奔跑 跳跃 歌唱 我们拥抱未来的 星 空

0 6 6 6 | 5 3 2 3 | 1 - | 1 - | : 1 6 | 6 - | 7 7 6 7 | 5 - |
花 蕾 竞相开 放 我 们 健康乐 学
我 们 收获太 阳 我 们 真诚待 人

3 3 1 | 3 1 3 4 | 5 - | 5 - | 7 6 5 6 | 3 - |
灵 动 多 彩 我 们 学做真 人
勤 奋 求 学 我 拥 有 纯美童 年

2 2 2 3 | 5 6 | 3 - | 3 - | : 5 5 5 | 5 | i - | i - |
自在 飞 翔 自在 飞 翔
明天 辉 煌 明天 辉 煌

D.C

3 3 4 5 5 | 6 5 | i 5 5 | 5 - | 3 3 4 5 5 5 | 6 5 | 4 4 2 2 | 2 - |
我们的课堂 充 满 阳光 每一颗童心都 闪 闪 发亮

3 3 4 5 5 | 6 5 | i 5 5 | 5 - | 3 3 4 5 5 5 | 6 5 | 4 2 2 | 2 - |
我们的课堂 充 满 阳光 每一颗童心都 闪 闪 发亮

3 3 4 5 5 5 | 6 5 | i i. | i - | i 0 |
每一颗童心都 闪 闪 发 亮

307

第三章　学校融合美育保障设施

学校融合美育保障设施是学校文化的载体，其建设目标更要从整体上体现学校的办学思想。校园环境设施的建设要从根本上把美育理念融入其中，以达到以美育人、以美化人、以美培元的效果。

第一节　美育特色环境建设

科大实验附小从建校伊始确立了"儿童第一"的教育思想和"纯美教育"的办学思想，坚持以审美素养发展为核心，以"五位""五育"为内外双环，以融入、融通和融化为三大策略，构建小学融合美育体系并加以落实，促进学校教育美，培养新时代"五美"小学生。硬件设施作为教育实施的环境保障，起着至关重要的作用，以基础建设为主要根据地，努力打造特色化的校园环境，潜移默化地提升学生的审美素养。经过六年多的校园建设，打造了丰富多彩的学习空间，这些硬件设施既满足了儿童健康快乐成长的需求，又是实施学校美育课程体系建设的阵地，是学校推进纯美教育的重要保障。学校重视对校园硬件"美"的打造，每一次硬件建设的推进都紧紧围绕学校文化，增强学校美育教学环境与氛围，通过"美"的环境让师生心情愉悦，践行环境育人的作用和影响力。

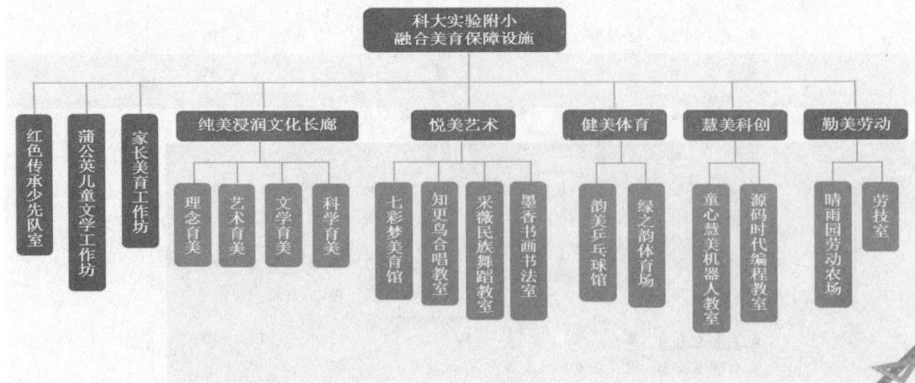

科大实验附小融合美育保障设施组织结构图

美育不是孤立的，融合才有生命力。科大实验附小坚持融合创新，将美育思想全面贯彻在各项校园保障设施中，重点打造七彩梦美育馆、"纯美浸润"文化长廊、韵美乒乓球馆、红色传承少先队室、蒲公英儿童文学工作坊和家长美育工作坊等环境设施。充分展现学校的教育思想与办学思想，给每一个儿童展现自我的平台，充分发挥学生的主体地位，让他们拥有纯美的童年。

1. "七彩梦"美育馆

七彩梦艺术馆（一束光·七彩梦）

尚美，让成长更精彩！
赤—热爱　橙—健康　黄—华丽　绿—自然
青—文雅　蓝—梦想　紫—魅力

第一部分：梦开始的地方"形象区"前言学生手工作品展示区。

第二部分：自然美育"绘画空间"照片墙、美育教学展示学生实践及作品展示。

第三部分：笔墨春秋"书法区"书法入门"永"字八法介绍及书法字体展示学生实践及作品展示。

第四部分：绿色希望"荣誉区"明星学员展示获奖作品展示。

第五部分：蓝色梦想"手工／亲子区"陶艺、石头画学生实践及作品展示。

第六部分：礼乐天籁"管乐区"乐器体验明星社团展示。

第七部分：创生空间"创新区"课余动手空间。

设计理念：一束七彩的光，照亮了鲜花般的童年。在追美的路上，科科娃们用好奇的眼睛，探索宇宙，问究星河；用多彩的画笔，描绘山的厚重，海的辽阔；用嘹亮的歌声，吟唱舒展的风，叮咚的泉；用灵动的身体，舞出春的阳光，冬的白雪。

遨游在艺术的天地，科科娃们用歌、舞、书、画创生着他们心中美的世界！

2."纯美浸润"文化长廊

一楼："少年先锋"文化长廊是少先队和少先队体验活动的精彩呈现，主要包括"童真融春、童趣约夏、童语韵秋、童心暖冬"四季文化节的美育主题活动内容。

二楼："艺术之美"文化长廊精心打造了特色鲜明的音乐和美术成果，丰富校园文化内涵，润物无声中让学生放松心情，陶冶情操，促进"艺趣""艺创"的美育目标。

三楼："大作家小诗人"文化长廊展出了几十余幅学生的美妙诗作，漫步长廊，既可以对话两壁中的诗词天地，又能领略学校浓厚的文化气息，品味科科娃们的儿童文学成果。

四楼："科美之美"文化长廊引导学生关注科技、热爱科技，合理布局每一块墙面，充分展示科技领域的知识，让学生明白科学就在我们的身边，以此激发学生的好奇心，培养学生的科学素养。

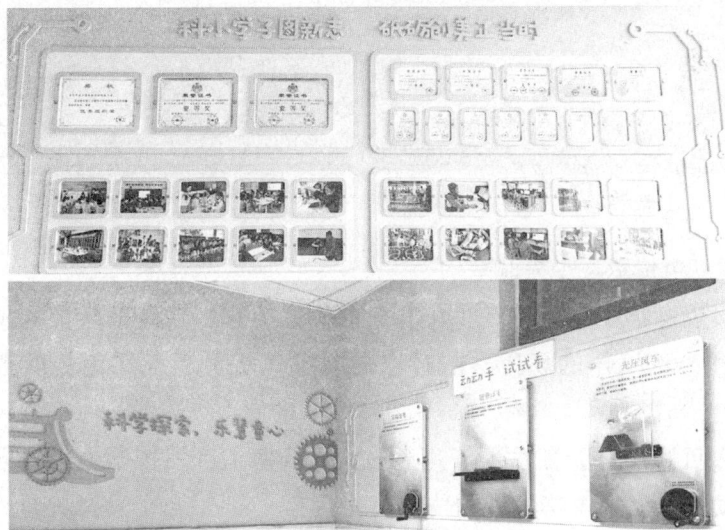

四大主题文化长廊加强了学校内涵建设，提升了学校美育形象，让文化塑造"尚善求真，健康乐学，灵动多彩"的科科娃。

3. "韵美"乒乓球馆

建设理念："韵美"乒乓球馆的建设为学校乒乓球竞技活动的开展和特色乒乓球体育课的开设提供了场地支持，给予学生练习训练的空间。

育人目标：通过乒乓球训练，让学生的技能和智能得到同步发展，从而培养学生坚强、拼搏、团结、协作的精神，感受竞技体育带来的快乐。

活动形式：●夯实学生技能的常规课

　　　　　●促进学生拼搏精神的班级联赛

4. "红色传承"少先队室

建设理念：少先队室是少年儿童共同的"家"，是辅导员和少先队干部学习和讨论工作的场所，同时也是向少先队员进行红色传承教育的阵地。

育人目标：它能激发少年儿童的主人翁意识，发挥学生主动向先辈致敬的能动性，弘扬中华民族的传统美德。

5. "蒲公英"儿童文学工作坊

"蒲公英"儿童文学工作坊是一间孩子们自由畅想的乐园，在这里陈列着众多的儿童文学作品供孩子们自由翻阅；蒲团、桌椅，多元化的阅读体验，让孩子们爱上阅读；消防栓、无人的小角落里，还藏着儿童诗呢。

美育价值："蒲公英"儿童文学工作坊以"儿童文学教育"为内容，以提升"儿童审美情趣"为宗旨，是激励儿童向真、向善、向美的学校美育实践基地。

培养目标：该工作坊着眼于学生思维和创作潜能的开发，培养学生儿童文学创作兴趣特长，提升学生人文素养与审美情趣，发展儿童的独特个性。

6. "家长美育" 工作坊

建设理念："家长美育"工作坊是我校和谐家校共育的主要阵营，是家校美育共享课程的摇篮，是为实现家校共育新局面和学校美育办学特色的交流分享平台。

课程目标：家长志愿者开发以"浸润、熏陶、体验、激趣"为目标的课程内容，弥补学校教育资源中的短缺，实现开阔学生视野、丰富学生情感、激发学生情趣的目标。为保证家长课程资源的开发与实施质量，学校成立了"家长美育"工作坊。

7. "晴雨园" 劳动农场

春耕、夏耘、秋收、冬藏。在创美的四季里，科科娃们在草长莺飞的春天，播种希望；在骄阳似火的夏天，呵护新芽；在橙红橘绿的秋天，收获硕果；在白雪皑皑的冬天，蕴美未来。晴耕种、雨读书，科科娃们用身体与灵魂都在路上的勤勉，感悟中国传统的农耕文化，体会劳动创造的美好。创美，让童年更灿烂！

第一板块：晴耕创美——种植体验区——学生进行种植实践的劳动空间。第二板块：雨读蕴美——农具展示区——呈现各类传统农具，展现古人的劳动智慧。

命名注释：晴雨，取自晴耕雨读，代表着中国传统耕读文化。结合空间实际功能和教育意义，有利于帮助学生感受农耕文化下，中国古人的浪漫情怀，让学生在劳动中收获美的体验。

第二节　融合美育课程硬件保障

在学校教育中，课程是育人的载体，课堂是育人的主阵地。为了保障美育课程的顺利开展，我校将硬件建设与美育充分融合，让学生意识到美育的重要作用，帮助学生感悟美育的内在价值，在美育的熏陶和感染中提高综合素质。在学校各方面的环境建设中，我们将美育贯穿于色彩、造型与布局等方面，帮助学生塑和谐的人格，提高学生的审美素养。我们建设有以下融入学校美育特色和学科特点的硬件场所。

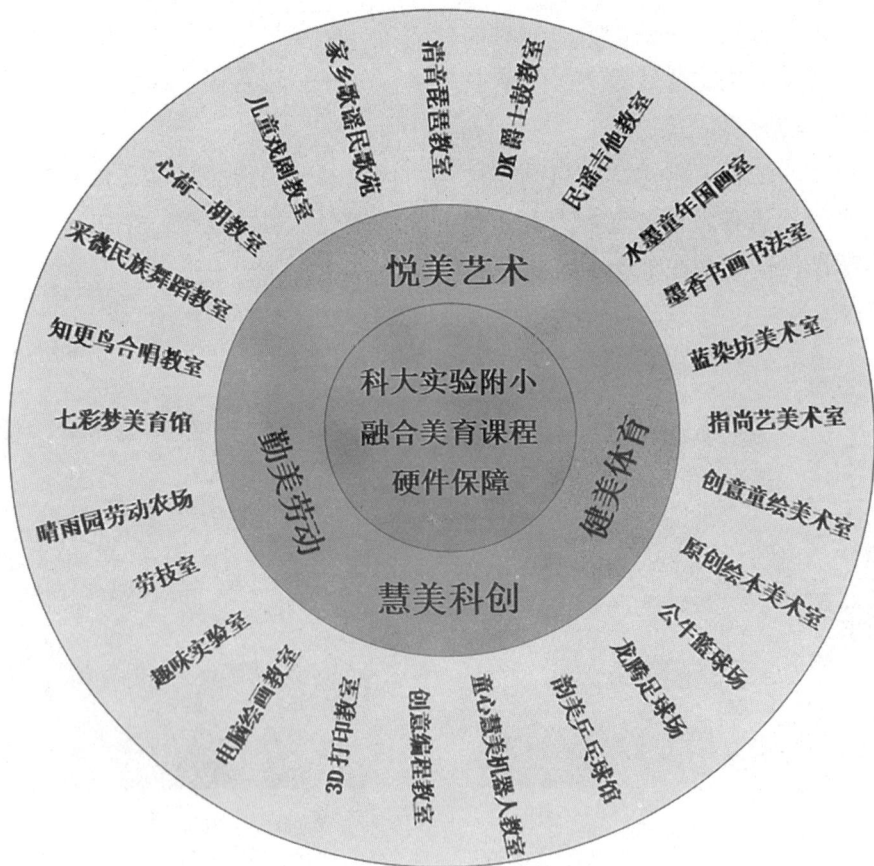

"家乡歌谣"民歌苑

"变脸空间"儿童戏剧教室

"多彩童年"校园电视台

"心灵小屋"心理辅导室

"绿之韵"体育场

"知更鸟"合唱教室

"采薇"民族舞蹈教室

"心荷"二胡教室

"清音"琵琶教室

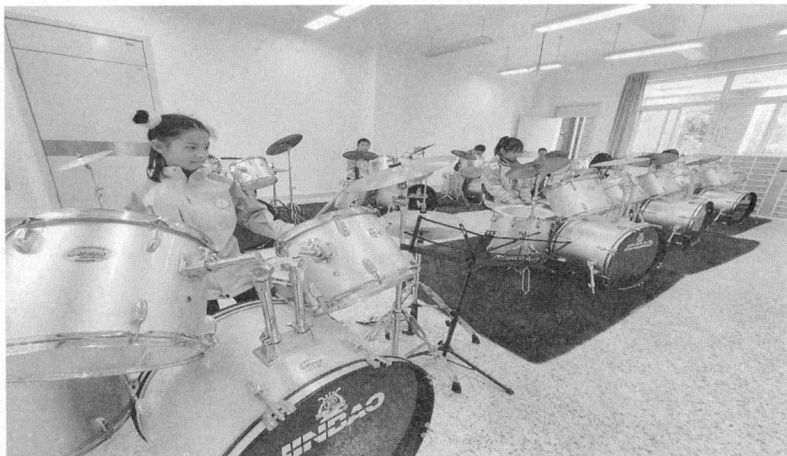
"DK"爵士鼓教室

"民谣"吉他教室

"水墨童年"国画室

"墨香书画"书法室

"蓝染坊"美术室

"指尚艺"美术室

"创意童绘"美术室

"原创绘本"美术室

"童心慧美"机器人教室

"源码时代"创意编程教室

"涉笔成趣"电脑绘画教室

"栩栩如生" 3D打印教室

"小小科学家" 趣味实验室

参考文献

[1] 王国维 . 论教育之宗旨 [J]. 教育世界，1903:8.

[2] 张力 . 党的教育方针指引教育现代化进程 [J]. 中国编辑，2020:10.

[3] 陈龙花 . 卢梭的幸福教育思想研究 [D].

[4] 彭美贵 . 以马克思主义美育观引领提升青年马克思主义者审美素养 [J]. 长春师范大学学报 .2017,36（09）.

[5] 关于全面加强和改进学校美育工作的意见 [R].

[6] 郭发奇 . 儿童观与教育：杜威思考的维度与内涵 [J]. 河北师范大学学报，2020:9.

[7] 中共中央国务院关于深化教育改革全面推进素质教育的决定 [R]1999-6-13.

[8] 杜卫 . 美育论 [M]. 北京：教育科学出版社，2014:129.

[9] 杜卫 . 美育论 [M]. 北京：教育科学出版社，2014:132.

[10] 赵其坤 . 以美立德，以美启智，立美育人 [J]. 现代教学 . 思想理论教育，2014:52—53.

[11] 许海静 . 以美启智 . 以美育人 [J]. 现代教学，2018:35—37.

[12] 张治中 . 以美启智 . 智美融合 . 构建智美课堂教学模式 [J]. 大专题 ,2012:86—87.

[13] 姚全兴 . 从审美素质教育说到"以美启智"［J］. 美与时代，2006 下 :13—15.

[14] 第斯多惠 . 德国教师培养指南 [M]. 北京：人民教育出版社，2001:177.

[15] 中国中央、国务院《深化新时代教育评价改革总体方案》，2020（10）.

[16 张亮，普通高中学生增值性评价研究 [D]. 山东；山东师范大学 ,2010.48.

[17] 张亮，普通高中学生增值性评价研究 [D]. 山东；山东师范大学 ,2010.124—126.

[18] 杜卫，《美育论》，教育科学出版社，2014.6 第二版 .

[19] 史芳 . 美学·审美·生活 [M]. 昆明：云南大学出版社，2004:131.

[20] 王一川 . 新编美学教程 [M]. 上海：复旦大学出版社，2007:36.

[21] 赵垣可，范蔚 . 深化课程改革背景下教师核心素养发展问题研究 [J]. 河北师范大学学报：教育科学版，2017（5）:83—88.

[22][苏联] 马卡连柯 . 普通学校的苏维埃教育问题 [M]. 刘长松等译，北京：人民教育出版社，2011:345.